用于国家职业技能鉴定

国家职业资格培训教程

有害生物防制员

YOUHAI SHENGWU FANGZHIYUAN

（初级）

本书编审人员

主　编　曾晓芃　杨华林

副主编　冷培恩

编　者　孙晨熹　汪诚信　冷培恩　杨华林　赵彤言

　　　　高希武　黄晓芸　曾晓芃

主　审　沈培谊

审　稿　张军平

中国劳动社会保障出版社

图书在版编目(CIP)数据

有害生物防制员：初级/中国就业培训技术指导中心组织编写．—北京：中国劳动社会保障出版社，2007

国家职业资格培训教程

ISBN 978-7-5045-6078-0

Ⅰ．有… Ⅱ．中… Ⅲ．有害生物-防制-技术培训-教材 Ⅳ．R184.3

中国版本图书馆 CIP 数据核字(2007)第 094439 号

中国劳动社会保障出版社出版发行

(北京市惠新东街 1 号 邮政编码：100029)

出 版 人：张梦欣

*

中国标准出版社秦皇岛印刷厂印刷装订 新华书店经销

787 毫米×1092 毫米 16 开本 13.5 印张 202 千字

2007 年 7 月第 1 版 2022 年 12 月第 17 次印刷

定价：25.00 元

营销中心电话：400-606-6496

出版社网址：http://www.class.com.cn

前　言

为推动有害生物防制员职业培训和职业技能鉴定工作的开展，在有害生物防制员从业人员中推行国家职业资格证书制度，中国就业培训技术指导中心在完成《国家职业标准——有害生物防制员》(以下简称《标准》)制定工作的基础上，组织参加《标准》编写和审定的专家及其他有关专家，编写了《国家职业资格培训教程——有害生物防制员》(以下简称《教程》)。

《教程》紧贴《标准》，内容上，力求体现“以职业活动为导向，以职业能力为核心”的指导思想，突出职业培训特色；结构上，针对有害生物防制员职业活动的领域，按照模块化的方式，分级别进行编写。《教程》的基础知识部分内容涵盖《标准》的“基本要求”；技能部分的章对应于《标准》的“职业功能”，节对应于《标准》的“工作内容”，节中阐述的内容对应于《标准》的“技能要求”和“相关知识”。

《国家职业资格培训教程——有害生物防制员（初级）》适用于对初级有害生物防制员的培训，是职业技能鉴定的推荐辅导用书。

本书在编写过程中得到了中国鼠害与卫生虫害防制协会等单位的大力支持与协助，在此一并表示衷心的感谢。

由于时间仓促，不足之处在所难免，欢迎读者提出宝贵意见和建议。

中国就业培训技术指导中心

目　录

CONTENTS 《国家职业资格培训教程》

第1章 鼠类防制

第1节 鼠类的识别

学习单元1 识别鼠种

学习目标

◎ 掌握啮齿类动物的一般特征，使鼠类防制工作有的放矢。

◎ 能够识别2种家鼠，即小家鼠和褐家鼠。

相关知识

1. 啮齿类动物的一般特征

啮齿类动物都是哺乳动物，其体型和毛色各异。大多数种类的体重不到 1 kg，其主要特征在于牙齿：门齿终生生长，且均无犬齿。据此即可以区别于食肉类和食虫类小型哺乳动物（见图 1—1）。

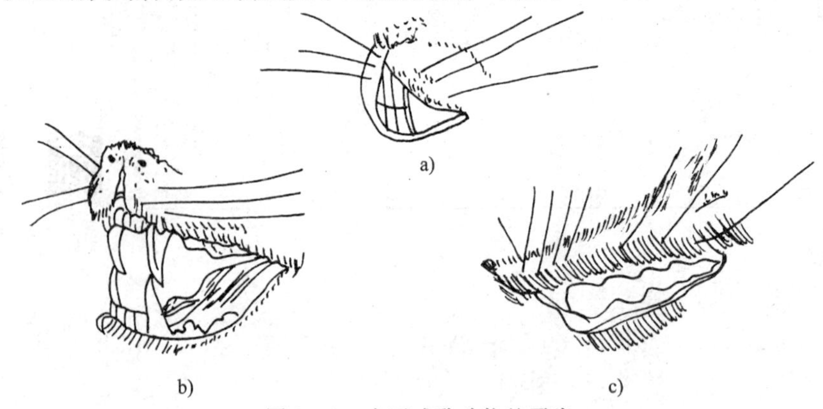

图 1—1　小型哺乳动物的牙齿

a）啮齿动物　b）食肉动物　c）食虫动物

2. 常见鼠种识别方法

主要根据毛色、体型、身体外部的形态特征、各部分的相对比例等判断鼠种，同时，还需参照栖息和分布地区以及其他特点来识别。

（1）性别特征

和其他哺乳动物一样，鼠类的性别可通过对比不同性别个体的肛孔和生殖孔的相对距离来识别，远者为雄，近者为雌；且雄性仅有 1 个生殖孔，雌性可见 2 个（见图 1—2）。有明显乳头者可确定为雌性，有明显阴囊者可确定为雄性。但如未见乳头或阴囊则不可贸然判断，应通过解剖予以确定。

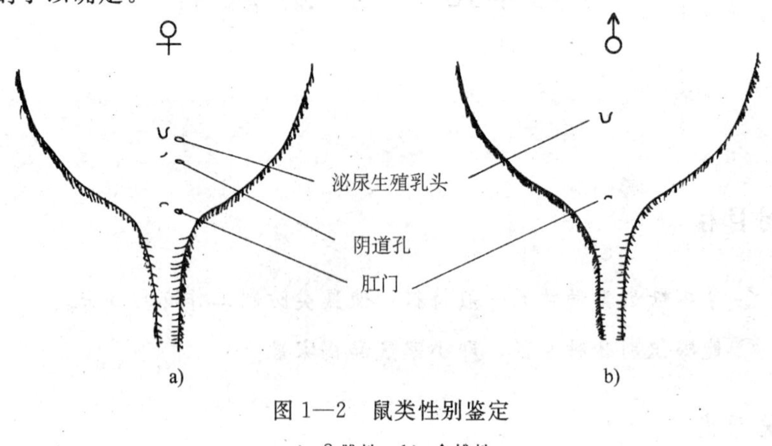

图 1—2　鼠类性别鉴定

a）♀雌性　b）♂雄性

（2）幼、成鼠特征

主要根据头部和躯干的比例确定成、幼鼠，头部比例大者为幼鼠。

同时，还可参照体毛等其他特征。

（3）外形特征

各种鼠类的外形差别很大，主要与其各自的生活习性和栖息环境等有密切关系。通常应熟悉家鼠和农田主要鼠害的外形特征，具体内容见后文。

3. 家鼠的生活习性

（1）生活史

家鼠常年繁殖，孕育3周左右，每胎4～8仔，幼鼠100天后即可参加繁殖。家鼠寿命可达600天，但多数短于200天。

（2）栖息习性

在土墙、土地的房舍内，家鼠常掘洞而居，同时利用各种孔隙、夹层、管道栖息，甚至栖息在家具、衣被、文件箱、下水道里。

（3）食性

杂食，但以植物性食物为主。其中，小家鼠喜食小粒谷物，需水少；褐家鼠嗜食含水较多的食物，更喜食动物性食物。

（4）活动

为了避人，家鼠多昼伏夜出，在夜深人静后和黎明前各有活动高峰。活动喜沿墙根壁角或家具下面。褐家鼠善游泳，也能登高，但主要在建筑物的底部。小家鼠活动范围较小，很少进入下水道和天棚。

（5）其他

褐家鼠疑心大，遇新出现物体常回避观察数小时至数天后才敢触动，显示出新物反应。小家鼠好探奇，新物反应较轻，但取食场所不固定，每次取食量少。

4. 两种家鼠的形态特点

两种家鼠毛色灰至浅黑色，变化较大；尾较长；前肢较短，后肢较长。小家鼠体长60～90 mm，体重7～20 g，尾长稍短于头部和躯干之和，雌鼠乳头5对，其中胸部3对，腹部2对；褐家鼠体长150～250 mm，体重75 g以上，最重可超过600 g，尾长短于头部和躯干长度之和，尾部有鳞片呈环状，雌鼠乳头6对，胸、腹部各3对。应注意小家鼠是一种鼠的名称，其中“小”字与其年龄、体型等无关。

在黄河以南的许多地区，居民区及其附近还栖息有另一种大型家鼠——黄胸鼠，应注意将其与褐家鼠区分。黄胸鼠体长和体重均略次于褐家鼠，鼻吻部较尖，耳大而薄，前翻可遮眼（褐家鼠不能），雌鼠有乳头 5 对，其中胸部 2 对，腹部 3 对，尾长等于或超过头部和躯干长度之和（见图 1—3）。

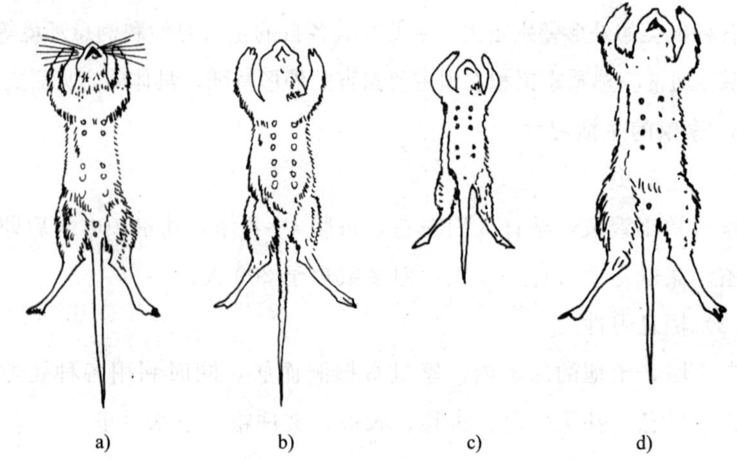

图 1—3　3 种家鼠和臭鼩鼱的雌性乳头分布

a）雌黄胸鼠　b）雌褐家鼠　c）雌小家鼠　d）雌臭鼩鼱

操作技能

1. 工具准备

（1）白搪瓷盘：深 5 cm，长 60 cm，宽 40 cm；其中置白色或原色木板一块，木板厚 8～10 mm，长 40 cm，宽 20 cm。

（2）普通天平：最大称量 1 000 g。

（3）放大镜：放大倍数为 10 倍。

（4）尺：卡尺和尺各一把。

（5）刀具：普通医用刀、剪、镊。

（6）手套：医用手套和白线手套。

2. 小家鼠与褐家鼠形态特征观察

步骤 1：在搪瓷盘中注入清水，深 3～5 mm，木板置于中央。

步骤 2：先戴上医用手套，再戴白线手套，用镊子将死鼠放在木板上，腹面向上，理顺鼠体，除去体表黏附的杂物。观察体型，根据肛孔和生殖孔距离确定性别，如为成年雌鼠应观察乳房对数和所处位置。之后翻转鼠体，背面朝上，观察头、颈、背、尾等部位，观察头部和躯干部的比例，尾长与头部加躯干长度之和的比例，以确定鼠的成幼和鼠种。

需要时，用天平称量体重，准确至 0.5 g；根据肛孔和生殖孔的距离来判断性别；根据头部和躯干部的比例来判断成幼。由于同种鼠的体重、体长差别可能很大，不能定出距离多远判断性别，也难定出头部多大才能区分成、幼。但是，只要观察对比几次，即可掌握分寸，操作和判断都不困难。用尺或卡尺测量体长、尾长等，准确至 1 mm。

在一般情况下，区分小家鼠和褐家鼠并不困难。若需区分褐家鼠与黄胸鼠，则应按上文所述，从耳向前翻能否遮住眼睛，以及尾长与头部加躯干长度之和的比例，参照其捕获地点及雌鼠乳头对数等确定。

两种家鼠的区分要点综述见表 1—1。

表 1—1　　两种家鼠的区分要点

鼠种 项目	褐家鼠	小家鼠
体重（g）	≥75	7～20
体长（mm）	150～250	60～90
雌鼠乳头（对）	6	5
食性	偏于荤食	偏于素食
警觉性	强	弱
上门齿内侧	无缺刻	有缺刻

注意事项

1. 个人必要的防护

鼠类及其体外寄生虫（蚤、蜱、螨等）不仅可携带对人致病的病原体，还可能染有杀虫灭鼠毒药，因此必须注意个人防护。

（1）着装

工作前应戴工作帽和穿工作服，戴眼镜、口罩和医用手套。在已证实的鼠传疾病流行地区，应按该病相关条例的要求着装。

（2）防虫

在观察鼠尸前，用 0.5%～1.0%敌百虫或敌敌畏溶液杀虫，或用 0.03%溴氰菊酯水悬剂对其杀虫。

（3）处理鼠尸

需要进一步检查的鼠尸，应按有关条例采样送检；否则集中送焚烧炉中烧毁，或深埋于不污染地下水的地下，深度不少于 1 m。

2. 忌与鼠体直接接触

鼠体应用工具夹取，切忌直接接触。取鼠工具应彻底消毒。若因不慎直接接触鼠体者，应立即用 75%的乙醇或其他消毒液擦拭干净。

3. 预防接种

在鼠传疾病疫区，应根据病种和其流行情况，按照有关条例确定是否需要注射相关疾病的疫苗。

学习单元2 识别鼠迹

学习目标

◎ 熟悉鼠迹的特点。

◎ 掌握鼠迹的识别方法，与其他动物遗留的痕迹相区别。

相关知识

1. 家鼠的痕迹

家鼠活动频繁，留下的痕迹甚多、甚广。

(1) 足印

褐家鼠与小家鼠的足印，前足均为 4 趾，后足均为 5 趾（见图 1—4）。在经常行走的部位，逐渐形成近于黑色的鼠道。

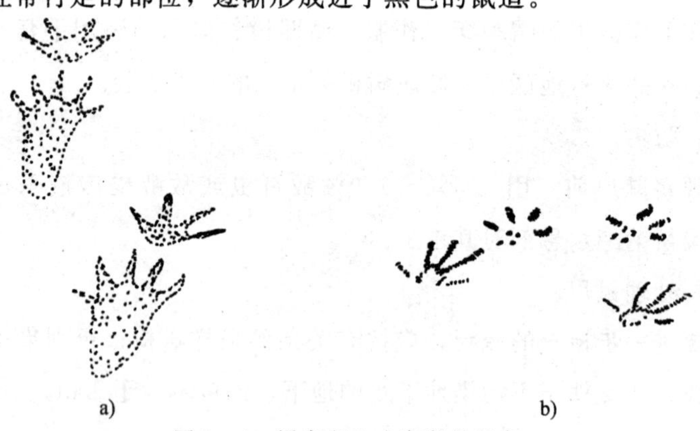

图 1—4 褐家鼠和小家鼠的足印

a）褐家鼠 b）小家鼠

(2) 咬痕

除取食外，家鼠为了开辟通道或寻找栖息场所，常常咬坏门窗、家具；

同时，家鼠由于门齿终生生长，常需咬啮木材、电缆等以保持门齿的锋利。

(3) 粪便

家鼠食量大，每日排粪数十粒或更多。粪粒呈纺锤形，其大小与体型及食物种类有关（见图1—5）。鼠尿虽难以立即见到，但若以紫外光源侧向照射，往往可见荧光。

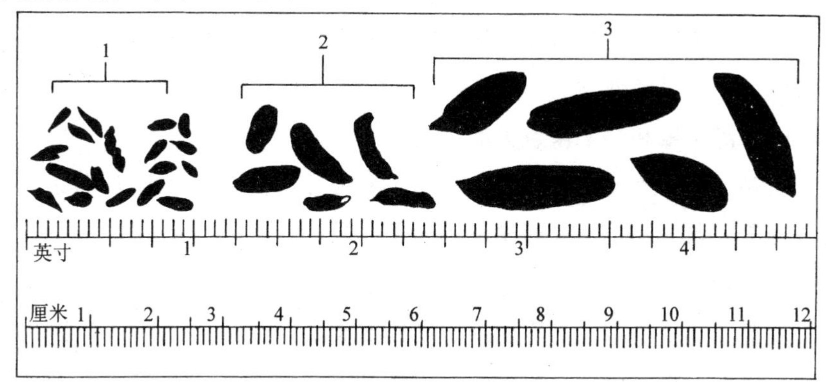

图1—5　3种家鼠粪便

1—小家鼠　2—黄胸鼠　3—褐家鼠

(4) 鼠洞

多出现在土墙和土质地面上，洞口光滑、圆整。有时在砖缝、石缝、污水口以及顶棚上也可见到。

(5) 嘶叫

家鼠觅食、争斗或相互联系时发出的嘶叫声，可证明其存在。但由于嘶叫不留痕迹，因此，难以取得客观证据。

同理，鼠多时遗留特殊气味，熟悉后也可推测其存在。

2. 家鼠痕迹的常见场所

通常，家鼠痕迹出现在如下场所：

(1) 鼠洞

墙根、壁角、家具下、杂物堆下、下水道口、顶棚等处。鼠道则常由鼠洞口延伸，沿墙根或横梁通向另一洞口或食源。

(2) 咬痕

木制门窗下沿、木制家具边角、大纸箱、塑料箱、电缆、软管等。

(3) 粪便

墙根、壁角、家具下、垃圾和杂物堆旁、食源附近、原粮容器中。

(4) 足印和尾痕

潮湿泥地、灰堆、厨房地面。

3. 鼠类和其他小兽、家鼠和其他鼠类、褐家鼠和小家鼠鼠粪的区别

（1）鼠类和其他小兽

鼠类的门牙和臼齿之间为空缺，没有犬齿，其他小兽都有犬齿（参见图 1—1）。

（2）家鼠和其他鼠类

在一般情况下，在居民区栖息的是家鼠，其他鼠类很少进家。但是，家鼠也可在居民区外发现。

（3）褐家鼠和小家鼠鼠粪的区别

主要区别是粪便颗粒大小而非外形；由于食物有所不同，褐家鼠粪便较光滑、湿润，小家鼠粪便较粗糙、干燥。

（4）新、旧鼠粪的区别

主要根据外表的光滑程度及干燥程度确定；硬度也有一定参考价值。通常，外表光滑、潮湿，较软者为新鼠粪；外表粗糙、干燥、坚硬易碎者为旧鼠粪。不过，环境温度和鼠的食物种类对鼠粪也有影响。因此，应综合分析。

操作技能

1. 准备工作

携带手电筒和记录本、笔等工具。如需入室检查，应取得房主的同意。

2. 寻找鼠痕

按照家鼠痕迹的常见场所，仔细寻找、观察各种鼠痕，并及时记录，包括：检查场所、房屋用途、鼠痕类别和数量、鼠痕新旧程度；其他与鼠有关信息，如鼠咬禽畜及伤人、鼠叫声等。检查时应在进门后从一边开始顺次观察，再转到门的另一边，不可无序走动。

3. 用手电光寻找鼠痕

中、近距离应正射与侧射，观察距离一般小于 1 m。

注意事项

1. 检查应认真，正确识别鼠足印等各种鼠痕，若难以区分应注明，一般不计入统计表。

2. 多数鼠痕出现在地面上，但有时也可见于顶棚或其他隐蔽角落，不可疏忽。

第 2 节　鼠类侵害状况调查

学习单元 1　调查鼠密度

学习目标

◎ 掌握鼠类标本的采集方法，为识别鼠种提供依据。

◎ 掌握鼠密度的调查方法，以准确了解鼠的数量。

◎ 能够填写鼠密度调查表，作为上报或保存的凭证。

相关知识

1. 标本采集的意义和方法

采集标本才能准确识别鼠种，从而分析鼠类可能造成的危害，选择并确定灭鼠方法。

为了采集标本，必须捕捉活鼠或收集死鼠。捕捉活鼠可用鼠笼、电捕鼠器、水罐以及挖洞等方法；收集死鼠则应使用鼠夹、毒饵等，偶尔还可捡到死因不明的鼠尸。

2. 鼠类数量调查的意义和方法

鼠害的严重程度与鼠的数量密切相关，为减轻鼠害必须降低鼠的数量。同时，鼠类数量又是决定是否灭鼠以及如何灭鼠的依据。鼠的数量很少时，鼠害较微，只需采取经常性的防鼠措施即可；若鼠的数量很多，可能造成严重的经济损害或鼠传疾病流行，必须从速治理。因此，鼠类数量调查是指导灭鼠工作的重要依据。

（1）相对数量与绝对数量

鼠类活动隐蔽、避人，难以窥其全貌。调查地区的鼠类总数，即绝对数目是希望掌握的数据，但在大多数情况下难以做到，仅有个别例外，如调查草垛中的老鼠数目，可以全部翻动，准确计数。因此，通常只能调查统计其相对数量，即通过调查所能得到的部分数目，以反映其绝对数量，它并不是当地老鼠的总数，只是其中能够调查到的一部分，但却能够反映总数情况，是总数的代表。只要调查方法科学，相对数量能够客观地反映绝对数量。目前的数量调查，基本上都是调查相对数量。

（2）密度与数量的关系

密度是单位面积（或体积）内老鼠的数量，表示调查面积（或体积）内老鼠密集的程度。例如，从数量说，100 只鼠比 50 只多，但是，如果 100 只鼠分散在 200 户内，而 50 只鼠集中在 20 户内，则后者更为密集，即后者密度高于前者。因此，调查鼠情时应注意其密度，即在掌握数量的同时，引入面积（或体积）因素，计算密度。密度才是采取灭鼠对策的重要依据。调查密度时，既可统计鼠类的绝对数量，也可统计相对数量，但绝大多数情况下是后者。

3. 鼠密度调查常用方法

直接和间接的鼠密度调查方法很多，各有优缺点。我国常用的是鼠夹法、粉迹法和鼠征法。

（1）鼠夹法

鼠夹法为按规定的时间和数量，在调查地点按规定的方法布放鼠夹，一定时间后检查收夹，从布夹数和获鼠数计算鼠密度。

（2）粉迹法

粉迹法为按规定的时间和数量，在调查地点按规定的方法在地面上撒粉，一定时间后检查，粉块上有鼠迹者为阳性，以阳性粉块数（简称阳性数）除以粉块总数来计算阳性率，即作为鼠密度。

（3）鼠征法

鼠征法为按规定的时间和数量，调查一定范围的房屋内出现的鼠征数，包括咬痕、足印、尾迹、粪便等，从鼠征数和调查房间数计算阳性率，即作为鼠密度。

除以上三种常用方法外，还可用鼠笼、电捕鼠器、民间捕鼠工具等按一定规定和数量布放，经一定时间后收集捕获鼠，并计算鼠密度。

按一定方法布放食饵，经一定时间后统计消耗率（或称量计算出消耗量）再除以调查面积，以计算鼠密度；直接统计在一定时间内，出现在一定范围内的鼠数，也可用鼠数除以调查面积来计算鼠密度；翻动草垛或水灌鼠洞换算成每立方米草垛内的鼠数，或一定范围内的鼠数，同样可表示鼠密度。以上这些方法仅在个别情况下使用。

4. 不同调查方法的特点与适用原则

鼠夹法需要较多鼠夹，布放比较费时，但能见到鼠尸，获取标本，可用于检查病原、体外寄生虫和鼠种鉴定。由于国外广泛使用鼠夹法，因此，其结果易于交流。

粉迹法只需滑石粉和布粉器具，操作较方便，不需回收，但不能见到鼠体，因而不能获取标本，有时难与其他小动物痕迹区分。

鼠征法不需调查工具，可直接调查，适于突击了解情况，但鼠征的新旧较难划分。常常由于调查人员经验的差异，导致结果差别较大。

以上 3 种方法可根据具体规定选用，一旦选定不宜轻易更改。其他方法在例行调查时往往不用。

5. 鼠密度调查表的形式和填写方法

调查表内容：调查地点、调查日期、使用方法、布夹数、有效夹数、捕获鼠数、捕获率、调查者，有时注明气候，以及无效调查数（如鼠夹击发而无鼠、粉块被破坏等均为无效调查）。常见表式见表 1—2。

表 1—2　　　鼠密度调查统计表

调查地点：　　　　　　　　　　　　调查日期：　年　月　日

生境	布夹数	有效夹数	捕获鼠数（只）				捕获率（%）
			褐家鼠	小家鼠	其他	合计	

气候：晴、阴、雨、雪　　　　　　　　调查人：

为及时记录，需制备原始记录表。内容包括：户主、布夹数、其他应记录事项等。表下记录日期、气候、调查人等信息（见表 1—3）。

表 1—3　　　鼠密度调查登记表

调查地点：　　　　　　　　　　　　调查日期：　年　月　日

序号	户主	布夹数	有效夹数	捕获鼠数（只）				备注
				褐家鼠	小家鼠	其他	合计	

气候：晴、阴、雨、雪　　　　　　　　调查人：

操作技能

1. 标本采集

(1) 标本的采集与预处理

常用鼠夹、鼠笼、电捕鼠器、毒饵等采集标本。

用鼠夹时，宜选用鼠类爱吃的食物为诱饵，傍晚布放在鼠类活动场所，次晨检查。如只收集标本，不调查鼠密度，可选择密度高的地块布夹，鼠多则多布夹，鼠少则少布夹。为避免鼠体上血迹和排泄物的污染，取鼠时应该戴手套，并使用镊子等工具，不可直接触摸。鼠尸单个放入鼠袋，附编号标签，注明日期和地址，扎紧袋口。使用后的鼠夹应放入专用容器，集中处理。

用电捕鼠器或投放鼠饵等方法收集到的死鼠，也应按上述方法处理。电捕鼠器按产品说明使用，并注意必须用合格产品。投放毒饵后收集到的死鼠体内可能残留毒饵，在操作时应小心，避免中毒。

用鼠笼时，应选好诱饵，在傍晚布放在鼠类活动场所，次晨检查。捕获鼠为活鼠，可将鼠袋套住笼口，打开笼门，将鼠赶入，扎紧袋口。需处死时，隔袋以拇指和食指按住鼠的后脑，另一手拉住后肢拉抻，使延脑受损，迅即死亡。也可将鼠袋和鼠浸入水中或放入充满二氧化碳的容器中处死。鼠袋中放入的标签宜用防水纸张，以铅笔或耐水笔书写日期、地点。

(2) 标本的运送

每批装有标本的鼠袋集中放入大鼠袋或标本箱中，扎紧袋口或盖严箱盖，以专用工作车辆（包括自行车）运送。一般不可乘用公共交通工具，必须乘用时，应外加严密包装，并上锁，由专人押送，严防丢失。

鼠类标本容易腐败，气温高或长途运送时，应注意冷藏，减少周转，尽快送达。

(3) 标本的保存

标本送达后应尽快检查或取材，完成后立即处理，一般不保存。需要进一步检查、处理的样本，或有保存价值的标本，应根据具体情况选择保存方法。需进一步检查或取材化验的应送冷冻室，需做鼠种鉴定的则送固态标本制作部门。

2. 鼠密度调查

(1) 运用鼠夹法测定鼠密度

根据统一规定使用鼠夹，如无特殊要求，一般使用中号铁板鼠夹。鼠夹的型号、生产厂、规格一旦确定，尽可能不改变。同一次调查不可使用两种或两个批号的鼠夹。使用前应逐一检查其灵敏度和压力，剔除灵敏度过高和过低的不合格鼠夹。

除另有规定外，应选择无霉变、子粒饱满的生花生米为诱饵。在布夹地点挂上诱饵，布夹时的行进路线应事先确定。从调查点的一端开始，逐户进行，不可遗漏。分散的房舍更应按一定模式布放，如先东后西、先南后北等。收夹时，应按相同路线行进。

挂有诱饵的鼠夹紧贴并垂直于墙体或家具布放，有诱饵的一端靠墙或家具（见图 1—6）。

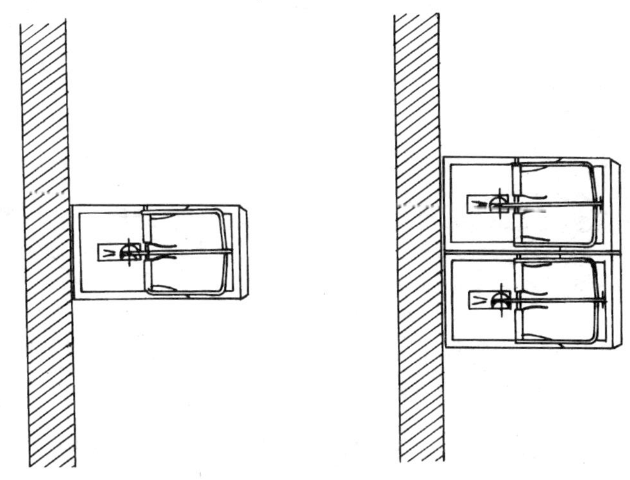

图 1—6　鼠夹靠墙布放

面积在 15 m^2 以内的房间，每间布放鼠夹 1 个。房间面积每增大 15 m^2，增布一个鼠夹，以此递增。100 m^2 以上的大房间（如库房）可沿墙根布放，每 10 m^2 布 1 个鼠夹。

选择在傍晚下班后或入睡前布放鼠夹，次晨检查，取走捕获鼠，登记并收回鼠夹和标本。未捕获鼠的为阴性夹；已击发但未捕到鼠的、击发后只残留鼠毛或小片不危及鼠类生命肢体的、布放后失踪的鼠夹均视为无效夹，统计时应从布夹总数中除去；已捕到鼠或夹上残留危及鼠类生命肢体和头者为阳性夹。通常阴性夹与阳性夹之和（即有效夹）应超过 100 个。

除另有规定外，每次仅布夹一晚。如在同一地点连续布夹两晚，则应将两晚布夹数相加。

布夹前做好宣传，并采取必要措施，防止伤及儿童和宠物等。

室外布夹时，应沿田埂、路旁等每 5 m 布 1 个鼠夹，或沿房屋外墙每 5 m 布 1 个鼠夹，布放方法同室内。为便于寻找，布夹的起点和终点应以小旗、土堆等为标记。

鼠密度按以下公式计算：

$$鼠密度（\%）=\frac{阳性夹数}{布夹总数-无效夹数}\times 100\%$$

(2) 运用粉迹法测定鼠密度

将工业用干燥滑石粉装入两层纱布制成的包中；或装在底部为细铁纱网，内壁为 20 cm×20 cm 的小木盒中，作为撒粉工具（见图 1—7）。另备缺口面积为 20 cm×20 cm 的撒粉框，由硬纸板、塑料板或三合板制造，三面有框，一面没框（见图 1—8）。

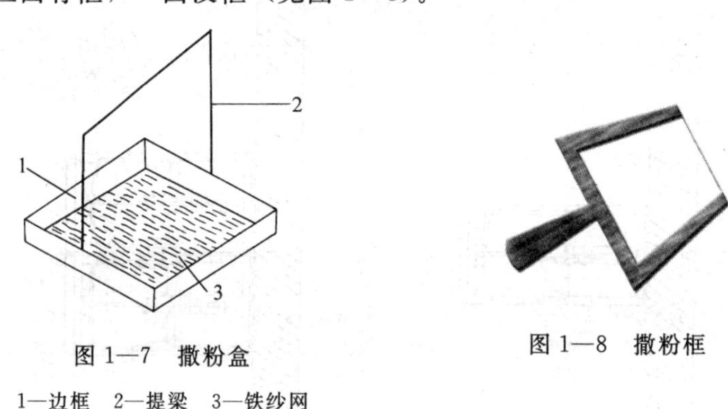

图 1—7　撒粉盒

1—边框　2—提梁　3—铁纱网

图 1—8　撒粉框

撒粉时，将撒粉框空缺一面紧贴墙根或家具，抖动撒粉包，使滑石粉落在粉框中，粉的厚度保持在 2 ～3 mm。如使用撒粉盒，可不用粉框，直接操作，在操作时应注意，木盒必须有一面盒壁较薄，使粉块离墙应小于 2 mm。

除另有规定外，面积小于 15 m^2 的房间，应每间布 1 粉块，房间面积每增加 15 m^2，增加 1 块粉块。依次递增。布放和检查时间与鼠夹法类似。应注意，按本法调查不用诱饵，且每次调查不少于 100 间房。

布粉后被扫除或被水浸湿，以致不能辨别鼠迹的粉块，计为无效粉块，统计时应从布粉总数中减去；粉块上发现鼠足印或鼠尾痕者为阳性粉块，且通常不区分足印或尾痕多少。

由于室外受风的干扰，潮湿处影响结果判定，因此一般不布粉。

鼠密度按以下公式计算：

$$鼠密度（\%）=\frac{阳性粉块数}{布放粉块数-无效粉块数}\times 100\%$$

（3）运用其他方法测定鼠密度

用鼠征法检查鼠密度只需使用普通手电筒即可。进入房间后，在容易出现鼠征处逐一检查，记录咬痕、足印出现处数，连续出现的记为 1 处，不连续出现的独立记数。测定时间不限，白天夜晚均可，每次测定至少 100 间房。明显陈旧的鼠征可不计数，但应告知相关人员清除。

鼠密度按以下公式计算：

$$鼠密度（\%）=\frac{鼠征处数}{检查房间数}\times 100\%$$

鼠征可统计总数，亦可分项统计。

（4）鼠密度调查表的填写

调查原始记录是填写调查表的依据，必须认真及时记录。每次调查结束，经统计、核实后，及时填入表内，具体表格形式见表 1—2、表 1—3。其中，调查日期为开始调查时间；使用方法有鼠夹法、粉迹法与鼠征法等；工作量为鼠夹数、粉块数或阳性处数等；阳性数有捕获鼠数，粉迹阳性粉块数，鼠征阳性处数等；无效调查时有无效鼠夹数、无效粉块数、陈旧鼠征数等；调查者写在表下；调查地点（县、乡、村）和气象（晴、阴、雨）写在表上方。遇特殊情况可注于表下方。

注意事项

1. 采集标本时的自身防护

首先，应防止鼠类的体外寄生虫，如蚤、蜱等。为此，必须穿工作服，戴手套，接触标本时用工具快速夹取，投入袋中，袋口扎紧后再翻下重扎一圈。标本送达后应迅速取出，鼠袋立即泡入消毒液中。

其次，防止标本携带病原或鼠药。鼠血和其排泄物（粪、尿）中可能含有鼠疫菌、出血热病毒等，也可能含鼠药，故切忌徒手接触标本及其污染物，工作后要彻底洗手。在鼠传疾病流行的地区，应按该病的特殊要求操作，身体不适时应及时检查。

采集标本时应取得当地群众的支持和理解，不能同意未经培训、缺少相关经验的人员操作。

2. 代表性、样本量

调查的目的是了解情况。因此，调查点应具有足够的代表性，使结果反映整个地区的情况。与此同时，样本规模应适中，样本少则误差大，但样本过多又耗费人力、物力。有关规定中如有具体要求，应按要求执行。除非取得上级人员的具体指导，否则，不可自行削减工作量。

3. 正确操作

与调查鼠密度相关的技术自动化程度很低，因此操作是否正确对结果影响很大。

用鼠夹时，布夹地点应选在鼠类可能经过的地方，有诱饵的一端应尽量贴近墙根。重要的是保持鼠夹适当的灵敏度。支夹过紧，对操作者来说较安全、省时，但难击发，捕不到鼠；支夹过松，则灵敏度高，鼠一旦触动很难逃脱，但操作难度大，可能因受其他轻微外力而击发，失去捕鼠效能。

撒粉时，布放地点应选在平坦干燥的地点，粉的厚度应足以显出鼠痕。同一房间内的粉块应保持适当距离，发挥各自作用。

查鼠征时应细致并遍及可能出现的地点。注意排除陈旧鼠征时，应尊重当地人员的意见，但也应有自己的判断。

4. 及时记录

鼠密度调查方法虽然简单，但涉及面广，并要多次重复同类操作，因此，必须及时记录。

学习单元 2　选择灭鼠方法

学习目标

◎ 掌握灭鼠方法的选择要点。灭鼠的具体方法很多，各有其优缺点和适用范围，应该掌握选择要点。

◎ 熟悉灭鼠方法的适用范围。根据具体灭鼠方法的特点加以分析，熟悉其适用范围，才能在工作时应用自如。

相关知识

1. 灭鼠方法的选择依据

(1) 环境

主要考虑两个方面：一是安全要求，二是对灭鼠工作的影响。在食品企业、超级市场、托儿所、餐馆等处使用毒饵时要小心，尽量不用；如需使用，应征得上级和有关部门的同意。在垃圾场、农贸市场、下水道等处，鼠类食物多，许多地方潮湿，影响鼠对毒饵的口感（即适口性）。其他一些情况也需注意，如有精神病患者的住户，养有宠物的家庭等，在选择灭鼠方法时均应考虑其具体情况。

(2) 鼠种

各种鼠的食性不同，其适应性和对药物的敏感性也有差别。如褐家鼠较喜食含水多的食物，小家鼠喜食小粒谷物；褐家鼠对新物反映强，对鼠药敏感等。

(3) 鼠密度

鼠密度在一定程度上反映老鼠之间对生存条件的竞争强度。在一般情况下，密度越高，竞争越激烈，越容易取食毒饵或上夹，灭鼠效果越好。

(4) 现有条件

对各种方法在当地的可行性应有客观估计。当地经济条件不允许，或不能就地筹集到的药械，不能列入备选清单。

2. 灭鼠方法的选择要点

(1) 效果

选择的灭鼠方法应能收到较好的效果，至少对当地主要鼠种应有明显效果。在满足效果的前提下，还应参照其他要点。

(2) 安全

选择的方法应符合安全要求，不可使用违反当地安全规定的方法。不仅对人安全，对其他非靶动物（猫、狗、鼬等）也不应构成威胁。国家明令禁用和未获国家登记许可的灭鼠剂均不能使用。

(3) 可行性

选择的方法应在当地可行。费用太高、耗时耗物，或当地无法得到的药械不能选用。

3. 灭鼠方法使用范围

首先要遵守相关的使用规定。如某些宾馆禁用鼠药，鼠疫流行区禁止养猫等。在选择时应注意，器械灭鼠不适合大面积同时使用；毒饵灭鼠用工省，效果较好，除少数环境外可大量使用。

各种方法常有互补性，应配合使用，扬长避短，效果更佳。

操作技能

1. 观察灭鼠现场

首先查阅有关资料，了解工作地区的概况，包括：总面积和建筑面积，建筑类型及新旧程度，各类建筑所占比例，建筑物中用于居住、办公、生产、储存、餐饮等所占大致比例，宠物饲养和管理情况，经济水平，室内外卫生水平，近年来灭鼠情况，鼠密度和主要鼠种，居民卫生习惯和垃圾清运情况，以往灭鼠过程中遇到的问题等。

随后，到不同类型地区现场考察。一般住宅、机关、企业、餐饮业、垃圾集中和处理清运场所、户外环境等均应考察到，并及时与资料介绍内容对比。在考察过程中，争取与接触到的群众交谈，了解相关具体情况，并征询意见和建议。

2. 分析鼠密度调查表

分析统计表和原始登记表，重点了解鼠密度和鼠种组成，确定不同环境的优势鼠种。调查日期应在3个月以内，工作量应符合统计要求，能保证结果的代表性。工作量过小则误差大，结果不准，可能起误导作用。

3. 决定灭鼠方法

根据现场观察和鼠情分析，在综合诸因素统一权衡后，即可确定灭鼠方法。整体鼠密度较高，即鼠夹法调查超过5%，或粉迹法调查超过10%，则应首先使用毒饵，同时全区投放；然后在鼠密度仍超过灭鼠标准的地区补投另一种毒饵，或集中使用捕鼠工具。如鼠密度较低，仍可全面投放毒饵，但重点注意鼠密度稍高的地块，争取一次达到标准。如只有部分地区鼠密度高，则可在该处使用毒饵或密集布放鼠夹，同时监测未处理地块的动向。通常，大部分地区方法统一，少部分特殊地区则因地制宜，不强求一致。

确定灭鼠方法时，应注意不久前的灭鼠活动和影响，尽量避免反复使用同一方法。

目前，在综合治理原则指导下，毒饵法往往处于首选位置，其他方法作为辅助。

注意事项

1. 代表性

由于进行鼠密度调查的地方只占工作面积的一部分，因此，只有足够的代表性，才能据以指导全面的情况。选择调查点应以鼠情有代表性为标准，避免只在有工作基础的地方调查。

2. 针对性

随着目的的不同，鼠密度调查的重点也应有所差别。为了了解全面鼠情，调查点应兼顾各种环境；如果为了做好重点地区的灭鼠，则应在主要重点地区进行调查。

3. 正确性

鼠密度调查得到的结果波动较大，因此，从选点、操作到记录、统计都应规范，使结果尽量准确。

4. 综合治理

为了日后对鼠害进行综合治理，在进行鼠密度调查时，应注意收集相关情况，避免重复调查。

第 3 节 灭 鼠

学习单元 1 防鼠设施

学习目标

◎ 了解安装防鼠设施的意义，提高灭鼠效果。

◎ 熟悉安装防鼠设施的场所和部位，以充分发挥作用，提高效率。

◎ 掌握安装防鼠设施的方法，以保证其作用的发挥。

相关知识

1. 防鼠设施的作用和使用方法

防鼠设施的作用在于阻止鼠类进入房屋、进入可以筑巢的空间、取得食物等。为此，应加固木质门窗的下沿，并缩小门和门框、窗与窗框的缝隙（见图 1—9）；经常通过的门有时需设置挡鼠板；下水道污水口设置防鼠栅；食品应储存于金属、陶瓷或水泥的容器中；鼠洞应堵塞；家具上的鼠洞要封闭；管道和电缆穿墙处应做防鼠处理（见图 1—10）；为防止家鼠从墙角攀登顶棚，墙角应抹成弧形（见图 1—11）。

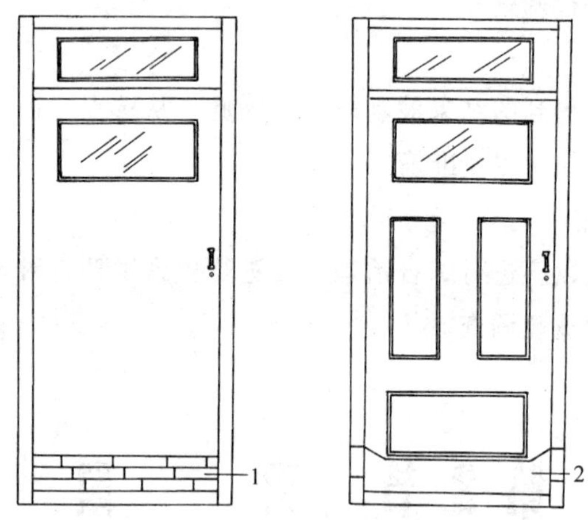

图 1—9　木门防鼠

1—竹片　2—铁皮

图 1—10　管道防鼠

1—水泥堵塞　2—挡鼠板

一般防鼠设施在安装后可长期使用，直到需要更新为止。但在人们频繁进出时，可将防鼠挡板暂时收起，待活动减少后再放好。

2. 防鼠设施安装的部位

防鼠设施均安装在家鼠经常活动或可能活动之处，包括门窗下沿、家具四角、墙根和墙角、地面和地板、管道和电缆穿墙处、下水道泄水口和探井、盛装食品的容器和包装等处（见图 1—12），越是隐蔽的地方越应注意。

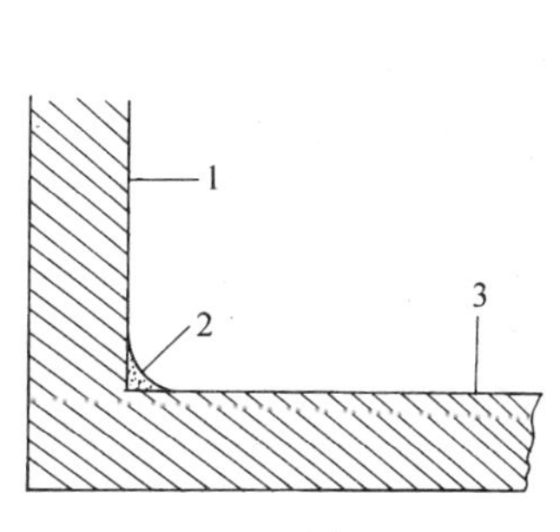

图 1—11　墙角防鼠

1—墙壁　2—圆墙角　3—地面

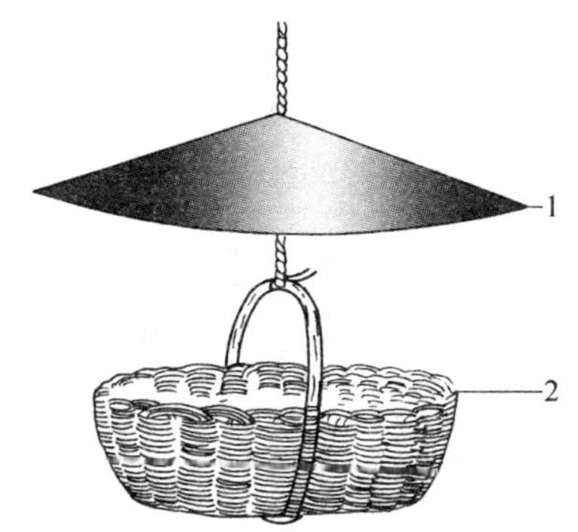

图 1—12　防鼠吊篮

1—挡鼠板　2—食物篮

3. 防鼠设施安装的具体要求

在安装防鼠设施时首先应严密，缝隙应小于 5.0 mm；其次应结实，防止家鼠咬穿，因此，纸板、塑料板和木板都不合适；再次应方便，不应影响人们正常工作和生活，甚至应考虑到宠物的活动；最后应美观，不影响环境质量。同时，还要考虑可行性，不提过高要求。

操作技能

1. 堵塞鼠洞操作方法

根据鼠洞所在位置的具体情况，选择堵洞材料，如湿土、石灰、水泥等，同时准备碎玻璃、碎瓷片、碎铁片等作为主体。先将碎玻璃等塞入洞内，再用湿土等堵严，外面抹光，加上涂料。

门窗和家具上的鼠洞，应用木板加铁皮或铁丝网等补好，尽量保持原色。

管道和电缆穿墙处，可安装铁皮防鼠环，环宽 5 cm 以上，管道或电缆从环中圆孔穿过。

2. 加固门窗操作方法

应在门框、窗框的下沿钉 30 cm 高的铁皮或竹片，并使门与门框、窗与窗框之间缝隙小于 5.0 mm。如门下无框，可加防鼠门槛，使之与门密合。

3. 设置防鼠板操作方法

从两侧门框上制成插槽，将防鼠板插入即可。防鼠板可用钉有铁皮的木板制成，结实不易变形，高 50 cm 以上，下沿与地面应密合，空隙小于 5.0 mm。

4. 设置防鼠栅操作方法

用于泄水口的防鼠栅为金属板制成，大小应恰好盖住泄水口，并可固定，栅上的缝隙不大于 5.0 mm；用于墙壁通气口的防鼠栅为铁丝网制成，大小应恰好全面覆盖通气口，网眼不应大于 5.0 mm×5.0 mm。

注意事项

防鼠设施的安装涉及房屋构体和家具等，因此有害生物防制员一般只可作建议和指导，只有在房主同意的条件下方可参与操作。

1. 充分宣传

使房主充分理解防鼠设施的作用是很有必要的。因为，这些设施需要经常维护和修理，而且有的设施会给正常活动带来不便，如防鼠板影响通行，防鼠栅影响排水并容易堵塞等。

2. 认真操作

各项防鼠设施都有具体要求，必须认真操作才能真正发挥其作用。如门与门框缝隙若有一部分超过 5.0 mm，小家鼠就可能钻进去；堵洞材料若硬度不够，则易被家鼠掘通。

3. 经常维护

防鼠设施必须保持完好才有作用，因此，应经常对防鼠设施进行维护，及时修理破损部分。同时，要提醒房主应持续使用。

学习单元 2　灭　　鼠

学习目标

◎ 熟悉灭鼠原则，达到运用自如的熟练程度。

◎ 掌握居民区、学校、办公室的灭鼠方法。

相关知识

1. 灭鼠在控制鼠密度中的作用

控制鼠密度即减少鼠的数量，原则上只有两条途径：一是使鼠少生，二是使鼠多死。灭鼠能使鼠迅速死亡，对控制鼠密度作用很大。

2. 灭鼠基本原则

（1）统筹安排

同一地区的灭鼠工作应统筹安排，应在同一时间段内展开，避免各自为战。如需多次灭鼠，各种灭鼠方法的使用顺序会直接影响灭鼠效果和效率，因此，合理安排非常重要。

（2）力争高效

做好各项准备，努力提高每一次的灭鼠效果。灭效低不仅成本效益比值低，而且鼠密度恢复更快，影响下一次的效果。例如，相继两次灭鼠，如果每次灭效都是 70%，则其总效果只和一次灭效 90%相仿，但成本会高许多。

（3）保证安全

防止人和非靶动物（家禽、野禽、畜类）中毒，防止污染环境。

（4）节省开支

一家一户所费人力财力都不多，但若灭鼠面积大，每年都进行，则应该尽量节省。尤其要避免“多放才保险”的指导思想。

3. 常用灭鼠方法

（1）鼠夹、鼠笼、粘鼠板等捕鼠器械的使用方法鼠夹和鼠笼的诱饵应根据当地主要鼠种选择，尽可能使用鼠类喜食又不易变质的诱饵。常用的有花生米、烙饼块等，为捕捉褐家鼠还可用肉制品。诱饵应在到达布放地点后，才在钩上挂牢。

1）鼠夹。鼠夹的型号很多，用材不尽相同，但支放方法大体相同。现以常用的铁板夹为例，说明其使用方法：

铁板夹分大、中、小号，其规格（长×宽）分别为：150 mm×80 mm、120 mm×65 mm 和 90 mm×50 mm，其结构和部件如图 1—13 所示。使用时，在布放地点钩住诱饵后，把压弓向后掰，用支棍压住，支棍略微进入引发环的孔中，把压弓压住。注意支棍进入引发环孔的深度要恰到好处，过深则不易脱出，压弓不能弹回压住老鼠；过浅则稍有外力（地面轻微震动、空气流通、小虫爬过、细物触及等外力）即迅速滑出，使压弓弹回，却未捕到鼠。支好鼠夹后，平稳地放在鼠道上。一般情况下，傍晚布放，次晨回收。为便于收回，可在布夹点的上方墙壁上做标记。标记不仅有利于收夹，而且如在标记处收不到鼠夹时，能够迅速做出鼠夹丢失的判断。

进行鼠密度调查时，为使结果准确，需使用专业工厂生产的同一规格的鼠夹。一般的灭鼠或需捕鼠检验时，对鼠夹规格没有严格要求，能正常使用即可。鼠夹的外形、用材和规格虽多种多样，但支放方法大同小异，都需要保持适中的灵敏度。

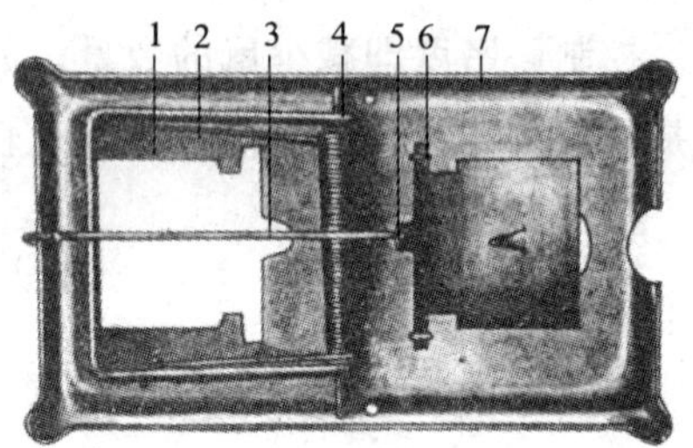

图 1—13　钢板夹
1—弹簧　2—压弓　3—支棍
4—转轴　5—引发部　6—踏板
7—底板

2）鼠笼。鼠笼的型号也很多，工厂生产的多为铁丝笼。其规格为（长×宽×高）：大号 260 mm×110 mm×120 mm，中号 240 mm×100 mm×110 mm，小号 210 mm×90 mm×100 mm。网孔直径分 8 mm 和 5 mm 两种（见图 1—14）。

使用时，将支棍按下，使门向外张开。用引发部略微卡住支棍，在诱饵钩上装牢诱饵，再将门闩放到立架的外部即可。门闩的作用是在笼门关闭时，门闩可落下将门顶住，鼠不能顶门逃出。

鼠笼支好后，应轻稳地放在捕鼠地点。将鼠笼放在家具下面时，应保留笼上方足够的空间，保证笼门关闭时，门的立架可以直立。不同型号鼠笼的布放方法相似，都要注意引发部和支棍钩搭适中，保持适度的灵敏度。

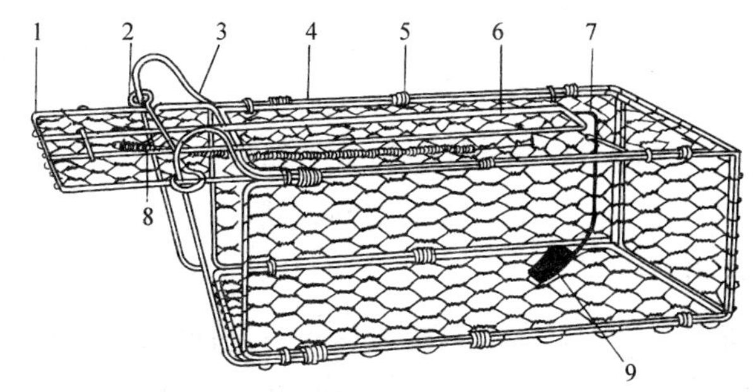

图 1—14 单门鼠笼

1—门 2—门闩 3—立架 4—框架 5—网

6—支棍 7—引发部 8—拉簧 9—诱饵钩

3）粘鼠板。若使用粘鼠板，则一般不用诱饵。在需要布放的地点打开包装，揭开对合的粘鼠板，靠墙或家具放平即可，在粉尘多的地方不宜布放。通常在傍晚布放和收回。有时为了提高效果，可在粘鼠板中间放一块诱饵，或设法将诱饵挂在粘鼠板的上方。

其他捕鼠器械，包括民间捕鼠器械种类很多，用法不同，灭鼠时可参照当地情况选用。

(2) 常用灭鼠毒饵和特殊毒饵的组成

毒饵的组成变动较大，各成分在毒饵中所起作用不同。其中，鼠药和诱饵最为重要。

鼠药的主要作用是将鼠毒死，不同鼠药的作用机理和作用时间不尽相同，有的差别很大。没有鼠药，毒饵就名不副实。鼠药主要是化学药物，也有植物或微生物及其产品，它们都不是鼠的食物，只用鼠药不能诱杀鼠。

诱饵的作用很重要，是毒饵进入鼠口发挥作用的关键。所有鼠类的食物都可用作诱饵，其适口性越好，鼠类越喜食，则制成的毒饵效果越好。选择诱饵还应考虑其他条件，如易加工、能保鲜、耐储存、低价格等。诱饵既可用单一食物，如小麦等，也可混用食物，以适合不同对象。有时还将可以提高适口性的成分，如加适量食糖作为引诱剂。某些散发特殊气味的成分可引诱鼠，也可使用。

在毒饵中还应加入醒目的染料，使毒饵更易被人识别，避免与无毒食物混淆，以保证安全。选用的染料应不引起鼠类拒食，而且和常用的食品染料的颜色应有所区别，避免被人误食。常用染料有蓝、绿、黑等颜色。

有的毒饵中加有催吐剂，当人和一些非靶动物误食后会迅速吐出。

由于褐家鼠无胆囊，不会呕吐，因此只要催吐剂不影响毒饵的适口性，不会降低灭鼠效果。

在潮湿地方使用的毒饵，还可用石蜡包裹。即将毒饵倒入熔化的石蜡（熔点为60～65℃）中，混匀后加到容器中冷却成型。应注意不能显著影响毒饵的适口性。

为防止毒饵被虫蛀，有的毒饵还加入一定量的杀虫剂。多数杀虫剂影响毒饵适口性，不宜使用，只有少数几种杀虫剂的高纯度产品有使用价值。

为了其他目的，还可在毒饵中加入其他成分，但均应以不影响适口性为前提。

除一般意义上的毒饵，还可将鼠药制成其他形式，成为特种毒饵。如水溶性鼠药制成适当浓度的水溶液，盛于浅皿中或禽类饮水瓶中，用于消灭褐家鼠；或将鼠药混入浆糊中，抹在纸卷或草把上堵塞鼠洞，或抹在纸上放在洞口；将鼠药加发泡剂装入软管中，挤入洞内，形成泡沫栓等。在上述毒饵中，有时可加入调味物质。

此外，还可使用灭鼠膏剂，虽配制较难，但使用方便。

(3) 灭鼠毒饵施用原则

毒饵只有在被鼠食入后才能发挥作用，因此，必须掌握正确的施用方法，方便鼠类取食而且够量，同时避免人和其他动物误食。由于家鼠栖息的环境多种多样，因此，应该在实践中注意观察和总结，积累经验，才能做到投毒基本到位。

4. 居民区、学校和办公区的灭鼠方法和要求

居民区、学校和办公区主要使用毒饵，个别情况下辅以捕鼠器械。

新建的居民区灭鼠重点是厨房、杂物间以及公共地区，如垃圾集中处等；而旧式住宅除上述地点外，鼠类可能活动的场所更多，投饵地点应适当增加。人均面积小的住房，由于杂物多，食物保存条件有限，给鼠类提供了较好的取食和隐藏条件，因此，投饵更要细心。

学校灭鼠的重点是食堂周围和生活区，教室、实验室等通常鼠密度低，只有少数地方需要投饵。

办公室鼠密度较低，重点是进餐和休息场所、储藏室等。因鼠类食源少，较易被消灭。

以上场所灭鼠要求效果好，保障人和非靶动物安全，不留后患。同

时，尽量降低成本，减少对房主正常活动的干扰。

操作技能

1. 捕鼠器的使用

(1) 布放时间

家鼠主要在夜间活动，在夜深人静后很快出现以觅食为主的活动高峰，因此，捕鼠器通常在鼠类活动前布放，如在办公区、库房等处，工作人员下班后布放；在住宅和其他有人活动的场所，以人静后布放为宜。鼠密度高时，布放的第一晚可在布放后两小时检查，取走捕获鼠，重新放好捕鼠器，以后夜放晨收即可。在库房内，可白天布放，次晨不必收回。

如布放一晚捕获的鼠较多，有继续布放的必要，则在次晨检查后不必收回，而是用纸板等物虚掩捕鼠器，傍晚撤掉纸板。如此连续布放，直到所捕获的鼠很少为止。

为克服家鼠的新物反应，可在布放捕鼠器（鼠夹或鼠笼）时只挂饵、不支放，使鼠可平安取食诱饵。连续虚布几天后，估计家鼠的新物反应已消失，再挂饵支放，且守候在旁，及时取走捕获鼠，再重新支放。如此可在数小时内，捕到当地大部分老鼠。这种布放方式最适合捕捉褐家鼠。

(2) 布放位置

总的原则是布放在鼠类经常活动的场所。但应注意，一般不应紧堵洞口。家鼠虽然经常出入洞口，却容易对新出现的紧靠洞口的物体怀疑，不去触动。只有幼鼠和未成年鼠好奇心强，容易上当。

针对家鼠沿墙活动的习性，捕鼠器械起作用部分应紧靠墙体。如为增加捕获数量，每处布放两个捕鼠器，更应注意布放位置。如图1—15所示为正确的鼠夹布放模式。

除地面外，捕鼠器还可布放在天棚、横梁上，甚至挂在立柱上。此时，应固定捕鼠工具，防止落下碎物伤人。

有的捕鼠工具专门按洞口布放设计，应在布放时保护或伪装捕鼠工具。

(3) 布放数量

和鼠密度调查时不同，为灭鼠而使用捕鼠器并无具体的数量规定，不限制每间房的布放数量。一般而言，应根据鼠的多少确定。布放原则是：要密集突击布放，不宜细水长流。如捕鼠工具不多，更要分区集中布放，轮番推进。

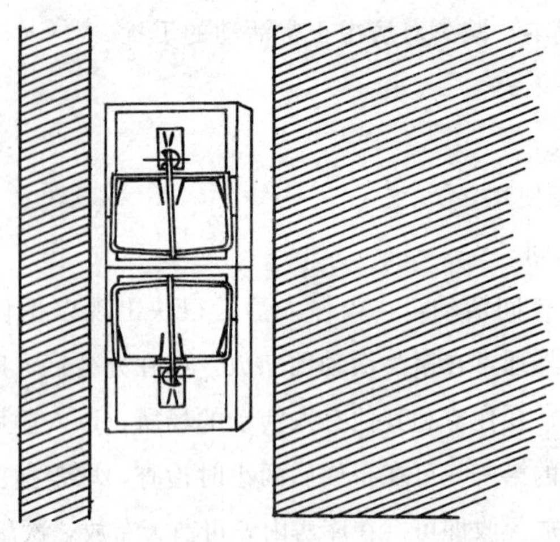

图 1—15　两个鼠夹的布放模式

（4）捕获鼠的处理

需要检查并统计体外寄生虫的死鼠，单个用镊子夹入鼠袋，附标签以注明日期、地点等内容，扎紧袋口。需要检查并统计体外寄生虫的活鼠，按上述鼠笼捕获鼠的方法处死，再按上述方法处理。

同一地点捕获，需要检查病原体的死鼠和活鼠可放入同一鼠袋中，其他仿照上述方法处理。

已装鼠的鼠袋集中装入大鼠袋或其他密闭容器中，以专用交通工具尽快送到检查地点，不可乘坐公共交通工具。

单纯为了灭鼠而捕到的死鼠，合并装入大鼠袋或其他密闭容器中，附标签注明数量和捕获地点、时间，集中焚烧或深埋于 1 m 的地下。捕到的活鼠在处死后按此法处理。

总之，在处理捕获鼠的全过程中，应避免直接触及鼠体，不被鼠的排泄物污染，不被鼠的体外寄生虫叮咬。

2. 毒饵灭鼠

（1）准备工作

灭鼠工作是系统工程，涉及许多方面，做好正式灭鼠前的准备才能有条不紊地开展。尤其是在较大范围内突击性灭鼠，周密的准备更为重要。

大范围突击灭鼠前应制订出详细的工作计划，并经上级部门批准和有关方面认可。然后按照计划筹集物资，包括毒饵、投放毒饵工具、调查鼠密度用具等，并落实人员和经费。同时，制订出具体实施方案和工作进度，落实出现意外时的应急预案和相关装备、物资，以及死鼠和剩余毒饵的收集处理方法。

实施灭鼠方案时应和当地主管部门交流，取得共识，需要当地准备的物资或经费必须落实。在主管部门的协助下，进行充分的宣传，介绍灭鼠方法的特点、进度和需要注意的事项，尽可能做到家喻户晓。宣传越充分，灭鼠效果越有保证，意外事故越少出现。

由有害生物防制单位承担的经常性灭鼠工作，主要准备工作由本单位完成，但仍需根据合同与房主沟通，再次明确灭鼠方法、进度和对方需要注意的事项，取得理解和支持。应该告知的必须交代清楚，避免产生不必要的误解和纠纷。

可以说，做好了准备，整个灭鼠系统工程就完成了一半。

通常，在大范围突击灭鼠前，为了了解鼠情和评估灭鼠效果，需要开展灭鼠前的鼠密度调查，此次调查也可纳入准备工作之内。具体方法前面已有介绍。

(2) 投放时间、地点和数量

从原则上说，毒饵的投放时间与布放捕鼠工具相同，即傍晚或人静时。在家鼠活动高峰即将到来前投放，不仅可以减少安全隐患，还有利于毒饵保持适口性。不过，在仅有少数固定的成年人活动之处，在充分说明之后，也可在白天投放，以延长每日的工作时间。在投放毒饵后的第二天早晨，应检查毒饵消耗情况，酌情补充或新增投放点。检查后毒饵不必回收，可用木板、家具等虚掩，避免被扫除或误食，傍晚再除去掩盖物。

根据毒饵所含鼠药的不同，投饵期的长短也有差别。急性鼠药毒饵，如磷化锌连投 3 个晚上后即可收集、处理，结束投毒；第一代慢性鼠药，如敌鼠钠、杀鼠灵、杀鼠迷、氯鼠酮等，应连投 5 个晚上，最好长达 1 周，再收集残饵处理；第二代慢性鼠药，如溴敌隆、大隆、杀它仗等，可采用间断投饵法，即隔日投饵 1 晚，共计 3 个晚上，再收集残饵处理。

有的地方需设置长期投饵站，投饵期不受以上限制。但是，整年投饵并非上策，应采取毒饵和食物轮换的方法，即先投毒饵 15 天，如毒饵基本停止消耗，即可取出毒饵，放入小麦等鼠的食物，发现有鼠取食时，再换成毒饵。实际上，毒饵投放期并不固定，视家鼠取食与否而定。

毒饵的投放地点因地而异，总的原则是投在家鼠最常出现的地方，尤其是其正常寻找并能得到食物的位置。曾有调查证明，家鼠更喜欢取食它自己找到的食物，因此，直接投入鼠洞并非理想办法，而应适当离开洞口。由于家鼠活动隐蔽，常沿墙根、家具行走，毒饵也应主要投在这些地方。在多数情况下，形形色色的鼠征有利于判断投饵地点是否恰当。

消灭天棚上或夹层中活动的家鼠并非要将毒饵投到天棚上或夹层中去。因为这些家鼠仍需到地面上寻食，不妨以逸待劳。当然，如果方便，也可在天棚上投饵。

消灭下水道中的家鼠，也可在探井周围投饵。这些家鼠的食源通常仍在地面，下水道仅是其安全藏匿场所和活动通道。

为了保证人和非靶动物的安全和保持毒饵适口性，还可因地制宜制造投饵盒，将毒饵投入其中。常用的毒饵盒大小应适中，进出口均贴近一面，放盒时靠墙，方便家鼠出入。用材没有规定，但以家鼠比较习惯的为好，如砖、木板、水泥等，家鼠不甚适应塑料板、不锈钢等材料，需要较长时间才敢进入。一般家庭可利用鞋盒，在两端靠近同一侧剪开 50 mm×50 mm 的方孔，即成简易毒饵盒。常见的毒饵盒如图 1—16 所示。

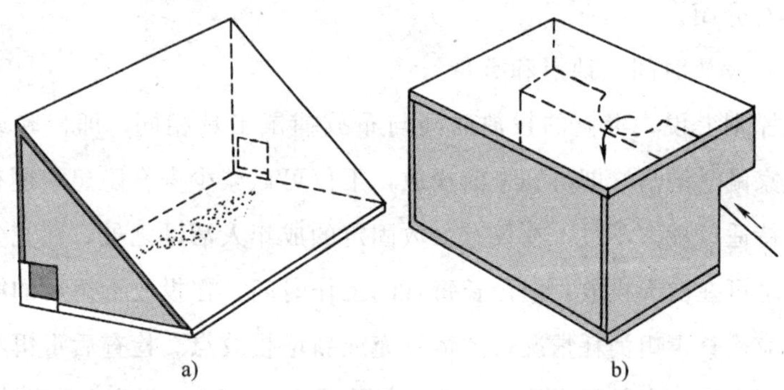

图 1—16　毒饵盒

a）三角形毒饵盒　b）跳入式毒饵盒

毒饵的投放量根据鼠密度和毒饵性质决定。即根据鼠密度决定投饵份数，以毒饵性质决定每份的毒饵量。通常，在鼠密度不高的情况下，每间房（15 m^2）投 1～2 份，重点场所（如厨房）可略增。大面积房间则沿墙根布放，每 10～20 m 投放一份。在投饵次晨检查，如毒饵未被触动或部分触动，则投饵份数不变；若毒饵大部分或全部消耗，则在增加份数的同时，还应增加每份的投量。

每份毒饵的初次投放量应为：急性鼠药毒饵 1～2 g，慢性鼠药毒饵 10～15 g。次日清晨检查时，应将被吃掉的部分补充至原量，全部被吃光的地方应加倍补投。经验证明，在投饵点旁适当标记，有助于判断该处毒饵是在投放后被吃光的还是没有找到。

用毒饵盒时，每份毒饵应适当增加：小毒饵盒可增至 2～3 倍，大毒饵盒可增至5～10倍。

在以往的实际工作中，常出现投饵总量大大超过实际需要，但局部投量却不足的情况，这在很大程度上影响灭鼠效果。因此，在实际操作中，应总结经验，努力提高投放毒饵的准确率。把毒饵投到家鼠接触不到之处，等于未投，还会污染环境，增加对非靶动物和人的危险性。

（3）毒饵的管理和残饵处理

毒饵是特殊物品，必须严格管理。应从合法渠道购买完全合格的产品，在可以上锁的房间里储存。不仅不能和食品同放，也应与杀虫药品分开，以避免黏附异味，影响适口性。毒饵的进出数量要及时准确登记，交接应有书面记录。领用后没有用完的毒饵应交回集中保管，用时再领，不可带回家中或随意放在办公室。

投药告一段落时，应尽可能收集残存毒饵，并集中处理，不能暂存待用。取饵应用工具或戴手套，避免徒手接触。残饵用焚烧法处理最为安全，如用深埋法处理，则应保持足够深度，且避免污染水源。许多鼠药不易分解失毒，因此，不能与普通生活垃圾混同处理。

处理残存毒饵应有工作记录，注明毒饵种类、数量、处理方法、地点、时间和处理人员等内容，记录留存备查。

（4）鼠尸处理

鼠尸常黏附排泄物，甚至有血迹，体内可能有残存鼠药，新鲜鼠尸上还可能有尚未离体的体外寄生虫，故收集和处理时必须严加防范。从技术上说，病原微生物、鼠药和体外寄生虫的检验都不存在困难，但在多数情况下，进行检验的必要性不大，成本偏高，仅在个别情况下需要进行。因此，通常在不检验的情况下，按可疑问题处理。

发现鼠尸后用镊子夹入鼠袋或其他容器中，不可用手直接接触。盛鼠容器在不装鼠时应保持密闭。收集完毕后用专用交通工具运送至处理地点，登记鼠种、数量、日期、地点和工作人员等。将鼠尸送入焚烧炉焚烧，或深埋地下1 m。在一般情况下，处理前可不消毒和杀虫。

严格禁止剪切鼠尾显示工作成绩的做法，同时防止猫、狗、猪等取食鼠尸。

（5）意外应对

毒饵中含有鼠药，虽然已获许可登记的鼠药对人和非靶动物危险性较小，但误食仍可能中毒甚至死亡。尤其要防范有意投毒和私留毒饵流失招致事故的发生。

投放毒饵前，应落实急救单位，准备急救药品和器械，配备随叫随到的交通工具，公布急救联系方法，投饵期间应全天开通，专线专用。

已获登记的鼠药都有较好的解毒剂，急救方法可靠。尤其是慢性鼠药作用慢，易诊断，有急救时间，因此，出现意外不必惊慌。

对群众反映的问题，应尽快过问、接触，原因和情况不明时不轻易表态，有证据后再发表看法。但是处理意外必须及时，不可拖延，以免贻误急救时机。

对于其他意外，如毒饵丢失，也应立即处理，尽量避免出现不良后果。

注意事项

1. 充分宣传

灭鼠涉及面广，必须取得公众的理解和配合。充分宣传包括两个方面：其一是充分利用各种宣传工具，从录音和录像带的播放、会议宣传、宣传画和横幅标语，到个别谈话，都应利用；其二是有关灭鼠的各个方面，包括鼠的危害、灭鼠方法、注意事项、出现意外的解决办法、联系途径等。缺少公众的配合，难以收到理想的效果，而且影响工作效率。

宣传应有针对性，随时解答公众存在的疑问，尤其是一些似是而非的传闻。例如，某地传说雄鼠爱喝酒，雌鼠喜欢醋，要老鼠断子绝孙就要在毒饵中加醋，把雌鼠灭光等。其实并非如此，加醋并不能达到灭鼠的目的。又如，有人说“一猫镇三户”，养猫不仅保护自家，还保护左邻右舍，这不符合实际，养猫人家同样有鼠，只是数量少些，活动方式特殊些。这一类的传闻如不及时澄清真相，灭鼠工作就难以正常进行。

2. 防止误食

防止误食是保障人和非靶动物安全的重要方面，必须重视上文提及的各个方面。包括：保管好毒饵，严格的发放和回收制度，毒饵不和食品（尤其是原粮）混放，毒饵包装上应有明显标记，毒饵应含特殊的警告色，毒饵投放点应有标记，残存毒饵及时回收并集中处理等。

防止宠物和家养禽畜误食的关键是要动员其主人加强管理和密切配合，在投放毒饵期间管理好，使之不进入投饵区，或将毒饵放在适当的投饵盒中。投饵期结束后应及时回收毒饵。此外，还应及时收集死鼠，防止被非靶动物误食。

3. 认真操作

毒饵投放动作并不复杂，但仍需认真操作。主要是认真观察，选择好投饵地点，提高准确率。同时，投放量和投放时间应遵守统一规定。对于有幼儿或残障人员的家庭，更应取得充分理解和配合，保障安全。投饵后，鼠尸和残饵的收集要全面细致，做到人到、眼到、手到，不遗留后患。

所有需要登记的标签和表格都应一丝不苟地填写，仔细保存。交接手续不可省略。

4. 密切观察

投放毒饵后，尤其是次日早晨，要到现场观察访问，掌握第一手资料，充分听取反映。对于毒饵消耗的异常情况，鼠类活动的反常和宠物的表现，尤其应该主意，努力查明真相，采取对策，把可能扩大的问题消灭在萌芽状态。

5. 及时处理意外

主要是及时处理人和非靶动物的误食中毒事故。

接到人误食中毒的事故信息后，应迅速赶到现场，将可能中毒或误食者立即送往医院，有条件的地区可就地催吐洗胃后，立即送到急救点；同时，应注意保护现场，收集相关人证物证资料，如目击者证言、毒饵包装、呕吐或排泄物等。

如报告的对象为非靶动物，则应与其主人协商，送至事先联系好的附近动物医院进行救治。证人、证物的收集同样重要，是当时救治和事后查清责任，以及吸取教训的重要依据。

第4节 效果评估

学习目标

◎ 熟悉记录并计算鼠密度下降率的方法。

◎ 掌握本行业通用的效果评估方法。

相关知识

1. 鼠密度的正常波动

鼠密度取决于鼠的出生率和死亡率，生多死少则鼠密度上升，生少死多则鼠密度下降，生死相当则鼠密度相对稳定。无论是出生率或死亡率，其升降均受多种因素影响，有时变化很大，因此，在没有采取针对性措施的情况下，鼠密度也存在着波动。在一般情况下，居民区的各项条件比野外稳定，密度波动的幅度比野外小。

家鼠的生育能力很强，出生后 3～4 个月性成熟，怀孕 21～22 天分娩，每胎 5～8 仔，母鼠分娩后又可交配怀孕，繁殖潜力很大。不过，由于家鼠的生活条件不可能十分完美，通常不能按理论数繁殖。影响鼠类生育的因素首先是食物的质和量，以及和同类竞争的强度；其次是环境温度、湿度是否适中；第三是隐蔽场所是否足够；第四是当时、当地的鼠密度，鼠密度已经很高时，种内竞争加剧，生育会减少，甚至停止；反之，鼠密度低时生育能力会提高，这是自然调节现象。对每个个体来说，母鼠的年龄也与生育能力有关，首次怀孕母鼠生育的仔鼠较少，随后逐渐增多，接近老年时又下降。

家鼠死亡的原因很多，只有少数能够衰老死亡。首先，食物的质量影响体质，也间接影响寿命；其次，鼠间疾病流行和天敌捕食是家鼠早死的重要原因：家鼠活动在很不卫生的环境里，感染疾病的机会很多；蛇、猫、黄鼠狼等有捕捉家鼠的天性，每只天敌每年可灭鼠数 10 只甚至更多；第三，当时、当地的鼠密度高低，同样影响其寿命，鼠密度高时，鼠间竞争加剧，体质下降，死亡率上升。当然，人们开展的灭鼠活动对家鼠的死亡影响也很大。

由于上述情况，家鼠密度常有正常的波动，包括季节间和年度间波动两个方面：通常，家鼠在冬季繁殖减少，春、秋季各有一个繁殖高峰；有的鼠种在有的地区存在年度周期性，每隔一定年份出现一个繁殖高峰（如澳大利亚的小家鼠），但这个周期现象在我国尚未确定。

2. 鼠密度下降幅度的评估

判断灭鼠效果的主要指标是鼠密度在灭鼠前后的下降幅度。为使结果准确，鼠密度调查方法应前后一致。不同方法的调查结果相差较多，不应直接前后对比。同时，由于鼠密度在不断变动，因此调查时间对结果也有影响。正确的调查时间是：灭鼠前的调查在即将采取灭鼠措施前进行；灭鼠后的调查应在灭鼠措施充分收效后立即完成。

以鼠夹法调查鼠密度，则必然会从当地鼠群中捕去一些老鼠，使鼠密度有所下降。为减少对灭鼠前调查的影响，有两种方法可以选择：其一是设立对照区，在灭鼠区调查鼠密度的同时，对照区用相同方法调查，而灭鼠区灭鼠时对照区不灭，以对照区前后两次的调查结果，校正灭鼠区的调查数据；其二是灭鼠区的两次调查分别在不同地块进行，避免第一次调查对第二次调查的影响。上述两种方法，在理论上是合理的，但由于鼠密度及其调查结果存在较大的波动，即使在邻近地区也可能不同，得到的结果不够稳定。因此，除非灭鼠调查工作量很大，一般在灭鼠工作中，很少设立不灭鼠的对照区，而采取灭鼠前后在相同地块调查的做法，这样虽然存在着前次调查对后次调查的影响，却避免了不同地区的差别对调查的干扰。

如果用粉剂法调查，灭鼠前的调查不会影响灭鼠后的调查结果，但却存在着另一种误差，即在灭鼠前后的调查中，每个阳性粉块上的足印和尾迹数不同——灭鼠前多，灭鼠后少。这个差别在以阳性率表达时不能反映，以致按阳性率估价效果时，结果偏低。为纠正此误差，可以采用以下方法：用铁丝做成 200 mm×200 mm 的框，均分为 3 格×3 格（或用 200 mm×200 mm 的透明塑料板，画出相等的 3 格×3 格），检查粉块时，将框（或板）放在粉块上，统计阳性粉块上出现粉块的小格数，压线的鼠迹只算 1 格，同一鼠迹压到格者才算 2 格，以此法统计的阳性粉格数来计算效果，比较准确。

用鼠征法调查鼠密度，较难以估计灭鼠效果，难点主要在于新旧鼠征的不易区分。为了避免纠纷，一般不用鼠征法评估效果。

3. 灭鼠效果评估方法

灭鼠效果主要根据鼠密度下降幅度来评价。其他如群众反映、鼠尸数量等信息也可作参考。根据鼠密度下降幅度占灭鼠前鼠密度的比例，即可评价灭鼠效果。如果设立了对照区，则应以对照区的结果进行校正。在校正时，不能采取简单的直接相减的方法（不能将灭鼠区的鼠密度下降幅度减去对照区两次布夹的鼠密度下降幅度），这种方法只减了分子，未校正分母。正确的计算方法是分子和分母都进行校正，然后再计算效果。

在一般情况下，对照区第二次调查的鼠密度应低于第一次。原因是第一次调查捕去了一些鼠，尤其是容易上夹的个体。但是，在特殊情况下（如正值幼鼠纷纷出洞活动阶段），则有可能第二次调查时鼠密度更高，这样的校正值同样有用。

操作技能

1. 选点

鼠密度调查只能在一部分工作区进行，然而，实际需要了解的是整个工作区的鼠情，因此选择调查点的重要标准是调查点应有代表性。如果当地是居民区，而在学校区中调查鼠密度，代表性就比较差。应将工作区划成几个类型，根据各个类型所占比例，安排调查点和工作量。应该注意的是，不能为了提高效果，灭鼠前选在鼠密度高的地方调查，而灭鼠后在鼠密度本来就低的地方调查，这样的调查不能反映真实情况。

选点时应适当考虑工作基础和条件，要兼顾代表性和可操作性。如有两块都符合条件的地点，则可以在工作较方便的地点调查，但不能把工作是否方便作为第一条件。例如，有一些城市，把干部力量强、群众基础好的居民区作为基本固定的基地，布置任务驾轻就熟，工作方便，但所得结果缺乏代表性。由于这些地方经常试点，群众卫生习惯好，配合工作，往往鼠密度较低；同时，这些地方的鼠类经常受到锻炼，警惕性高，不易被捕，也会影响调查结果。

另一方面，鼠密度调查涉及社会因素的影响比较复杂，用完全随机的方式抽样存在一定困难，应该全面衡量后，作出妥善安排。

选点的重要内容，除地点外，工作量同样重要。在一般情况下，布夹数至少为 120 个，用粉迹法至少布粉 200 块，用鼠征法至少检查 100 间。工作面积大时，数量相应增加，一般调查面积不超过总面积的 5%。

2. 灭前调查

在灭鼠工作即将开始时先做好灭前调查，包括：确定调查地点和日期、确定调查方法、落实工作人员、准备调查器材和记录表格，随后通知调查地区主管和房主，并取得同意和配合。

在确定工作日期和行进路线后，通知工作区内的房主在调查时开启房门，从工作区的一端开始调查，边布放调查工具（鼠夹或粉块）边登记和标记。逐户、逐间调查，最好连成一片，不留空白，直至达到工作量要求为止。次晨，按相同方向逐户、逐间检查结果，随时记录。用鼠夹法调查时，收集鼠尸并登记写签，鼠尸处理或按要求检查病原、体外寄生虫。用粉迹法调查时应扫去粉块。

调查期间要求户主配合，管制宠物，照顾幼儿、老人和智障者。确实有特殊情况的房主可以不查。

3. 定方法、定点、定时

根据上级或合同要求，确定鼠密度调查方法。在一般情况下采用鼠夹法较好，鼠夹法以捕到的鼠数变化来评估效果，而鼠数是确切的物质证据，可以避免许多不必要的纠纷；缺点是鼠夹可能丢失，尤其是捕到鼠后的鼠夹丢失，就会影响评估结果。而用粉迹法调查不能直接见到鼠，且对鼠迹阳性的判断容易出现争议，但不存在工具丢失和误伤非靶动物的问题。鼠征法虽然操作方便，但界定鼠征的新旧困难大，不适于在效果评估时使用。

定点的原则前面已经介绍，重要的是具有代表性，同时易于操作。调查点尽可能连片，这样不仅节省工作时间，还可减少调查点外的干扰。如果有可能，灭前和灭后的调查分别在条件相近的不同地点进行，若没有条件则两次调查可在同一地块完成。

调查时间应根据灭鼠时间和灭鼠方法来确定。将要灭鼠时进行第一次调查，灭鼠措施充分显效后进行第二次调查。用慢性药灭鼠时，第二次调查至少在开始投饵第 15 天后进行，用急性药则可缩短至 7 天。

4. 调查并记录

记录本应在调查前就准备好，并将已确定的事项填妥，如工作时间、地点、人员、气候、户主名称、房间数、布夹数等，特殊情况可以附注。原计划调查，但因故未进行者（如房主外出不能进入）也应注明。次晨收夹时逐户登记获鼠数和无效夹数。

记录本应妥善保管，避免触碰鼠夹、鼠体等。

5. 灭后调查

灭后调查原则上应和灭前调查对应，除调查时间从灭前推到灭后外，调查方法应完全相同，调查地点既可以与灭前调查一致，也可安排在条件相近之处。调查时间应在开始灭鼠时确定，遇气候反常等特殊情况可以顺延，但不能推迟过久。

工作记录仍使用灭前调查的同式表格，填写和记录方法相同。

6. 统计分析

两次调查的结果分别统计之后，即可进行分析比较。统计时应注意调查时出现的无效夹数（或无效粉块数），并分析其原因。如鼠夹过于灵敏，稍遇外力便击发；布放技术不佳；外来干扰过多（如蟑螂密度高）；鼠夹丢失过多（鼠夹丢失有两种情况：一是收夹时匆忙，未充分寻找；二是被人拿走）等。其次，应重视已击发且夹上残留肢体的界定，按规定，夹上残留的肢体不足以使鼠致死者，从理论上说，该鼠仍可能被其他鼠夹捕获，故原夹可判定为无效夹。若残留的肢体足以致鼠于死地者，则不仅判定为有效夹，而且应以阳性夹参与效果统计。

在分析结果时，还有另一重要情况需要重视，即捕获鼠的种类构成以及性别、体重等。若两次种类构成显著不同，有可能表明灭鼠方法应调整，如用粮食毒饵后，鼩鼱的构成比增高，则表明以后灭鼠应对诱饵进行必要的调整。

在鼩鼱分布区灭鼠，对于鼩鼱的归类应事先有明确约定，以免事后出现纠纷。从分类学划分，鼩鼱属食虫目，严格说并非老鼠，但多数群众以为它也是老鼠，而且它也和某些疾病有关。由于鼩鼱食性和一般家鼠不同，消灭方法也有区别，因此，消灭难度较大。

7. 效果计算

根据灭前灭后两次调查结果，分别计算捕获率：

$$\text{捕获率}（\%）=\frac{\text{捕获鼠数}}{\text{布夹总数}-\text{无效夹数}}\times 100\%$$

再按下式计算灭鼠效果：

$$\text{灭鼠率}（\%）=\frac{\text{灭鼠前捕获率}-\text{灭鼠后捕获率}}{\text{灭鼠前捕获率}}\times 100\%$$

除灭鼠率外，尚可参考群众反映和收集到的死鼠数等。但是，灭鼠率是硬指标，是决定性的依据。

一般认为，灭鼠率达到80%为满意，90%为很满意。由于条件和要求不同，签订合同双方可协商调整。有的客户对残留密度的兴趣远远超过灭鼠率，即要求灭鼠后鼠密度低于某一标准（如1%），而不计较灭鼠率的高低，这是可以理解的。因为许多地方都定出了达标密度，超标视为卫生不合格，必须继续灭鼠。但是，达标难度却和当地灭鼠前密度以及环境条件密切相关，若灭前鼠密度很高且环境复杂，鼠的食源丰富，虽然一次灭鼠效果达到了80%，却仍未达标，需要补充处理。

注意事项

1. 工具统一，性能稳定

鼠密度调查基本上都是统计相对鼠数，波动较大，因此，应尽量减少能够控制的误差。其中，调查工具是重要的一环。必须使用合格的工具，要求同一规格、来源，保持工具一致。曾经捕到过鼠的鼠夹，在经过卫生处理后可以再用。

2. 前后条件一致

许多条件都能影响调查结果，因此，应力求两次调查的条件一致。

除上节提到的工具统一外，工作人员也应前后一致。鼠夹或粉块的布放地点，要在入室后临时决定，不同人员的经验不同，看法有别，选择的地点也可能不同，导致最后结果相差较大。尤其是鼠夹的布放技术，不同人布放的差别较大。为使结果具有可比性，宜由同一批人员操作。

诱饵同样影响捕获率。用生花生米时，前后差别不大，但用其他诱饵（如油条），则可能差别较大。

调查虽然主要在室内进行，但气象条件的影响仍不可忽视。大风降温和气压变化，可影响家鼠活动，应尽可能避免这方面的影响。

3. 排除干扰因素

除上述影响因素应该注意外，有时也存在人为因素的干扰。如为了达到合同要求，有意降低不利的调查结果。曾出现过为了符合国家卫生城市的标准，删去调查结果超标部分的个别现象。工作人员必须对调查负责，如实反映调查结果。

4. 及时记录、统计

鼠密度调查涉及面广，工作看似简单，却又比较琐碎。经常出现的问题是：为了省事而不及时记录，不能坚持做一户登记一次，而习惯于连续操作，告一段落后补记。经验证明，正是由于操作简单，阳性数字不多，因此更容易记错。所以要求有害生物防制员应按规定记录、统计，发现问题应立即追查清楚，准确记载。

本章思考题

1. 为什么要识别鼠种？识别褐家鼠和小家鼠有哪些要点？

2. 为什么要了解和掌握鼠的生活习性？

3. 如何寻找与识别鼠迹？

4. 为什么经常调查鼠的相对数量而不调查绝对数量？鼠类的数量和密度有何关系？

5. 常用的鼠密度调查方法有哪几种，各适用于什么场合？

6. 怎样计算鼠密度？如何填写鼠密度调查表？

7. 采集鼠类标本有何意义，怎样采集和处理，有哪些注意事项？

8. 防鼠设施有何作用，通常包括哪些内容？

9. 从哪几方面选择灭鼠方法？

10. 怎样正确布放捕鼠工具，应注意哪些问题？

11. 毒饵灭鼠有何特点？急性和慢性鼠药的使用方法有何异同？为什么要推广慢性鼠药？

12. 如何保证灭鼠效果和人畜安全？

13. 怎样评估灭鼠效果，常用哪些方法，怎样表达和计算？

14. 评估灭鼠效果应注意哪些问题？

15. 如何确定和处理“无效夹”或“无效粉块”？

第 2 章

蟑螂防制

第 1 节　蟑螂的识别

学习目标

◎ 能够识别 2 种常见的蟑螂。

◎ 能根据蟑螂生活习性，查找蟑螂孳生地和栖息地。

相关知识

1. 常见蟑螂的形态特征及其区别

蟑螂属昆虫纲蜚蠊目，体形呈椭圆，背腹扁平，可以在狭窄的缝隙、洞穴中自由出入。蟑螂平均体长 20～25 mm，小的不到 15 mm，大的则可达到 35 mm。身体颜色因种类不同而有差异，有红褐色、深褐色和浅灰色；有的种类身体表面还具有油状光泽。

蟑螂口器为咀嚼式，触角呈长丝状（感觉器官），前胸背板宽大，覆盖头之大部，前翅革质，后翅膜质或退化消失。蟑螂足发达，适于疾走，各跗节间生跗节盘及末端爪间垫，使之能在光滑表面垂直爬行（见图 2—1）。

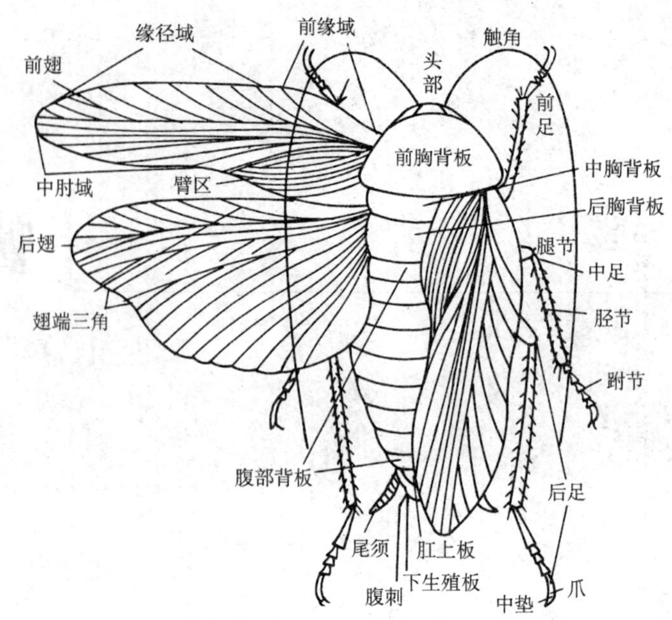

图 2—1　蟑螂成虫模式图

（1）蟑螂雌雄鉴别特征

1）雄虫（♂）具腹刺。

2）雄虫体型比较瘦小、细长，雌虫（♀）体型肥大宽厚。

3）雄虫翅发达至尾端，有些种类的雌虫无翅或翅至前半部（见图 2—2）。

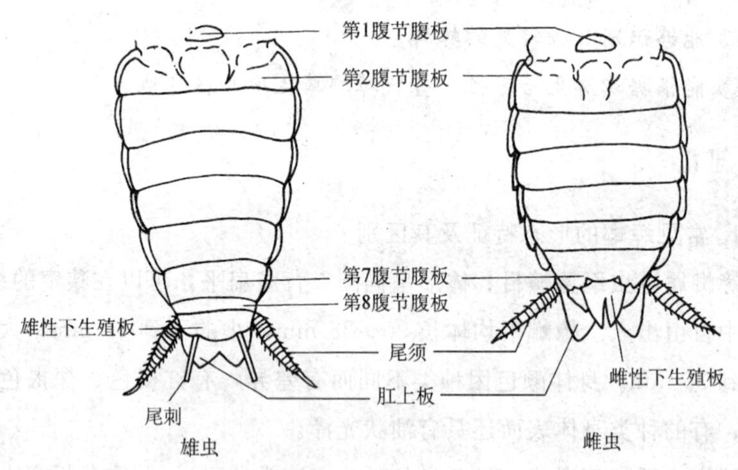

图 2—2　蟑螂腹部图

（2）蟑螂成虫、若虫区别

1）若虫虫体小于成虫，最后一次脱皮的若虫虫体大小与成虫几乎相等。

2）若虫无翅，绝大多数种类的成虫有翅。

3）生殖器尚未发育成熟。

4）外骨骼的硬度较成虫稍软，如图 2—3 所示。

图 2—3　蟑螂若虫图

2. 蟑螂生活习性

（1）生活史

蟑螂一生分为卵、若虫、成虫三个时期，无蛹期。蟑螂这种发育过程称为不完全变态（见图 2—4）。

蟑螂一般在羽化后数天交配，少数种类成熟后很快即能交配。雄虫一生能交配多次；雌虫仅交配一次或两次，就可以终生产出能孵化的卵。交配后约 10 天后卵成熟，未经交配的雌虫也能产出卵荚，但不能孵出若虫。

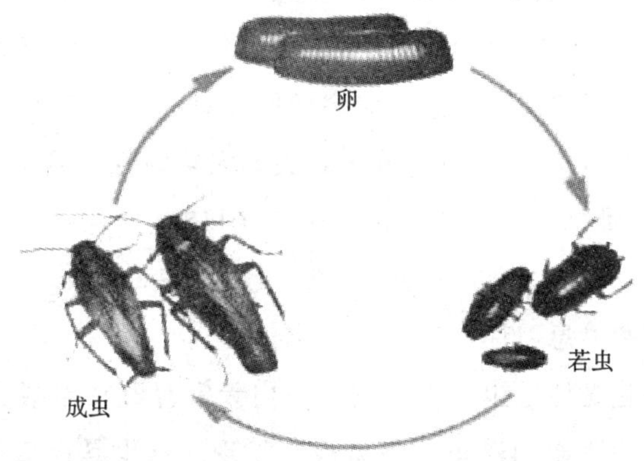

图 2—4　蟑螂生活史图

1）卵。蟑螂将卵产于胶质囊内，这个胶质囊称为卵荚（或卵鞘）。荚产下后间隔数日，雌虫又复产荚，一头雌虫一生能产卵荚几个至几十个，但同种蟑螂，因气温、湿度以及营养状况的不同，卵荚产量悬殊很大，例如，德国小蠊一般产 1～7 只，每只卵荚内含有 30～48 粒卵；美洲大蠊一生产卵荚数 10～84 只，每只卵荚内含 14～16 粒卵。

蟑螂卵呈窄长形，乳白色，半透明，处在封闭的卵荚内，排成整齐两列。卵荚的鞘壳质硬，有防水、保温、阻止杀虫剂渗入和抵御不良环境的作用。

室内蟑螂的产卵行为有三种方式，这里介绍两种主要产卵方式：

一是德国小蠊产卵方式。德国小蠊雌虫生出卵荚后一直拖至尾端，胚胎在发育过程中不断从母体得到必需的养料，待若虫孵化出来后，卵荚才脱落，这种产卵行为使卵受到很好的保护。由于若虫到处扩散，形成众多的栖息场所，这给防制工作带来了很多麻烦。

二是美洲大蠊产卵方式。美洲大蠊雌虫生出卵荚后，经短暂携带即产下。卵荚外壳坚实且耐干旱，卵荚内含足量的水分和营养物质，以满足胚胎需要。卵荚壁厚，可防止卵失水，也能抵挡外界物质的渗入，一般杀虫剂对它无能为力。蟑螂用自身的黏液将卵荚贴在它的栖息场所，如碗橱、食品柜、案板下、写字台抽屉、衣柜、杂物箱、床头柜等阴暗角落里，不易被人们发觉。

在 25℃，相对湿度 60%～80%的环境中，德国小蠊卵期是 28 天，美洲大蠊卵期是 45～90 天。在蟑螂防制过程中应特别注意卵荚的处理，可以用焚烧等方法处理，否则，难以达到根除蟑螂的目的。

2）若虫。蟑螂若虫形似成虫，体小，无翅，性器官未成熟，蜕皮 7～13次，触角和尾须节数随龄期增长，刚蜕皮虫体白色集中于鞘周围，丧失跗肢和触角经蜕皮可再生，但会增加龄期，幼小若虫不会外出觅食。一般德国小蠊的若虫期为 30～56 天，美洲大蠊的若虫期为一年左右。

3）成虫。雄德国小蠊平均成虫寿命为 118 天，雌德国小蠊平均成虫寿命为 87 天；美洲大蠊成虫的寿命则一般为 1～2 年。

（2）孳生和栖息习性

蟑螂是负趋光性昆虫，喜暗怕光，白天常躲藏在温暖、潮湿、食物丰富和多缝隙的阴暗角落里，不易被人发现。这也是蟑螂孳生所需的 4 个基本条件。

由于体扁，德国小蠊甚至可以躲进和穿过 1.6 mm 的缝隙。在它的栖息场所附近，往往可以发现它的粪便，一些棕褐色的小斑点，从而为寻找蟑螂的主要栖息场所提供了可靠的线索。

蟑螂有聚居的习性，这主要是由于信息素诱集所致。蟑螂的成虫和若虫都能由直肠垫分泌一种聚集信息素，并可随粪便排出体外。在蟑螂栖身的地方，常可见其粪便形成的斑迹。粪迹越多，蟑螂越密集。

（3）食性

蟑螂是杂食性昆虫，可以说是无所不吃。不但吃饭菜、馒头、糕点等各种食品外，连人的排泄物、痰液、血液等都吃，此外，还有香烟蒂、茶叶渣、浆糊、纸张、皮革、特种铅笔芯、肥皂、牙膏、棉花、丝毛织物，各类水果，如香蕉、苹果，蔬菜，如西红柿、西瓜皮、土豆、洋葱等。另外，也喜吃酒类，如烧酒、啤酒、葡萄酒以及面包屑、玉米糊、糖渣、酒糟、蔗糖、谷物、鲜酵母和各种食用油（豆油、菜油、花生油、麻油）等。

蟑螂可被罗列出的食物虽然很多、很杂，但它们主要还是喜欢食香、甜、油的面制食品。蟑螂尤喜嗜食油脂，在各种植物油中，香麻油对它们最有吸引力，所以，有的地方称它们为“偷油婆”。在食糖中，红糖对它们的引诱力最强。目前市场上出售的毒饵一般都含有麻油、红糖和炒面粉等。

蟑螂有较强耐饥饿能力，尤其是雌虫，但对水的需求却是必不可少的，尤其是幼龄若虫对水需求更为迫切，如德国小蠊有水无食可存活 42 天，美洲大蠊可存活 90 天。

蟑螂有同类相残现象，在饥饿时更甚。同时，成虫有边进食边排泄的习性，如成虫传病或中毒后回巢穴边吐边排泄，会使幼小若虫因取食成虫吐泄物而致死。

（4）活动

蟑螂善于疾走，爬行速度可达 21 m/min，蟑螂虽有翅，但只有部分种类能作滑翔或短距离飞行。

蟑螂对噪声、振动、自然光线及某些杀虫剂处理过的表面会出现回避或逃窜现象，在防制时要特别注意蟑螂对喷洒表面的忌避。

温度影响：温度低于 15℃时蟑螂不活跃或微动；温度为 15～37℃时随温度升高，蟑螂的活动增加；37℃以上呈兴奋状态；高于 50℃则死亡。

夜间活动节律：德国小蠊每天 20：00 开始活动，21：00 为活动高峰，23：00 和凌晨 2：00 有 2 个小峰，4：00 活动终止；美洲大蠊每天 21：00 开始活动，24：00 和凌晨 1：00 为活动高峰，至 5：00 活动终止；澳洲大蠊每天 19：00 开始活动，22：00 为活动高峰，早晨 5：00 活动终止；褐斑大蠊活动规律类似，每天 19：00 开始活动，21：00 至 24：00 均有频繁活动，持续时间较长，至凌晨 5：00 活动终止。蟑螂昼夜的活动与日落、日出时间有关，另外，还受人类活动和灯光等人为因素的影响。

室内蟑螂为夜行虫，这是因为对人类环境的适应。若白天见到蟑螂，特别是在无食物地方查见蟑螂，则可判断为该区域遭受蟑螂侵害严重。

（5）扩散

蟑螂扩散的主要目的是寻找适宜的栖息环境和必要的生活条件，如室温低，移居灶炉周围缝隙，以及暖气沟内；酷暑时，蟑螂有移居室外的倾向；在干燥天气或环境中，蟑螂倾向于向水槽附近扩散，所以，在干燥场所，热天用水剂毒饵能够起到更好效果。

蟑螂可以通过墙洞和门、窗缝隙、阴沟、下水道等扩散到周边区域，也可以通过家具搬运、行李托运、食品及其包装品的运输而被动携带，引致扩散。

（6）季节消长与越冬

蟑螂属于冷血动物，它的活动受气温影响，有明显的季节消长和越冬现象。当室温低于7.5℃时则进入越冬状态，4℃就不能活动，－5℃时就会很快死亡。蟑螂成虫、若虫和卵均能越冬，越冬场所一般在隐蔽而不受干扰，温、湿度适宜处。

饭店、厨房、酿造厂、发酵房中，因温湿度适宜，蟑螂能够终年活动繁殖，故季节变化不明显。

与南方相比，北方因有暖气，故蟑螂不出现越冬状态，而且，较夏天更为集中，多紧靠热源栖息和活动，如厨房炉灶和暖气片附近。而在盛夏高温季节，因厨房温度过高，它们往往迁移到别处，所以在厨房等处蟑螂的密度反而会降低。

蟑螂越冬时处于静止状态，此时往往是灭蟑的有利时机，蟑螂易捕打，同时也易搜索卵荚，如在近热源处集中喷洒杀虫剂，灭蟑效果会更好。

3. 德国小蠊与美洲大蠊生活习性区别

（1）生活史差异

德国小蠊与美洲大蠊生活史差异详见表2—1。

表2—1　　德国小蠊与美洲大蠊生活史差异

生活史	德国小蠊	美洲大蠊
雌蠊生产卵荚数	4～8	21～59
卵荚内卵数（个）	37～44	16
卵期天数（天）	15～30	24～100
若虫蜕皮次数	5～7	7～13
若虫期天数（天）	30～56	150～450
成虫寿命（天）	100～200	365

（2）繁殖栖息场所差异

1）美洲大蠊。美洲大蠊喜爱湿热环境，在我国南方分布极广。在我国其他地区，主要在酿造厂、豆制品加工厂、澡堂、饭馆、食品加工厂、医院等处常见。美洲大蠊喜栖于潮湿油污的地方，喜食腐败有机物和含油食物，有时可见整群美洲大蠊呆在垃圾堆、粪便和积聚油脂的水沟中觅食。

美洲大蠊有外栖习性，故有在下水道系统栖息分布和扩散的特点，在防制工作中要特别注意这一点，否则易导致防制工作不彻底。

2）德国小蠊。与美洲大蠊相比，德国小蠊对湿度的要求没那么高，在室内栖息分布的场所也更为广泛，因而防制难度也最大。德国小蠊作为世界性危害种类，在我国各地均有分布。由于它在常温下不能越冬，所以在我国北方有取暖设施的居民家中常见，且几乎成为各地飞机、火车、轮船等交通运输工具以及商务办公楼、宾馆、饭店、医院、食品加工厂等场所的优势种。

4. 蟑螂在一般场所的栖息活动特点

（1）办公场所

在办公室内，蟑螂主要栖息在写字台抽屉、文件柜、沙发、茶具柜、会计室长期储存账单发票箱、图书室的报纸图书储存架等位置。蟑螂密度较高时，在计算机、传真机、电话机、打印机、复印机、饮水机、接线板、暖气罩等中也有分布。

（2）居民住宅

在居民住宅内，蟑螂以厨房灶壁的缝隙、碗橱内、案桌下、水池底下，放杂物的橱柜以及卫生间墙壁缝隙、洗漱盆下、柜橱等为主要栖息场所。在卧室内的衣柜、橱抽屉、写字台抽屉、书橱内也有孳生。有的蟑螂甚至钻到电视机、饮水机、微波炉里面和冰箱背后。此外，在墙面及护墙脚板、配电板等的缝隙和地板间的窄缝中均有蟑螂出现。

（3）学校

教室书桌内、电教设备及办公室写字台抽屉、书柜和计算机、电话机等处为蟑螂主要栖息地。学生宿舍的衣橱、书柜、书桌、杂物箱和计算机等也是蟑螂的藏身之处。

操作技能

1. 蟑螂识别

（1）工具准备

1）镊子。使用中、小型号医用镊子。

2）放大镜。放大倍数为10倍。

3）白色硬纸片。长100 mm，宽50 mm。

4）手套。医用手套。

（2）德国小蠊与美洲大蠊形态特征观察

用镊子将蟑螂置于白色硬纸片上，整理好虫体，摆正位置，重点观察两者体长、体色和前胸背板的差异，必要时可借助放大镜来观察细微特征，其观察要点如下：

1）体长差异。德国小蠊体长约为10～15 mm，美洲大蠊体长约为27～40 mm。

2）体色差异。德国小蠊体色为茶褐色，美洲大蠊为红褐色。

3）前胸背板差异。德国小蠊前胸背板有2条黑褐色纵条；美洲大蠊前胸背板中部有黑褐色蝶斑，中线向后延伸似“小尾”，前缘有黄色“T”形小斑，边缘黄色。

4）翅差异。德国小蠊翅发达，雄性伸近腹端，雌性伸达腹端；美洲大蠊翅发达，伸达腹端。

两种蟑螂成虫鉴别特征如图2—5所示。

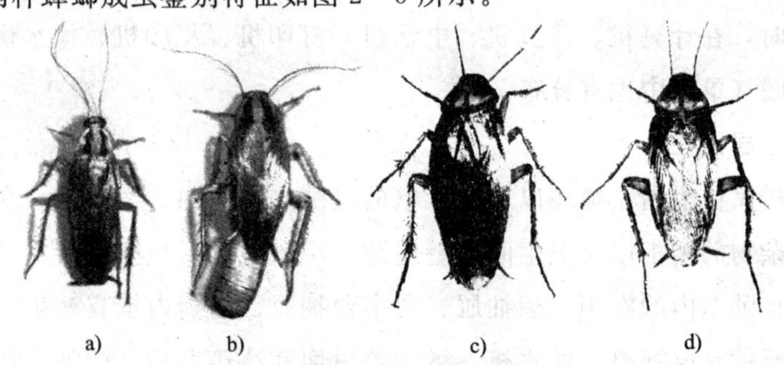

a)　b)　c)　d)

图2—5　德国小蠊与美洲大蠊成虫图

a）雄性德国小蠊　b）雌性德国小蠊　c）雄性美洲大蠊　d）雌性美洲大蠊

（3）德国小蠊与美洲大蠊卵荚区别

德国小蠊与美洲大蠊卵荚可通过大小和形状来区分，德国小蠊卵荚长约7～9 mm，美洲大蠊卵荚长约8～10 mm，如图2—6所示。

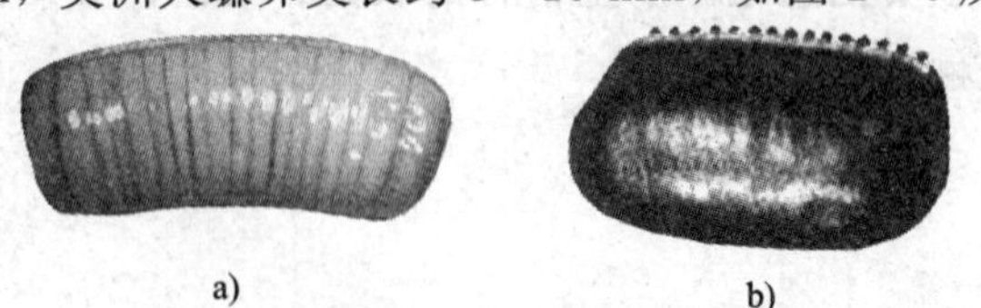

a)　b)

图2—6　德国小蠊与美洲大蠊卵荚图

a）德国小蠊卵荚　b）美洲大蠊卵荚

2. 一般场所查找蟑螂栖息部位与蟑迹

（1）工具准备

准备好手电筒和记录表、笔等工具，为防止因光线过强而使蟑螂逃逸，可在手电筒灯头部位罩一块红绸布。

（2）办公场所观察查找步骤

1）进入办公场所首先要检查写字台抽屉、文件柜、书柜等办公家具内是否有蟑螂或蟑迹，重点要查找抽屉或柜内的缝隙、书或文件中是否藏有蟑螂，对存放有食品的抽屉或柜子更应仔细检查和查找。

2）借助手电筒仔细查找办公场所的门缝、墙缝、护墙脚板缝和暖气罩等室内缝隙，注意留意缝隙中是否有棕色小颗粒状的蟑螂粪便存在。

3）仔细检查办公场所内的各台计算机、传真机、电话机、打印机、复印机和饮水机等电器设备，接线板和室内配电盒也要注意查看。

（3）住宅或宿舍观察查找步骤

1）首先要检查厨房和卫生间，其中重点查看灶壁、瓷砖墙壁和抽油烟机的缝隙、碗橱内、案桌下、水池下、垃圾筒周边、放杂物的橱柜以及卫生间墙壁缝隙、洗漱盆下、柜橱等部位是否有蟑螂活动或有蟑迹存在。

2）对于客厅、卧室和书房的衣柜、书柜、柜橱抽屉、写字台抽屉等家具、门缝、墙缝、护墙脚板缝和暖气罩等室内缝隙要注意查看是否有蟑螂或蟑迹。

3）一些家用电器设备，如微波炉、电视机、饮水机、计算机和冰箱背后经常会有蟑螂孳生和活动，必须仔细检查。

注意事项

1. 前胸背板是蟑螂形态特征鉴别的一个主要部位，因此，在学习中要注意正确识别前胸背板的位置，并注意观察不同蟑螂的前胸背板的差异。

2. 由于蟑螂栖息部位和环境场所的多样性、复杂性和隐蔽性，因此，在现场查找过程中，可以先通过询问来了解室内蟑螂活动的主要部位，以确定调查重点。同时，也要注意通过实践，不断积累鉴别不同环境场所蟑螂栖息特征的经验。

第 2 节　蟑螂侵害状况调查

学习目标

◎ 掌握蟑螂标本采集与一般场所的密度调查方法。

◎ 能够填写蟑螂密度调查表，并能根据蟑螂不同侵害部位初步确定应采用的灭蟑方法。

相关知识

1. 蟑螂标本采集方法

为了准确鉴别蟑螂的种类，更好地学习蟑螂形态特征，有必要采集蟑螂实物标本。常用的标本采集方法有 4 种：诱捕法、药杀法、网捕法和徒手捕捉法。

（1）诱捕法

诱捕法主要是用来采集成虫和若虫。一般使用诱捕器来诱捕蟑螂，诱捕器的种类很多，最常用的诱捕器是用一个大口径的玻璃瓶，瓶内放入蟑螂喜好的食物，如面包、糖、油脂、新鲜蔬菜水果等，同时在容器内放几张折叠的纸片。然后将诱捕器放置在蟑螂经常活动和栖息的场所，晚放晨收，即可获得完整的蟑螂标本。

（2）药杀法

如果不需要活动的标本，则可采用拟除虫菊酯类杀虫剂，喷洒蟑螂栖息场所，蟑螂受药激后会跑出，并中毒击倒或死亡。也可用毒饵诱杀，将蟑螂杀死后再收集起来，进行分类鉴定，并选择肢体完整的蟑螂留做标本。

（3）网捕法

对于外环境和室内墙壁、天花板上的蟑螂，可使用昆虫网捕捉。一般外环境可使用圆形网口昆虫网捕捉蟑螂，室内则可使用三角形网口的昆虫网捕捉。

（4）徒手捕捉法

在现场蟑螂密度较高或蟑螂活动较为迟缓的情况下，可带上医用乳胶手套，用手直接捕捉蟑螂，以获得标本。

2. 蟑螂标本保存方法

采集和制作的蟑螂标本必须妥善保存，要采取防潮、防霉、防虫蛀措施，防止标本损坏。蟑螂标本保存的方法很多，根据标本作用和数量而有所不同，现仅介绍以下两种较为简便的标本保存方法。

（1）集体标本保存方法

对于一次采集的大量标本，如果来不及做针插标本，可集体保存。集体保存的蟑螂标本只要先进行干燥处理后，就可分层叠加于标本盒中暂时存放。这样保存的标本经软化后，仍可用作针插标本。为了不使标本受潮，标本盒必须放到标本柜内保存，标本柜要密闭，尽量不透空气。标本柜底部要定期更换干燥剂，以免标本受潮而损坏。

（2）湿固定标本保存方法

采集到的蟑螂卵荚、各期若虫以及成虫均可用药液长期保存。一般将蟑螂虫体用保存液浸泡在玻璃制标本瓶中。标本保存液主要是由防腐液和固定昆虫组织的化学药品配制而成的，根据标本的不同作用，采用的保存液或固定液也不相同，最常用的是 70%～75%的酒精液或 5%～10%的福尔马林。为了使虫体有一定软度，还可在酒精溶液中再加入浓度为 0.5%～1%的甘油。

3. 蟑螂密度调查方法

蟑螂密度调查是掌握蟑螂侵害程度，并为消除其危害提供第一手资料的基础，通过密度调查不仅可以准确了解蟑螂的危害情况，为制定防制措施提供科学依据，而且还能对所使用的杀虫剂的药效进行考核评价。常用的蟑螂密度调查方法有三种，即目测法、药激法和粘捕法。

（1）目测法

选定固定观测点，于晚上熄灯后（20：00 至 24：00），用红色透明纸或红绸布，覆盖在手电筒上，使用红色光源寻找蟑螂，观察计数 15 min，每隔 1 h 观察 1 次，连续 3 次。用发现的蟑螂总数除以观察次数，即为密度，其密度单位为“只/15 min”。

（2）药激法

用蟑螂密度检测剂（如 0.3%二氯苯醚菊酯酒精液）对蟑螂栖息地点进行喷洒，观察每间房间（15 m^2 为一间）在喷药后10 min内激出的蟑螂数，以此确定侵害率（单位:%）和密度（单位：只/房）。

（3）粘捕法

即用粘蟑纸粘捕蟑螂，是目前国内外最常用的一种蟑螂密度调查方法。使用时先将粘胶纸板上的防粘纸撕去，在胶板中心约放 2 g 新鲜面包屑作为诱饵。调查时，将它放置在蟑螂活动场所，每 15 m² 房间放 2 张，晚放晨收，密度单位为“只/（张·夜)”。

不同的密度调查方法各有特点，适用性也有所差异，因此，在实际调查工作中应根据现场环境和情况选择使用。

一般来说，目测法的优点是调查比较方便，不受场地和条件限制，无需特殊工具；缺点是费时，容易产生人为误差。

药激法的优点是方法简便，可以在白天进行调查，并能立即获得调查结果，调查的蟑螂侵害率和密度指数也比较符合实际情况；缺点是调查结果与喷药人员的经验有很大关系。

粘捕法优点是方法简便，粘捕效果好，所得数据比较客观，携带粘捕纸也很方便；缺点是在低密度场所捕获率低，有时还会因粘胶质量不好，如粘胶流淌、黏性不强或持效不长等问题，而直接影响到调查结果。

4. 蟑螂密度调查表的填写

（1）目测法与药激法调查表的填写

目测法与药激法调查表填写的主要内容有：监测单位名称，监测场所或部位，监测间（处）数，蟑螂密度检测剂名称，有效成分及含量，查见蟑螂种类与雌雄性，查获蟑螂成虫、若虫数，查获蟑螂成虫、若虫阳性间（处）数，蟑螂成虫、若虫侵害率（%)，查获蟑螂卵荚数，查获蟑螂卵荚阳性间（处）数，卵荚查获率（%)，蟑迹（粪、虫尸、残尸、空荚等）阳性间（处）数，蟑迹（%)，监测日期，监测人等（见表 2—2)。

表 2—2　蟑螂密度监测记录表（目测法和药激法）

监测单位：

序号	监测场所	监测间（处）数	蟑螂密度检测剂名称、有效成分及含量	成虫、若虫					卵荚			蟑螂迹						
				大蠊		小蠊		侵害率（%）	阳性间（处）数	查获只数	卵荚查获率（%）	阳性间（处）数	查获数					蟑迹（%）
				阳性间（处）数	查获只数	阳性间（处）数	查获只数						粪	虫尸	残尸	空荚	迹计	
小计																		

监测日期：　　　　　　　　监测人：

（2）粘捕法调查表的填写

粘捕法调查表填写的主要内容有：监测单位名称，粘蟑纸投放场所或部位，粘蟑纸投放数，有效投放粘蟑纸数，粘捕蟑螂纸数，粘捕蟑螂种类与雌雄性。粘捕蟑螂成虫、若虫数，粘捕率（%），密度指数［只/（张·夜）］，监测日期，监测人等（见表 2—3）。

表 2—3　　　　蟑螂密度监测记录表（粘捕法）

监测单位：

序号	监测场所	投放部位	投放张数	有效张数	粘捕张数	大蠊					小蠊				粘捕总只数	粘捕率（%）	总密度指数［只/（张·夜）］
						种类	成虫只数		若虫只数	密度指数［只/（张·夜）］	成虫只数		若虫只数	密度指数［只/（张·夜）］			
							雌性	雄性			雌性	雄性					
小计																	

监测日期：　　　　　　　　　　　　监测人：

5. 灭蟑方法的选择

对蟑螂应采取综合防制措施，才有可能将蟑螂的危害降到最低水平，单靠一种方法和一种杀虫剂是达不到良好杀灭效果的。而灭蟑方法选择不当，只会导致人力、物力和财力的浪费。因此，选择适当的灭蟑方法是保证灭蟑效果的前提和基础。

（1）不同部位灭蟑方法选择的依据

不同部位和场所灭蟑方法的选择，主要依据现场处理环境、蟑螂种类与密度情况以及现场处理条件等来综合考虑。

1）现场环境。现场处理环境直接决定一种灭蟑方法是否可行，如在厨房和卫生间等潮湿环境中，灭蟑粉剂的使用就受到很大限制，而在办公室写字台抽屉、文件柜、书柜等办公家具内，则不宜采用喷洒剂进行处理。因此，灭蟑方法的选择首先要考虑现场环境。

2）蟑螂种类。不同蟑螂种类生态习性特点和栖息分布场所都存在差异，如美洲大蠊喜爱湿热环境，常栖息于下水道中，而德国小蠊对湿度的要求就没那么高，在室内栖息分布的场所更为广泛，因而这两种蟑螂杀灭方法的选择也依据其栖息习性的不同而有所差异。

3）蟑螂密度。蟑螂密度的高低也是选择灭蟑方法的重要参考依据，如在蟑螂密度较高的情况下，就需要先采用速效喷洒剂进行处理，以便在短时间内快速降低蟑螂密度；而在蟑螂密度不高的情况下，则可选择使用毒饵等持效性长的灭蟑方法进行处理。

4）处理条件。由于灭蟑方法特别是化学灭蟑方法的杀虫剂种类和剂型较多，不同种类和剂型的灭蟑剂在质量、毒性、效果和价格等方面都存在很大差异，因此，在灭蟑方法的选择上要兼顾客户要求、资金范围、环境安全、灭蟑效果等主客观条件，综合选用能基本满足各方要求和条件的灭蟑剂。

（2）不同灭蟑方法的特点和适用范围

1）环境防制。环境防制是最基础的有效灭蟑方法，通过采取各种有效环境防制措施，不仅能阻止蟑螂从外界侵入到室内，而且能有效清除室内蟑螂的孳生条件和栖息场所，使之不利于它们的生长和发育，因此，环境防制往往是灭蟑工作中首选方法之一，在各类场所和环境中均需使用。

2）物理防制。物理防制的方法很多，多数方法很实用、方便，可在家庭、医院、宾馆、轮船等各类场所使用。而且由于物理防制不使用化学药物，对人畜无害，不污染环境，因而十分安全，故在很多不能使用化学杀虫剂的场所是一种必不可少的手段。同时，物理防制也可与其他方法共同使用，协同发挥作用。

3）化学防制。化学防制目前仍是控制蟑螂的重要手段，可立见成效。但是，防制蟑螂不能单靠一种方法和一种杀虫剂，否则达不到理想的效果。此外，由于蟑螂对某些杀虫剂的抗药性正逐渐增加，有些药物又可能污染环境。因此，选用合适的杀虫药与剂型及灭蟑方法，在蟑螂防制中显得极为重要。

操作技能

1. 蟑螂标本采集与保存

（1）工具准备

1）诱捕器。用 500 mL 容量的棕色广口瓶作为诱捕器，瓶内放新鲜面包屑作为诱饵（或用空果酱瓶，内放诱饵）。瓶口涂一层凡蜡合剂（凡士林与液体石蜡 1∶1 混合而成）以防蟑螂爬出瓶外。

2）镊子。使用大、中型号医用镊子。

3）昆虫网。由网圈、网袋和网柄三部分组成，网圈口径约200 mm，网袋深度 350～400 mm，网柄长 100～1 200 mm，网柄可制成伸缩可变式。

4）昆虫笼。规格为 250 mm×200 mm×200 mm 的铁纱笼。

5）手电筒。灯头部位可罩一红绸布。

6）手套。医用乳胶手套。

7）标本盒。规格为 325 mm×225 mm×75 mm，盒内底部垫一块软木板，便于固定针插标本。

8）标本柜。存放标本盒用，可做成五斗橱大小，上、中部存放标本盒，底部做一抽屉，内放石灰块等干燥剂，门应尽量严密不漏空气。

9）标本瓶。保存液浸标本用。根据需要选择容量大小不等的玻璃制标本瓶。

10）樟脑或樟脑混合剂。樟脑宜用精制樟脑，可防虫蛀。樟脑混合剂则既可防虫蛀，也可防霉，其配方是：樟脑粉∶氯仿∶木馏油∶石油分别为 6∶1∶1∶4。

11）酒精固定液。常用浓度为 70%～75%。

12）福尔马林固定液。常用浓度为 5%～10%。

（2）标本采集步骤

1）在棕色广口瓶诱捕器瓶口装一锥形牛皮纸筒，深 7 cm，漏斗口直径为 1 cm（压扁时口宽为 1.5 cm），如用空果酱瓶，则在瓶口与地面之间搭建一斜纸板桥以方便蟑螂爬入，再在诱捕器瓶内放上新鲜面包屑作为诱饵。

2）将棕色广口瓶或空果酱瓶放在蟑螂经常活动和栖息的场所，晚放晨收。收集广口诱捕瓶时，要及时将瓶上的喇叭口用棉花或纸团堵住，以免蟑螂见到光亮后钻出。

3）使用药杀法获取标本时，可用拟除虫菊酯类气雾杀虫剂或杀虫喷射剂，直接喷洒蟑螂栖息场所，或用毒饵诱杀。待蟑螂中毒击倒或死亡后，再用镊子将蟑螂尸体收集起来作为标本。

4）蟑螂警惕性高，稍有惊动就会迅速逃走，因此，对于外环境和室内墙壁、天花板上的蟑螂，用昆虫网扫捕更易获得。室内采集时，则可将网口一面靠紧墙壁兜捕。

5）在蟑螂密度较高或活动较为迟缓的情况下，借助手电筒，戴上医用乳胶手套，用手直接捕捉蟑螂。捕捉时动作要敏捷，抓蟑螂时要轻捏虫体，防止弄坏标本。对于缝隙内的蟑螂和卵荚还可用镊子轻轻夹出。工作完毕后手要消毒。

6）不论用什么方法采集到的标本都要及时干燥，因为蟑螂大多是中型到大型种类，如不及时干燥，过一两天就会出现软腐，甚至发臭。

（3）标本保存步骤

1）集体标本保存。首先要将采集到的蟑螂标本放入45℃的温箱内24～28 h进行干燥处理，也可将标本放入干燥器内处理，具体时间要视虫体大小而定。

用一个标本盒，里面放上防虫剂，或底部铺上一层樟脑，上加一层棉花压紧，再铺上一层滤纸，滤纸上即可放蟑螂标本。标本应排列整齐，不要重叠，然后上面可再加棉层、滤纸和标本，这样一个标本盒可放好几层标本。

2）湿固定标本保存。首先将采集到的蟑螂标本身体上的污物洗干净，然后直接放入70%～75%的酒精液或5%～10%的福尔马林固定液中即可。也可将标本放入60℃的热水中，使其身体伸直，然后换用固定液保存。最后用铅笔写好标签放入瓶中，再用石蜡将瓶口封严。

2. 一般场所蟑螂密度调查

（1）工具准备

1）手电筒。灯头部位可罩一红绸布。

2）镊子。使用大、中型号医用镊子。

3）手套。医用乳胶手套。

4）蟑螂密度检测剂。0.3%二氯苯醚菊酯酒精液。

5）粘蟑纸。规格为17 cm×10 cm。

（2）运用目测法测定蟑螂密度

1）在监测房间内选择蟑螂栖息活动的场所，用手电筒检查15 min内观察到的蟑螂数。

2）在蟑螂密度调查表上，记录种类及成虫或若虫数量，检查活卵荚和蟑迹（空卵荚壳、死尸、残尸等）。同时，记录监测场所或部位、监测间（处）数、监测日期及监测人等。

3）如果蟑螂数很多，无法目测计算，可以用“+”表示。即1～10只为“+”；11～50只为“++”；51～100只为“+++”；100只以上为“++++”。

4）统计查获蟑螂成虫、若虫阳性间（处）数、查获蟑螂卵荚阳性间（处）数和蟑迹阳性间（处）数。

5）密度单位以“只/15 min”表示，房间按 15 m^2 一间计算。按下式分别计算蟑螂成虫、若虫侵害率、卵荚查获率和蟑迹阳性率。

$$蟑螂成虫、若虫侵害率（\%）=\frac{有蟑螂房间数}{监测查房间数}\times 100\%$$

$$卵荚查获率（\%）=\frac{有卵荚房间数}{监测查房间数}\times 100\%$$

$$蟑迹阳性率（\%）=\frac{有蟑迹房间数}{监测查房间数}\times 100\%$$

（3）运用药激法测定蟑螂密度

1）在监测房间内选择蟑螂栖息活动的场所，用蟑螂密度检测剂（如 0.3%二氯苯醚菊酯酒精液）对其进行喷洒，借助手电筒观察 10 min 内被激发出来的蟑螂数。

2）在蟑螂密度调查表上记录种类及成虫或若虫数量，同时记录监测场所或部位、监测间（处）数、监测日期及监测人等。

3）统计查获蟑螂成虫、若虫阳性间（处）数。

4）密度单位以“只/房”表示，房间按 15 m^2 一间计算。按下式计算蟑螂成虫、若虫侵害率。

$$蟑螂成虫、若虫侵害率（\%）=\frac{有蟑螂房间数}{监测查房间数}\times 100\%$$

（4）运用粘捕法测定蟑螂密度

1）监测时，在粘蟑纸中央放置 2 g 新鲜面包屑作为诱饵，将其放置于蟑螂经常栖息活动的地点。每 15 m^2 房间放两张，不足 15 m^2 的单独房间按 15 m^2 计算，晚放晨收。

2）在蟑螂密度调查表上，记录粘捕蟑螂种类、雌雄性及成虫、若虫数量，同时记录粘蟑纸投放场所或部位、粘蟑纸投放数、有效投放粘蟑纸数、粘捕蟑螂纸数、监测日期及监测人等。其中，有效粘蟑纸是指未经损坏或移动的粘蟑纸。

3）统计粘捕蟑螂数、有效粘蟑纸数。

4）密度单位以“只/（张·夜）”表示，房间按 15 m^2 一间计算。按下式分别计算蟑螂粘捕率（侵害率）和密度指数。

$$蟑螂粘捕率（\%）=\frac{粘捕到蟑螂的粘蟑纸张数}{有效粘蟑纸张数}\times 100\%$$

$$密度指数=\frac{粘捕到的蟑螂数}{粘捕到蟑螂的粘蟑纸张数}$$

3. 灭蟑方法的选择

（1）灭蟑现场勘查

为了选择适宜的蟑螂综合防治措施和有效灭蟑方法，首先要对现场处理环境进行实地勘查，勘查重点应放在处理场所环境类型、蟑螂栖息及危害严重区域、不宜用药的特殊部位等，同时，重点对处理环境进行蟑螂密度监测，准确掌握蟑螂密度的第一手资料。

（2）分析密度调查情况

对蟑螂密度监测结果进行认真分析，了解处理场所蟑螂种类、密度情况和侵害范围。

（3）灭蟑方法确定

根据现场勘查情况和蟑螂密度监测结果，确定能满足处理环境需要的灭蟑方法。

注意事项

1. 注意标本采集的全面性、完整性和记录的正确性。蟑螂成虫、若虫、卵荚都有鉴定价值，同时，卵荚还可带回去孵化饲养，以获得完整的生活史成套标本，在标本采集时应尽可能全面采集。由于蟑螂虫体上的每一构造都是分类的依据，采集和制作标本时，应尽量保持标本完整。对于采集的标本要及时正确记录，包括采集日期、地点、场所、生境及气候情况等，以便日后查询。

2. 由于液浸标本所用药液易挥发，因而必须经常添加或更新，以保持其有效浓度。同时，液浸标本瓶宜放在阴凉处，瓶内装 2/3 药液为宜，瓶口用软木塞塞紧，并用石蜡封严，以防药液溢出。

3. 由于灭蟑现场处理环境差异很大，一种密度调查方法或许不能适应现场所有环境监测的需要，因此，要注意根据现场情况确定适宜的蟑螂密度调查方法。

4. 蟑螂密度监测与调查是有效灭蟑的基础，要特别注意密度调查的代表性，使调查的样本量既能反映实际密度水平，又不因工作量太大而影响完成情况。同时，为了保证密度监测结果的准确性，一定要注意调查操作的正确性。

5. 所选择的灭蟑方法应能较好地适用于现场操作，最大限度地发挥其灭蟑效果。

第3节 灭 蟑

学习目标

◎ 掌握对蟑螂栖息场所实施环境治理措施的方法。

◎ 掌握一般场所的4种灭蟑方法。

相关知识

1. 蟑螂的环境防制

环境卫生是一切防制的基础，也是巩固防制效果、防止蟑螂侵入的基础。据调查，环境脏乱、食物和水丰富、栖息场所众多的公寓内的蟑螂比周围卫生状况好的公寓要多10倍，而且会影响防制效果。直接或间接改变、消除蟑螂赖以生存的条件，破坏蟑螂和环境之间的平衡，是防制蟑螂的根本性措施。

(1) 环境卫生

蟑螂的成虫、若虫终年都可在室内生活，整个生活史在同一栖居环境内完成，常常是“五代同堂”。这和蚊、蝇只是成虫飞入室内侵袭有很大不同。显然，尽可能消除蟑螂赖以生存的室内环境条件，使之不利于蟑螂的生长和发育，无疑是防制蟑螂的一项根本预防措施，环境防制的目的也就在于此。

(2) 预防侵入室内

预防是防制蟑螂的关键，应采取各种有效措施尽可能阻止蟑螂从外界侵入到房内。蟑螂侵入室内的主要途径有两种：一是随同食品的容器、行李等货物“乔迁”入室；二是经门窗、墙壁的缝洞、水电管线、下水道等由户外或邻近的住宅潜入室内。因此，为了防止蟑螂侵入，首先要注意对携带入室的物品，在进房间前仔细检查有无蟑螂或卵荚藏匿在其中，其次，要对墙壁、地板、门框、窗台（框）等处的孔洞和缝隙应用油灰、水泥或其他材料堵塞封闭，尤其要注意水管、暖气管等管道的封堵。

2. 蟑螂的物理防制

蟑螂的物理防制方法很多，多数方法很实用、方便，而且由于不使用化学药物，十分安全，在很多不能使用化学防制的场合是必不可少的手段，也可与其他方法共同使用，协同发挥作用。常用的物理方法有：人工捕打、诱捕、火焰喷杀、烫杀、冻死、吸捕、电杀等。

诱捕法是物理防制中使用最多的一种方法，是用诱捕器或粘蟑纸诱捕蟑螂。诱捕法既可用作密度调查，也可用来灭蟑，尤其是诱捕器可以捉到活蟑螂，是抗性监测中捕捉蟑螂的必要工具。诱捕法使用安全、方便，适用于家庭、饭店、医院等场所，也可用于商务楼、计算机房等不宜直接喷洒的场所。蟑螂诱捕器有很多种，常用的有：瓶捕、粘捕纸和商品化的塑料捕捉器。

3. 蟑螂的化学防制

化学防制仍是目前控制蟑螂的重要手段，可立见成效。但是，防制蟑螂不能单靠一种方法和一种杀虫剂，否则达不到理想效果。此外，由于蟑螂对某些杀虫剂的抗药性正逐渐增加，有些药物又可能污染环境，因此，选用合适的杀虫药与剂型及杀虫方法，在蟑螂防制中显得极为重要。目前，最常用的3种灭蟑药物是：灭蟑毒（胶）饵、灭蟑粉剂和滞留喷洒剂。

（1）灭蟑毒（胶）饵

灭蟑毒饵因使用方便而颇受欢迎，是家庭、机关、办公室、学校经常性灭蟑的一种好工具，具有简便、有效、价廉和不污染环境的特点。蟑螂毒饵有很多剂型，主要有：水剂、片剂、颗粒、糊剂等，毒饵所使用的有效成分也很多，常用的有：乙酰甲胺磷、敌百虫、硼砂、残杀威、氟虫胺、伏蚁腙、咪蚜胺等，以及这些药物的复方形式。

一种理想毒饵应具备两个条件：一是有良好的胃毒作用，具备有效、防霉、防潮的功效；二是无驱避作用或驱避作用很小，对蟑螂有较好引诱效果。

胶饵是一种新出现的毒饵剂型，它是以各类有机或无机胶为基质，加入杀蟑的有效成分而制成的。通常，胶饵含有较多的水分，可根据蟑螂食性加入各种引诱成分，对蟑螂而言，引诱成分可使胶饵湿润可口，因而适口性极佳。由于胶体的某种特性，在表面层失去水分后，便形成一种特殊的保护膜，能防止内部水分散失，即使是很小的液滴，也能保持水分长达数月，保证了长期优良的适口性，使其即使在周围有很多食源的情况下，仍具有良好的取食竞争优势。同时，由于它具有很好的保湿性，在使用中施药量可以很少，很多生产厂商都为其单独设计了小剂量的施药工具，如针筒、施药枪等，使其更符合少量多点的灭蟑要求，而且对环境污染更小。

(2) 灭蟑粉剂

粉剂施药时不需加水，不易被皮肤吸收，不污染衣物，可用于喷洒处理地面、固定设备等处，还可用喷粉器或其他工具作大面积处理。粉剂的杀虫作用较油剂、乳剂为慢，但持效长，使用方便。

粉剂的药效与其粒度有直接关系，粒度越小，药物比面积（每克药物的表面积）越大，相应药效越高。但粒度过小，施药时粒子易随气流漂移散失，一般以 5～40 μm 为宜。

喷洒杀虫药粉剂是消灭蟑螂的一种常用的方法，若使用得当，能达到较为理想的杀灭效果。粉剂具有较好的飘逸性能，用其喷洒缝隙、孔洞、夹墙、角落和一些固定设备（如书籍、家具、货架等）的底下都比较合适。粉剂性能较其他剂型稳定，残效期长。但不适宜处理橱柜内、桌面上，以及其他暴露表面，否则有损美观。潮湿的地上也不宜撒粉，否则影响效果。

(3) 滞留喷洒剂

杀灭蟑螂一般采用滞留喷洒，即使用长效的杀虫剂喷洒在蟑螂的栖息或经常活动的场所，使它们与药面接触而中毒死亡。由于蟑螂是爬行昆虫，除为了把蟑螂从缝隙等中驱出，以便增加滞留喷洒的效果外，很少使用空间喷洒。目前主要用于滞留喷洒的剂型有：可湿性粉剂（如凯素灵等）、悬浮剂（如奋斗呐、卫害净等）、乳油（如灭蝇灵等）等剂型。

室内滞留喷洒一般用手动喷雾器。在使用手动喷雾器前需认真检查配件是否齐全、安装是否正确。损坏的或装配错误的设备将导致低效的滞留喷洒或过量喷洒。

1）结构及工作原理

①结构。包括气筒、药箱（药液桶）和喷射部分三部分，也可分为液泵、气室、药箱（桶）和喷射部件四部分。制造喷雾器的材料有铁皮、塑料或不锈钢。使用方式有背负式、手提或肩挎式。有的喷雾器配有不同孔径（0.9 mm、1.3 mm 和 1.6 mm）的喷嘴片，有的喷雾器只有一种喷嘴片，如联合14型（孔径为1.3 mm）；还有的喷雾器配有涡流芯式喷头，拧紧时作雾状喷洒，拧松时作线状喷洒，这类喷雾器容量在

0.8～16 L（见图 2—7）。

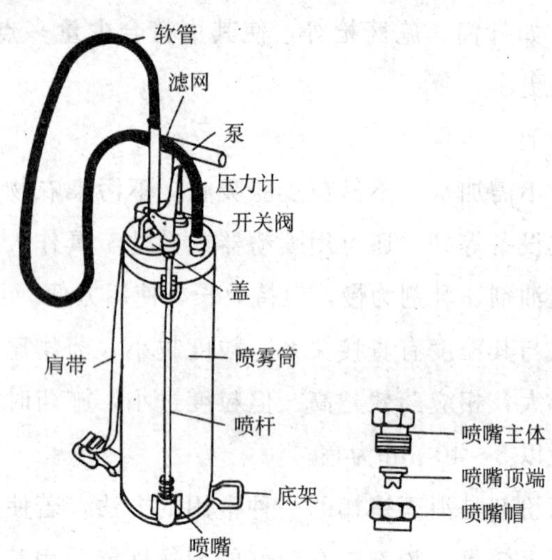

图 2—7　手动喷雾器的结构示意图

②工作原理。压缩喷雾器的原理是：利用打气筒将空气压入药液桶液面上方的空间，使药液承受一定的压力，经出水管和喷洒部件呈雾状喷出。当将喷雾器塞杆上拉时，泵筒内皮碗下方空气变稀薄，压强减小，出气阀在吸力作用下关闭。此时皮碗上方的空气把皮碗压弯，空气通过皮碗上的小孔流入下方。当塞杆下压时，皮碗受到下方空气的作用紧抵着大垫圈，空气向下压开出气阀的阀球而进入药液桶。如此不断地上下压塞杆，药液桶上部的压缩空气增多，压强增大，这时打开开关，药液就通过喷洒部件雾化喷出。

2）特点及应用范围。该类喷雾器具有使用方便、操作简单、容量较大、质量较轻、携带方便等优点。一桶药液加气 2～3 次即可喷完。喷头可根据需要调节成线状或雾状，有的机型一杆上有多个喷头以增加喷雾时的幅面宽度，有的配有 1～2 节喷杆，在需要时可增加喷杆长度。此类机型适用于室内外多种环境的滞留喷洒等。

3）安全使用及维护保养

①在正式操作使用前，应按操作顺序用清水试喷，检查气筒是否漏气，各连接处有无漏水、漏气现象，喷出的雾滴是否正常。在无异常的情况下，才可正式进行喷洒作业。

②液桶的药液不可装得太多，在水位线附近为宜。

③上下抽动打气时，塞杠不可抽出太长，应直上直下，不能歪斜，

以免折断塞杠。上抽时要慢，使外部的空气有足够时间进入气筒；下压时要快，尽量使皮碗下的空气全部压入液桶内，提高打气效果。

④在喷药过程中，不能使药桶过分倾斜，以防止药液倒出，伤害人体。

⑤喷药中如发生漏液或喷头、管道堵塞时，应立即停止作业，先放出筒内的加压气体，修好故障，再进行作业。

⑥作业完毕后，应先将桶内余气放掉，倒出药液，用清水彻底清洗。再在桶内加入清水，打气喷雾，以清洗软管、喷杆和喷头，然后再放在通风处晾干。

⑦如长期存放不用，清洗后还应将药垢全部拭净，金属件上涂上黄油，放在阴凉干燥处。

操作技能

1. 蟑螂的环境治理

（1）环境卫生处理步骤

1）首先要收藏好食物、饲料，清除散落、残存的食物，及时处理与清除泔脚和用过的餐具，以减少蟑螂可取食的食源和水源。

2）经常保持环境整洁，清除垃圾、杂物、清扫死角、清除蟑迹等，使环境不利于蟑螂孳生和繁殖。

3）重点检查室内各类缝隙中是否存有蟑螂，如家具缝隙、墙壁或瓷砖缝隙等，如有应及时清除和封堵孳生部位。

4）根据当地蟑螂季节消长规律，抓住有利时机（如 4 月份、5 月份），开展大范围卫生清理，彻底整顿室内卫生，消除残留卵荚，这样可以控制和大大降低高峰季节的蟑螂密度。

（2）预防侵入室内的实施措施

1）首先要认真检查进来的货物和食品，如发现其中携带有虫卵或蟑螂，要立即将其清除并杀死，以防止蟑螂通过货物和食品带入室内。

2）合理使用纱门、纱窗等防护设施，防止蟑螂由外爬入室内。

3）对墙壁、地板、门框、窗台（框）、家具等处的孔洞和缝隙，特别是对水管、暖气管、废弃的开口管道、电缆线等管道，应用油灰、水泥或其他材料加以堵塞封闭，对一些破损的物件和墙面等要及时修缮。

2. 粘蟑纸的使用

（1）布放位置

粘蟑纸应尽可能放置在蟑螂经常活动或栖息的场所，如一些家用电器设备（如冰箱、微波炉、饮水机、复印机和计算机）的下面，写字台、文件柜、书柜等办公家具的下面，也可放置在食品柜下面或藏有蟑螂的食品柜内。

（2）布放数量

粘蟑纸的布放数量要根据现场面积大小、蟑螂危害程度和环境复杂情况来确定，一般每 15 m^2 房间不应少于两张。

（3）布放时间

如果使用粘蟑纸的目的是单纯为了灭蟑，则布放时间没有特定要求，但如果兼有监测的目的，则应晚放晨收。

（4）粘捕蟑螂的处理

由于蟑螂的成虫和若虫都能分泌“聚集信息素”，其粪便中也含有这种信息素，因此，若粘蟑纸上粘捕到少量几只蟑螂后，不要将其扔掉，可继续保留，使其能诱捕到更多蟑螂。但若粘蟑纸上粘捕到的蟑螂数量已影响到其他蟑螂爬入时，则可将粘蟑纸更换掉。

3. 灭蟑螂药品的使用

（1）毒饵

毒饵灭蟑螂的效果受许多因素影响，如蟑螂密度、毒饵布放地点、位置和布放量及环境中有无食物和存水等。在现场条件下灭蟑螂，必须讲究投饵方法，才能取得好的效果。

1）投放位置。要根据蟑螂的生态特点，将毒饵布放在蟑螂栖息和活动场所。蟑螂喜暗、温、湿环境，投毒饵的重点场所是厨房、餐厅、食品加工和储存场所，医院病房的床头柜或地下室等一些不适宜喷药的场所。毒饵应尽量投放在隐蔽处，减少人为干扰。

投放毒饵时，为便于投放、收集和防潮，最好将毒饵放在瓶盖里定点布放，也可自制一简单毒饵槽或袋（如用文摘卡或薄纸板折成长 80 mm、宽 30 mm 的“V”形槽，内放毒饵颗粒），用胶带或图钉把毒饵槽固定在橱柜的抽屉的角落处，家具背后的夹缝里或电线和管道上。

2）投放量。投放毒饵应采取量少、点多和面广的办法，要求达到一定的覆盖率、到位率和保留率。每点投放的毒饵要少一些，一般 1 g 毒饵可约放 5 个点，点多和面广是为了增加蟑螂取食的机会。

3）定期检查更换。投放毒饵后要适时检查毒饵消耗情况，及时补充或更换。晚上应将投放毒饵场所的食物收藏好，将桌面和地面打扫干净，并管理好水源，以提高毒饵的诱杀效果。

（2）胶饵

胶饵与一般毒饵相比，具有适口性更好、使用剂量低、持效期长、安全性高、环境污染更少、适宜缝隙与潮湿环境处理等优点，适用于普通毒饵和喷洒剂不能使用的场所和部位，弥补了普通毒饵的不足之处。

1）布放位置。由于胶饵特殊的柔软性和粘附性，因而一般可直接将胶饵布放在各类缝隙中，如文件柜、书柜、食品柜内的缝隙中，以及墙缝、护墙脚板缝、瓷砖墙壁等缝隙中。

与其他灭蟑药怕潮的特点不同，胶饵可在潮湿的环境中使用，因此，胶饵非常适宜在厨房和卫生间等潮湿环境下直接布放，如水池下、墙壁瓷砖上等。

胶饵的粘附性也非常适宜处理电气设施中的蟑螂，如直接布放在计算机、传真机、电话机、打印机、复印机、冰箱、微波炉、电视机和饮水机等外壳或散热栅旁。

2）布放量。胶饵布放应采用点状处理，即根据蟑螂密度情况，每隔一段距离布一绿豆般大小的量即可。一般胶饵生产厂商都配有施药工具，如针筒、施药枪等，灭蟑时可用施药工具直接做点状处理。

3）保留与更换。胶饵持效期较长，一般情况可保留至消耗完毕为止。如发现胶饵消耗完，应及时补充和更换。

（3）粉剂

1）布粉技术要点。布粉时粉层用量不宜过多，只要表面有一层薄而均匀的粉层即可，用量过多，反而引起蟑螂的拒避作用，影响蟑螂进入粉层。

2）布粉场所。粉剂适宜喷撒在干燥、隐蔽的场所和部位，如一些缝隙、孔洞、夹墙、角落和一些固定设备（如书籍、家具、货架等）的底下等。此外，一些电器设施和配电盒（箱）的底部也可用粉剂进行处理。

3）粉剂保留与更换。粉剂性能稳定，残效期长，如不受潮可保持药效达半年之久。如发现粉剂已受潮或受到清扫破坏，则应及时补充或更换。

（4）滞留喷洒剂

滞留喷洒是一种最常用的灭蟑方法，即在蟑螂经常出没的活动场所，喷洒持效性药物。常用滞留喷洒剂型有可湿性粉剂、胶悬剂、微胶囊等。

1）确定剂量。滞留喷洒剂的使用剂量因药剂种类不同而异，应按药剂使用说明书标明的推荐剂量来使用，切忌随意加大或减少推荐剂量，否则将会给今后的防制工作带来一系列困难。同时，要结合以往用药历史和现场抗药性情况，最终确定现场某种药剂的使用剂量。常用滞留喷洒剂灭蟑的推荐剂量有：2.5%溴氰菊酯可湿性粉剂，稀释 80～100 倍；5%顺式氯氰菊酯可湿性粉剂，稀释 80～100 倍；20%残杀威乳油，稀释 10～20 倍。以上药剂按 40～50 mL/m^2 进行滞留喷洒。

2）配制用药浓度。剂量确定后就可按要求配制实际需要的用药浓度，配制方法如下：

液体杀虫剂（乳油、胶悬剂、水乳剂等）稀释公式：

$$X=(A/B)-1\ (X\leqslant 100)$$

$$或\ X=A/B\ (X>100)$$

式中 X——1 份杀虫剂（工业品）应加水的份数；

A——杀虫剂浓度；

B——配制浓度。

例：用 50%乳油配制成 0.5%的药液：即（50/0.5）－1＝99，取 1 份乳油加水 99 份。

例：用 2.5%胶悬剂配制成 0.01%的药液：即（2.5/0.01）－1＝249，取 1 份胶悬剂加水 249 份。

可湿性粉剂稀释公式：$X=A\cdot B/C$

式中 X——可湿性粉剂需用量，kg；

A——配制药液的浓度，%；

B——配制药液的量，L；

C——可湿性粉剂浓度，%。

例：用 5%可湿性粉剂配制成 0.04%的药液 10 L，需可湿性粉剂的量为多少？

$$X=0.04\times 10/5=0.08\ (kg)$$

3）选择喷药部位。喷药人员在用药前一定要对计划灭蟑的建筑物内各个房间的结构、室内布局进行一次全面观察，做出虫情（密度）监测，并掌握其栖息活动场所。这样喷药时才能做到有的放矢、突出重点、点面结合。要防止不了解虫情，或在喷药时面面俱到，或是忘了对重点喷药的部位与栖息场所进行处理，这样既会造成人力和药物的浪费，又达不到满意的效果。

蟑螂是爬行害虫，喷洒的重点应是蟑螂经常活动的表面和各类缝隙，以使它们爬过药面而接触身亡，对确认没有发现蟑螂的地方不必喷药。此外，喷药前应注意将食品、食具等搬出，以防污染。

4）喷药顺序与时间。喷药开始时，应先在门、窗以及其他通道口喷洒一圈宽 20～400 mm 的屏障带，使得蟑螂从这些出入口逃跑时也会接触到药物。然后顺序地由外向内，由上向下喷洒。一般墙面喷洒高度为 1～1.5 m，靠床墙面喷洒高度为 0.5 m。

喷药时，要先关闭门、窗、风扇和排风扇，同时，应将橱柜门打开，并取出抽屉，以便对内喷药。喷药后，再密闭 1 h，以防药物随风流失和蟑螂逃窜。

喷药宜在晚饭后进行，一是便于工作的开展和管理，特别是在公共食堂和厨房操作间喷药灭蟑，白天工作不方便；二是因为蟑螂都是在黄昏后开始活动，晚间喷药能提高灭蟑的效果。

5）扇形与线形喷药。蟑螂经常在表面活动爬行，又栖息于各类缝隙中，因此，灭蟑使用的喷雾器喷头应为可调节式的，既能喷雾成扇形，也能喷雾成线形。一般线形喷洒量为 40 mL/m，滞留喷洒扇形喷量为40 mL/m^2。

对蟑螂经常爬行的地面，主要用扇状喷头进行滞留喷洒，橱柜、台面以及墙角落、墙缝等可作点状喷洒。线形喷洒在灭蟑中经常用于缝隙喷洒，缝隙喷洒是杀灭蟑螂的重要技术，可在蟑螂栖息的裂缝、洞穴和角落周围先喷一圈宽约 200 mm 的屏障药带，然后再对这些栖息场所用线形喷头进行足量喷洒。切忌先对这些栖息场所直接喷射，否则会将蟑螂驱赶到没有药物的地方而得以幸存。

（5）手动压缩喷雾器操作步骤

1）机具装合。按使用说明书要求将各部件安装好，注意各部件的正确位置、各连接处垫圈的正确安装和各部分连接的紧密性。装气筒皮碗时不可硬塞，应先放入一半，然后边转边插入。在装前应先将皮碗浸油 24 h，并晾干。

2）试喷检查。打开药液盖，在桶内加入清水，检查各连接处有无漏气、漏水，抽拉塞杆打气至一定压力后进行试喷，检查喷雾是否正常，各连接处是否漏水，旋转喷头使喷出雾滴呈扇形。若一切正常即可开始使用。

3）加入药液。将配制好的药液经过滤后倒入药桶，药量应超过水位线，装药后加水，盖应旋紧，防止漏气、漏水。然后即可打气。

4）喷药作业。按动开关阀门，药液即可喷出，其雾滴大小与桶内压力强度、喷头规格有关，可根据需要调整喷头。调整完成后即可进行喷洒。

4. 一般场所灭蟑方法综合应用

（1）办公场所灭蟑要点

1）环境卫生处理。办公场所蟑螂主要栖息于文件柜、书柜、写字台抽屉等办公家具，以及饮水机、复印机和计算机等设备内，并以垃圾和香烟蒂、泡过的茶叶渣、糨糊、纸张等为食。因此，办公场所灭蟑首先要注意清理垃圾和杂物，每日及时清倒垃圾，减少杂物堆放量，尽量保持办公场所和办公家具内的整洁。

2）物理防制。一些物理防制方法，如粘蟑纸比较适宜在办公场所使用，不会对工作人员产生任何有害影响。使用时可将粘蟑纸放置在文件柜、书柜等办公家具下面，或饮水机、复印机和计算机等的下面，即能有效诱捕蟑螂。

3）化学防制。办公场所灭蟑应尽可能使用毒性低、刺激性小的化学药品，以免对工作人员的健康造成危害。由于办公家具、计算机房等部位不宜直接喷洒杀虫剂，因此，办公场所灭蟑一般应以毒饵和胶饵为主，辅以使用粉剂。如果蟑螂密度较高，则可先采用毒性低、刺激性小的滞留喷洒剂处理，以快速降低蟑螂密度，然后再使用毒饵、胶饵和粉剂持续灭蟑。

（2）居民住宅灭蟑要点

1）环境卫生处理。居民家庭中蟑螂主要栖息于厨房与卫生间，以获取食源和水源，蟑螂密度高时也会侵入客厅、卧室和书房。因此，家庭中灭蟑首先要注意及时清倒垃圾，特别是不要让垃圾过夜；其次要注意对厨房与卫生间墙壁瓷砖和柜橱的缝隙、孔洞，以及各类管道的孔缝进行封堵；最后要注意预防蟑螂随同购买的食品与货物“乔迁”入室。

2）物理防制。粘蟑纸也是一种非常适合家庭使用的灭蟑方法，尤其对有幼儿的家庭。使用时，可将粘蟑纸放置在厨房与卫生间的碗橱内、食品柜内、案桌下，水池底下和放杂物的橱柜以及衣柜、书柜等家具的下面，或一些家用电器设备（如微波炉、电视机、饮水机、计算机和冰箱等）的下面，即能有效诱捕蟑螂。

3）化学防制。居民家庭灭蟑应以毒饵和胶饵为主，在暖气罩等隐蔽部位也可使用粉剂辅助灭蟑，但一般不建议使用滞留喷洒剂。如果蟑螂密度较高，则可先采用毒性低、刺激性小的气雾杀虫剂处理，以快速降低蟑螂密度，然后再使用毒饵、胶饵持续灭蟑。

（3）学校灭蟑要点

1）环境卫生处理。学校蟑螂主要栖息于学生食堂和学生宿舍。学生食堂重点要收藏好食物，及时清除散落、残存的食物，对泔脚和垃圾要当日清理，以降低蟑螂可取食的食源和水源。学生宿舍则应重点做好日常卫生保洁工作，及时清除垃圾和杂物，收藏好个人食品。

2）物理防制。粘蟑纸比较适宜在学生宿舍使用，而在学生食堂则可作为一种辅助灭蟑方法。粘蟑纸用于学生食堂时，要特别注意不要将其放置在潮湿场所，应尽量放在食品柜、冰柜等下面。

3）化学防制。学生宿舍的灭蟑方法与居民家庭灭蟑类似，要以毒饵和胶饵为主，辅以粉剂。对于学生食堂，则可先采用滞留喷洒剂处理，以快速降低蟑螂密度，然后再使用毒饵、胶饵和粉剂持续灭蟑。

注意事项

1. 个人防护与安全

使用化学杀虫剂灭蟑时，要特别注意做好个人防护，尤其是采用滞留喷洒剂灭蟑更需注意安全，防止因操作不当而中毒。一般施药时作业人员应穿干净的工作服，戴口罩、宽边帽子、防护镜和橡皮手套。施药时禁止吸烟、饮水和进食，施药过程中如有中毒症状，则要立即停止工作，进行观察和必要的救治。施药结束后，作业人员要洗手、洗脸。

为保证施药安全，作业前应仔细检查压力喷雾器，使之不漏药、不漏气。此外，还要注意检查线状喷头和扇形喷头是否能够有效喷洒，以免影响灭蟑操作。

2. 防止药物污染环境

灭蟑工作主要在室内进行，因此，要特别注意防止药物污染室内环境，尤其是滞留喷洒剂。为减少滞留喷洒剂对室内环境的污染，在灭蟑过程中应以缝隙喷洒为主，只在蟑螂经常爬过的部位做表面处理，这样可大大降低室内的用药量。

3. 预防抗药性产生

由于蟑螂的繁殖力强，繁殖周期也短，加之用药频繁，蟑螂很容易对某种药物产生抗药性，特别是德国小蠊，因此，灭蟑中采取轮换用药等措施对预防抗药性产生，提高防制效果，减少用药量都具有重要的实际意义，应予以充分重视。

4. 蟑尸处理

灭蟑施药后清理出的大量蟑螂尸体要注意集中烧毁处理，因为德国小蠊雌虫携带的卵荚如处于胚胎发育晚期，即使雌虫已死亡，若虫仍可孵化出来，造成后患。

第4节　效果评估

学习目标

◎ 掌握蟑螂密度下降率的计算方法。

◎ 能够确定不同施药部位和场所的蟑螂密度下降率。

相关知识

1. 蟑螂密度变化影响因素

蟑螂密度变化受种群自身繁殖力、季节变化、孳生场所条件、监测方法、人为干预等诸多因素的影响。

蟑螂密度的高低首先与其种群自身的繁殖力有关，如德国小蠊的繁殖力较强，一只雌虫 1 生可产荚 8 个，每荚中含卵 37～44 个，卵期历时 15～30 天，孵出若虫，若虫经 7 次脱皮发育成成虫，历时 64～109 天，1 年可繁殖 5～6 代，据测算，德国小蠊的繁殖力可达 1 049 万只。而美洲大蠊的繁殖力远低于德国小蠊，美洲大蠊卵期是 45～90 天，若虫期则为 1 年左右，其繁殖力仅为 133 只。黑胸大蠊繁殖力与美洲大蠊相近，澳洲大蠊的繁殖力为 174 只，虽略高于黑胸大蠊，但仍远低于德国小蠊。

蟑螂密度变化受温度影响很大，呈现明显的季节性变化。如在我国江南地区，1～4 月蟑螂处于低密度，5 月蟑螂活动开始，7 月到 9 月活动上升，8 月密度达到高峰，10 月活动则下降，12 月到次年 3 月进入越冬期。但在饭店、厨房等室内温度较为恒定的场所，以及我国北方地区（因室内有暖气），蟑螂终年都能活动和繁殖，季节变化则不明显。

蟑螂密度还受到孳生场所条件的影响，如食物、湿度、栖息场所等。孳生场所食物缺乏，或种群密度过高，大大超过了栖息场所环境所能承受的容纳量，则会导致蟑螂大量死亡或大量迁出，从而使蟑螂密度下降。

密度监测方法的不同、防制人员经验的不足，以及杀灭处理等人为干预措施因素也是影响判断蟑螂密度高低的因素。密度监测方法选用不当，加之人员经验的不足，则很可能会高估或低估了蟑螂的实际密度，误将种群密度的自然变化归为杀灭处理等人为干预措施的结果，从而使防制效果受到影响。

2. 效果评估的作用

在灭蟑过程中，不能仅凭肉眼等感观来评价灭蟑效果的好坏，而应有一套较为科学的考核方法来对自身的杀蟑效果进行评价，即有较可靠的实测数据来对灭蟑效果加以说明和评价。通过计算蟑螂密度下降率，不仅可以排除自然因素的干扰，得出人为干预措施的实际效果，而且还能借此对所使用杀虫剂的药效做出考核评价，为科学合理用药提供依据。

3. 效果评估的方法

灭蟑效果一般采用蟑螂密度下降率来评估，蟑螂密度下降率分为绝对密度下降率和相对密度下降率。其中，相对密度下降率的计算需先获得相对密度指数（RPI），而RPI是将实验区处理后的实际密度值，用对照区密度的自然变化系数予以矫正，这样便可以排除自然因素对密度变化的影响，以正确显示出由于灭蟑措施所产生的蟑螂密度变化。

操作技能

1. 选择调查点

效果评估的关键和基础是确定合适的调查点。调查点的选择应依据既具有代表性，又具有可操作性的原则来进行。所谓代表性就是选择的调查点应能充分反映所在地的实际蟑螂密度水平；而可操作性就是指选择调查点的数量既不因工作量太大而无法完成，又能符合代表性的要求。

蟑螂密度调查点应选择在蟑螂可能经常出没和栖息的场所或部位，如厨房与卫生间的碗橱内、食品柜内、案桌下、水池底下，办公室文件柜、书柜、写字台抽屉等办公家具内，冰箱、微波炉、饮水机、复印机和计算机等设备周围，以及各类缝隙和孔洞等。对已确定的调查点要做好记录或标志，以便调查时辨认。

如果采用目测法与药激法测定蟑螂密度，则调查点的数量应不少于4个点/15 m^2 房间；而采用粘捕法测定蟑螂密度，则调查点的数量应不少于2个点/15 m^2 房间，即每15 m^2 房间至少放置2张粘蟑纸。

2. 灭前调查

确定了合适的调查点后，便可开展灭前蟑螂密度调查。灭前调查的关键是在定点的基础上，定方法、定时，以确保密度调查结果的准确性与一致性。调查方法是选择目测法、药激法，还是粘捕法，要根据灭蟑目的、客户要求和现场条件等具体情况而定，一般建议常规监测调查采用粘捕法为宜，而临时性质的检查则可采用目测法或药激法。

无论采用哪种调查方法，都需要固定调查时间，如粘捕法可选择晚18 h布放粘蟑纸，次日晨8 h收；目测法与药激法既可选择白天，也可选择晚上一个固定时间进行调查。

确定了调查地点、调查方法和调查日期与时间后，便要落实工作人员，准备好调查监测器材（具）和记录表格，并提前通知客户，以取得对方的同意和配合。

3. 调查并记录

严格按照预先确定的调查地点、调查方法和调查时间进行现场蟑螂密度调查，并认真做好记录，如监测场所或部位、监测间（处）数、蟑螂密度检测剂名称、有效成分及含量、查见的蟑螂种类、查获蟑螂的雌雄性与成虫及若虫数、查获蟑螂卵荚数、有效投放粘蟑纸张数、粘捕蟑螂数等。填写调查表时，注意不要遗漏表内任何信息。

4. 灭后调查

灭后蟑螂密度调查应遵循与灭前调查完全相一致的原则，即在同一地点和同一时间，采用同一方法进行调查并记录，以确保灭后调查与灭前调查结果的一致性和可比性。

5. 统计分析

将灭前与灭后两次调查结果分别统计之后，便可对影响灭蟑效果的因素进行分析比较。在对调查结果进行分析时，要重点关注蟑螂密度监测较高的部位，查获蟑螂的雌雄性比，查获蟑螂的成虫、若虫比，灭前与灭后密度变化，以及调查中出现的干扰因素，如无效粘蟑纸数的增多等，通过分析比较，可以为提出今后改进措施提供第一手资料和依据。

6. 效果计算

绝对密度下降率和相对密度下降率的计算公式如下：

$$\text{绝对密度下降（\%）}=\frac{\text{处理前密度}-\text{处理后密度}}{\text{处理前密度}}\times 100\%$$

$$\text{相对密度指数（RPI）}$$
$$=\frac{\text{对照区处理前平均密度值}\times\text{实验区处理后某天密度值}}{\text{对照区处理后某天密度值}\times\text{实验区处理前平均密度值}}$$

由以上两公式可得出：相对密度下降率（%）＝1－RPI×100%。

相对密度下降率评价标准为：相对密度下降率70%以上者为效果显著；下降率低于50%者为效果不明显。在使用相对密度下降率时，应注意对照区不施药，只同步测查处理前、后的密度。

相对密度下降率应用举例：根据灭蟑场所选择适当数量房间（不少于10间），采用粘捕法或药激法等调查蟑螂密度，在喷药前2～3天进行，以平均密度为处理前密度，并设条件相似的2～3间房间，同时进行调查。在喷药后24 h、48 h和72 h调查蟑螂密度，对照点的调查也同时进行。根据处理前后平均密度计算RPI值和相对密度下降率。滞留喷洒还需在喷药一周或10天后再次进行密度调查，有效期应在一个月以上。通过使用RPI值，有一举两得的好处：一方面考核了自身的灭蟑效果；另一方面也同时对使用杀虫剂的药效作了考核，为制定下一步的防制措施提供了科学依据。

注意事项

1. 调查监测的工具或药剂要统一，因为不同厂商生产的监测工具或药剂质量与性能都存在差异，为了消除因监测工具或药剂对调查结果可能产生的影响，有必要统一使用相对固定的监测工具或药剂。

2. 灭前与灭后调查的条件要尽可能一致，除了调查地点、调查方法、调查时间和调查工具一致外，还要做到人员固定。因为每个人的技术熟练程度与工作习惯不同，对环境的熟悉程度也存在差异，因此，如果不固定调查人员，则会导致前后调查结果存在很大差异，从而无法对灭前与灭后结果进行确切的对比。

3. 使用粘捕法调查监测蟑螂密度时，还要特别注意诱饵的选择与使用。因为不同诱饵对蟑螂的引诱力存在差异，从而会直接影响调查监测结果。因此，使用粘蟑纸时一定要使用相对固定的诱饵。

本章思考题

1. 如何分辨蟑螂的雌雄性？
2. 德国小蠊与美洲大蠊形态鉴别特征是什么？
3. 蟑螂的产卵方式有何特点？
4. 易于蟑螂孳生的条件是什么？
5. 蟑螂在办公场所、住宅和学校栖息孳生有何特点？
6. 蟑螂标本有几种采集方法？如何保存标本？
7. 常用的蟑螂密度监测方法有哪几种，各适用于哪些情况和场所？蟑螂密度监测中应注意什么？
8. 怎样计算蟑螂密度？如何填写蟑螂密度监测调查表？
9. 不同场所部位灭蟑方法选择的依据是什么？
10. 蟑螂的环境治理措施有哪些？
11. 粘蟑纸在实际使用中应注意什么？
12. 灭蟑毒饵和胶饵各有何特点，应如何正确布放与使用？
13. 灭蟑粉剂有何特点，使用中应注意什么？
14. 如何正确使用滞留喷洒剂进行灭蟑？
15. 如何将不同灭蟑方法综合应用于办公场所、住宅和学校？
16. 灭蟑效果评估的作用是什么，怎样评估灭蟑效果？
17. 蟑螂密度的变化受哪些因素的影响？
18. 灭蟑效果评估应注意哪些问题？

第3章 蝇类防制

第1节 蝇类的识别

学习单元1 常见成蝇的形态特征

学习目标

◎ 掌握成蝇的基本形态。

◎ 掌握3种成蝇的识别要点。

相关知识

1. 常见成蝇的形态特征

成蝇的大小和体色因种类的不同而异，一般成蝇体长为6～14 mm，体色为暗灰、黑暗褐或带有绿、蓝、青天、紫金光泽，全身有鬃毛。体分头、胸、腹三部分。

（1）头部

半球形，凸面在前，平面在后，两侧有一对大的复眼，复眼由许多小眼组成。多数雄性蝇类的两眼距离窄，而雌性则两眼距离较宽。头顶中央有排成三角形的 3 个单眼。头部的前方中部有 1 对触角，各分为 3 节，第 3 节最长，其外前方有一根触角芒。头的前下方是口器，又称喙，大多数蝇类的口器为舐吸式，少数为刺吸式，能刺入人畜皮肤吸血。舐吸式口器可以伸缩折叠，有时可收缩在头下方的口器窝内。末端有肥大的唇瓣，取食时不断在食物上刮、挫、舐吸（见图 3—1）。

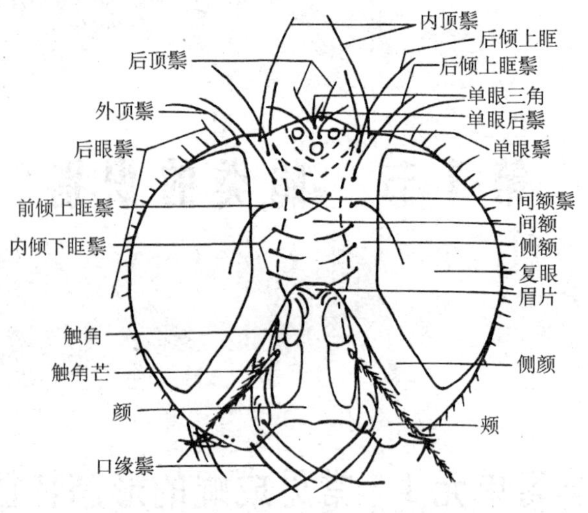

图 3—1　蝇的头部（前面观）

（2）胸部

由前胸、中胸和后胸组成。背面观只见胸大部为中胸，包括前盾片、小盾片和后小盾片。侧面为侧板，由多个骨化的侧片组成。中胸背板和侧板上的鬃毛、条纹等特征可作为分类的依据。前胸、后胸退化（见图 3—2）。背板上的鬃毛、中胸背板两侧有翅 1 对，翅上有前缘脉、亚前缘脉和 6 条纵脉，各脉均不分支，其中第 4 纵脉弯曲形状不一，为某些种属的鉴别特征（见图 3—3）。胸部有足 3 对，由基、转、股、胫、跗节组成。跗节分五节，其末端有爪及爪垫各 1 对，爪垫上有细毛，并可分泌黏液，能在光滑面上爬行，并可携带病原体。

（3）腹部

由 11 节组成，节与节之间有膜相连，外观仅见 4 节的前腹部和常隐于腹末的后腹部组成。第 1 节和第 2 节背板合为一节，前 5 节背板向腹面弯曲，以侧膜与腹板相连，前腹部在腹面正中仍有五节腹板，第 6～9 节为后腹部演化为两性外生殖器，大部缩在体内，外生殖器构造复杂，其形态在蝇种鉴定上起到重要的作用。

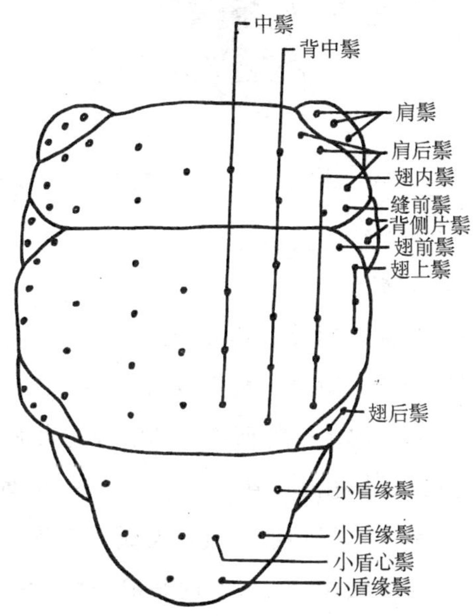

图 3—2 蝇的胸部（背面观）

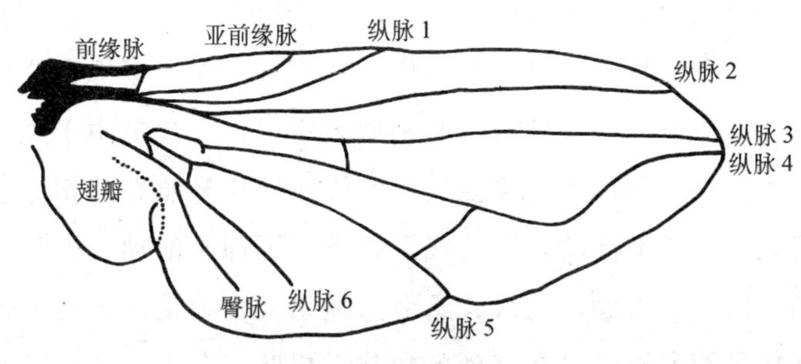

图 3—3 苍蝇的翅

2. 3 种成蝇的识别要点及生态习性。

(1) 家蝇（*Musca domestica vicina*）的形态特征、生态习性与分布

1) 形态特征（见图 3—4）。体中型，长 5～8 mm，灰黑色，复眼无毛，中胸背面有 4 条黑色等宽纵条，第 4 纵脉末端向前急剧弯曲成折角，其梢端与第 3 脉梢端靠近。腹部呈橙黄色，在基部两侧尤其明显，腹部

正中有黑色纵条。

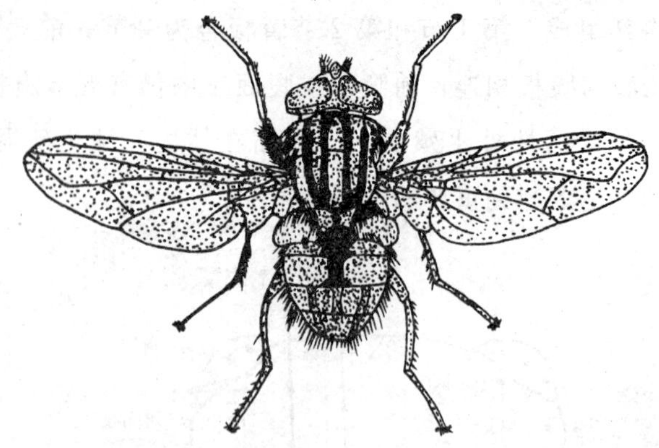

图 3—4　家蝇

2）家蝇的生态习性

①食性。家蝇为杂食性蝇类，其食用范围很广，包括温血动物的排泄物、分泌物、人的食物、厨余、垃圾以及植物的液汁等。水对家蝇的生存影响较大，蝇要经常喝水，任何液体和潮湿的表面都能引诱家蝇。

②活动。家蝇的活动受温度影响很大：4～9℃时家蝇仅能爬动；10～15℃时能爬动和起飞，但不能取食、交配、产卵；20℃以上时比较活跃；30～35℃时最为活跃；35～40℃时呈静止状态；致死温度为 45～47℃。所以，家蝇在温暖季节里，白天通常在室外或门户开放的菜市场、食品加工厂、走廊、商店等处活动。

蝇类有趋光性，喜欢向亮处飞行，在晴天和光亮处比较活跃。

③栖息场所与特点。当气温上升至 30℃以上时，家蝇喜停留在较荫凉的地方。秋凉季节或室外有风时则侵入室内，亦常集中于厩舍，在家畜身上或粪肥堆、垃圾堆周围活动。家蝇活动与光照有密切关系，一般在白昼或人工光照下活动，阴天或黑暗情况下即不活动，夜间则栖息于白天活动场所，如天棚、电线、悬吊的绳索上、天花板等处。较热的天气，相当数量的家蝇栖息在室外的树枝、树叶、电线、篱笆以及离地面 2 m 以上的挂绳等处。若温度下降，家蝇则大量侵入室内，常在天花板、电灯挂线、窗框等处栖息。家蝇寿命一般为 30～60 天。

④分布。家蝇除青藏高原的海拔较高地区尚未发现外，全国其他各地均有分布。

（2）厩腐蝇（*Muscina stabulans*）的形态特征、生态习性与分布

1）形态特征。厩腐蝇又称大家蝇，其体型比家蝇稍大，6～9 mm，

暗灰色，胸背有两条黑纵纹，其两侧有 4 块黑斑。触角橙色，小盾片末端为红黄色，胫节黄色或棕黄色，翅第 4 纵脉末端呈弧形弯曲（见图 3—5）。

a)

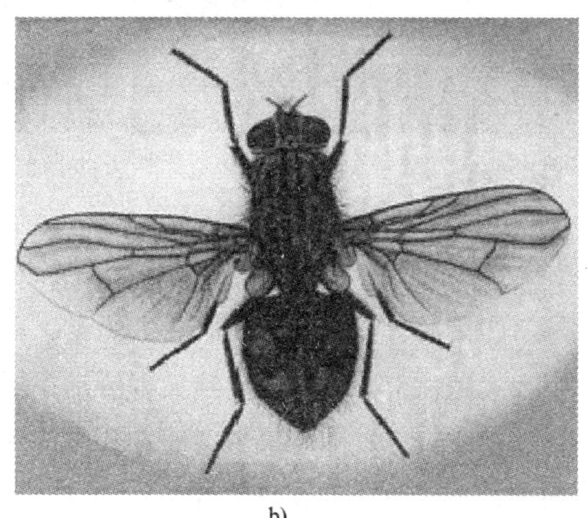

b)

图 3—5　厩腐蝇

a）标本图　b）示意图

2）生态习性

①食性。厩腐蝇为粪食性蝇类，喜食人、畜的粪便，同时也以人的食物、生活垃圾、植物液汁等为食。

②活动。厩腐蝇全年季节分布很长，夏季也不会完全消失，但其活动的适宜温度为 20℃左右。所以季节高峰在春秋两季，因而属于春秋型蝇种。活动场所室内外均有，室外主要集中在集贸市场、校园、公园、猪圈、牛、马棚等地；室内则集中在宿舍、餐厅等处。

③分布。河北、内蒙古、辽宁、吉林、黑龙江、江苏、浙江、山东、河南、湖北、四川、云南、西藏、陕西、甘肃、青海、新疆等，但种群数量以东北、华北、西北为高。

（3）大头金蝇（*Chrysomysa megacephala*）的形态特征、生态习性与分布

1）形态特征。大头金蝇的躯体肥大，体长为 8～11 mm，体呈青绿色金属光泽。复眼深红色，颊为橙色，腋瓣为棕色（见图 3—6）。

2）生态习性

①食性。成蝇喜食瓜果或腥臭类物质食品，也喜食粪便。

a)

b)

图 3—6　大头金蝇

a）标本图　b）示意图

②活动。为喜室外性居住区蝇类，种群数量和活动季节南北方相差很大：越往南，种群数量越大，活动季节越长；越往北，则种群数量小活动季节短，其高峰季节主要在盛夏。常活动于厕所、菜市场、垃圾堆周围，高峰季节可以侵入室内。

③分布。大头金蝇在我国分布比较广泛，除新疆、西藏未见报道外，全国其他各地均有分布。

操作技能

1. 准备工作

(1) 放大镜 1 个。

(2) 3 种成蝇标本各 1 个。

(3) 聚光台灯 1 盏。

2. 操作步骤

形态观察要点和步骤如下：

(1) 先用肉眼观察体形大小。

(2) 再用肉眼观察苍蝇颜色。如有亮绿金属光泽，观察复眼颜色和两颊部颜色。

(3) 用肉眼观察胸背有无黑色纵纹及纵纹数量。

(4) 借助放大镜观察蝇翅第 4 纵脉形状。

并按表 3—1 中所述特征识别蝇种。

表 3—1　　3 种蝇类识别特征

蝇种	体形	颜色	胸背	第 4 纵脉	其他
家蝇（又称舍蝇、饭蝇）	体形中等，长 5～8 mm	灰黑色	有 4 条黑色等宽纵纹，家蝇胸背如下图所示 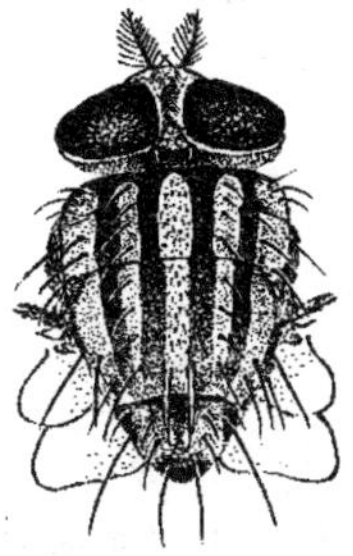	末端向前急剧弯曲成折角，其梢端与第 3 脉梢端靠近	腹部正中有黑色纵纹
厩腐蝇（又称大家蝇）	体形较大，长 6～9 mm	暗灰色	有 2 条黑色纵纹，其两侧有 4 块黑斑，厩腐蝇胸背如下图所示 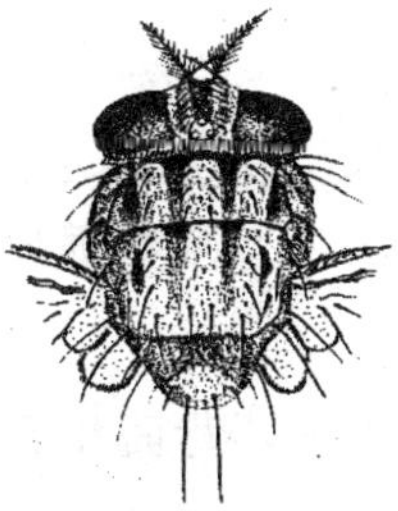	末端呈弧形弯曲	触角橙色，小盾片末端红黄色
大头金蝇（又称红头金蝇）	体驱肥大，体长8～11 mm	有亮绿色金属光泽	胸背无黑色纵纹，大头金蝇胸背如下图所示 		复眼为深红色，两颊部为橙黄色

注意事项

1. 移动标本时要注意，不要碰到任何地方，以免损坏标本。
2. 观察完标本后，要将所有用具复原，放回原位，以便今后再用。

学习单元 2　蝇蛆的形态及识别方法

学习目标

◎ 掌握蝇幼虫蛹的基本形态，达到了解蝇幼虫及蛹基本形状的要求。

◎ 掌握蝇蛹的识别方法，达到了解蝇蛹基本形状的要求。

相关知识

1. 蝇幼虫的形态特征

(1) 蝇幼虫（蛆）形态类型有 3 种

1）家蝇幼虫体圆柱形，此为多数蝇属，具有前后气门，如图 3—7a）所示。

2）瘤胫厕蝇幼虫背腹扁平，背面和侧面有树支状突起（厕蝇属），如图 3—7b）所示。

3）蜂蝇幼虫蛆体后端具有很长能伸缩的呼吸管，如图 3—7c）所示。

(2) 蝇幼虫的形态

蝇类的 3 龄幼虫其躯体除少数为背腹扁平外，一般为细长圆锥状。其前端尖细，向后渐变粗。全体共分为 14 节。头部不明显，只可见一尖细的头节，其后为 3 个胸节，再后为 10 个腹节，但通常只见 8 节，第 9、10 两节位于第 8 节腹节的腹面，不甚明显。第 10 节为肛板，肛孔位于中间。3 龄幼虫的呼吸系统为两端气门型。在第 1 与第 2 胸节之间有 1 对前气门，在第 8 腹节后表面上有 1 对后气门，前后气门之间在体内由气管相连。蝇类幼虫无足（见图 3—8）。

2. 家蝇蛹的基本形态

(1) 基本形态

蛹为围蛹，即在成熟 3 龄幼虫停止取食，爬到邻近的疏松的土层中或原基质温度较低的表层静止化蛹，其体外被有成熟幼虫表皮硬化而成的蛹壳。形成的蛹壳呈圆筒形，长 5～8 mm，蛹的颜色按化蛹时间的长

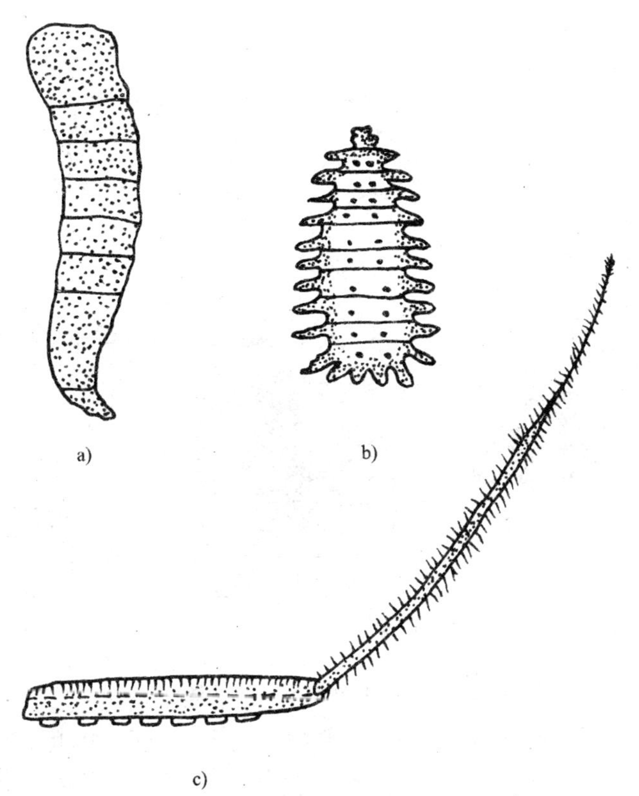

图3—7　蝇幼虫形态的三种类型

a）家蝇幼虫　b）瘤胫厕蝇幼虫　c）蜂蝇幼虫

短，由淡变深，最后成为棕褐色或黑色（见图3—9）。

（2）家蝇蛹的识别要点

1）三龄幼虫成熟后变成蛹，由其皮收缩为蛹壳，此时蛹为长圆柱形，从蛹壳上还可观察到（如后气门等）幼虫的某些特征。

2）此时的蛹颜色为乳黄色，但随着时间延长，其颜色会由浅变深，最后变成红褐色至黑棕褐色；并且其长度会回缩，至长椭圆形。

操作技能

1. 蝇蛆鉴定

（1）准备工作

1）10倍放大镜1个。

2）蝇幼虫标本。

3）专用台灯1盏。

（2）操作步骤

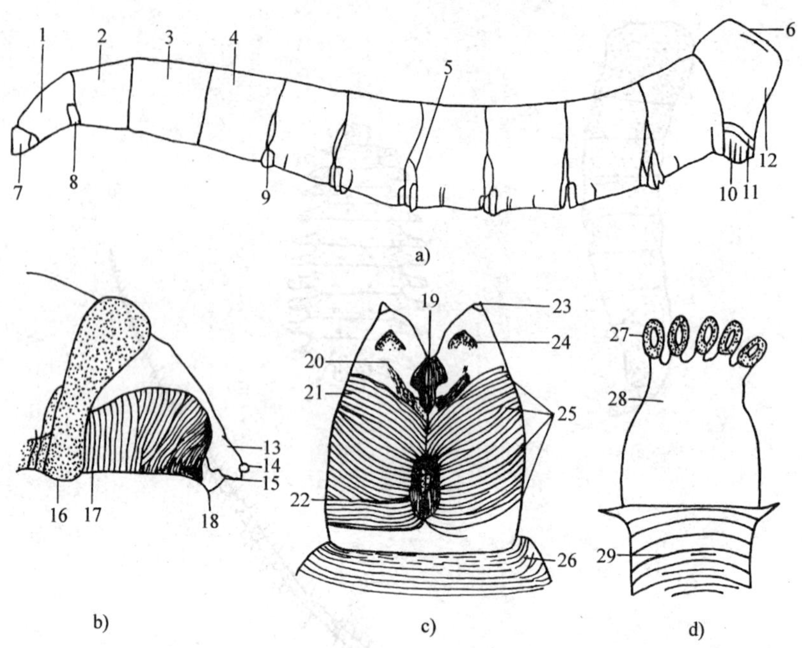

图 3—8 蝇类 3 龄幼虫形态（以家蝇为例）

a）3 龄幼虫全形侧面观 b）头部侧面观 c）头部腹面观 d）前气门

1—第 1 胸节 2—第 2 胸节 3—第 3 胸节 4—第 1 腹节 5—腹节侧板 6—后气门 7—头部 8—前气门 9—腹垫 10—第 9 腹节 11—肛板（第 10 腹节） 12—第 8 腹节 13—头部的前方锥突 14—退化的触角 15、18—退化的下颚须 16—第一胸节前缘棘环 17、22—下唇 19—口孔 20—腺体开口 21—口前齿 23—头部的前方锥突 24—口钩末端 25—口沟 26—第 1 胸节前缘棘环 27—前气门孔突 28—前气门小室 29—气管干

1）将蝇蛆标本取出放在桌子上。

2）将台灯放在标本的左侧，将灯罩下弯，接通电源，使灯光照在标本上。

3）借助放大镜观察标本特征，并按图 3—7 所示分出蝇蛆类别。

2. 蝇蛹鉴定

（1）准备工作

1）放大镜。

2）蝇蛹标本。

3）专用台灯 1 盏。

（2）操作步骤

1）将台灯放在标本的左侧，将灯罩下弯，接通电源，使灯光照在标

图 3—9　蛹的形态

本上。

2）用目测法或借助放大镜观察标本。

3）按以下特征识别蝇蛹（见图 3—10）。

①按照图 3—10 观察蝇蛆的大小、形状、颜色。

②刚羽化的蝇蛹颜色为乳黄色，形状细长圆柱形，一头稍尖，另端略圆弧状，是由三龄幼虫成熟后不脱皮收缩而成的。

③蛹在刚形成时颜色为乳黄色，长度为 7～13 mm。

④数小时后逐渐由浅变深，变为棕褐色至黑褐色，长度回缩为 6～7 mm，形状为长椭圆形。

图 3—10　蝇蛹

第2节 蝇类侵害状况调查

学习单元1 标本采集方法

学习目标

◎ 掌握成蝇的几种采集方法。

相关知识

成蝇标本的采集方法主要有如下几种：

1. 网捕法

采成蝇以网捕为主，网捕的方法又分为以下几种情况：一种是看见了成蝇再采，包括扣捕（正停息在地面、花丛或孳生物上的）、挥捕（正在空中飞舞的）、掠捕（对树干、叶面、水面、石面等处的蝇）；另一种是灌木丛、草丛、花丛、秧田、麦田等处，只要发现有蝇，即可用扫网法采捕。

2. 笼诱法

笼诱法为较常用的采集方法之一，诱蝇笼有各式各样，使用最为普遍的是用250 mm×250 mm×400 mm（长×宽×高）的方形天幕式和直径200～250 mm、高为350～400 mm的圆形天幕式诱蝇笼。其使用的诱饵也是多种多样的，可根据所要采集的不同蝇种来选择诱饵，如麻蝇使用臭豆腐，丽蝇、绿蝇使用腐鱼，家蝇使用酒糟或糖醋饵等。

3. 扣捕法

采家畜体上的成蝇，除网捕外，也可用管扣，管扣对家畜惊扰较少，但效率不高。采获成蝇主要用毒管毒杀（管内放些吸水性强的软纸条，并尽可能不要同鳞翅目昆虫放在一起，以保标本整洁），捕获当时即可初步用肉眼和放大镜辨认类群或种类。同一编号的可放在同一管中。

操作技能

1. 网捕法

(1) 准备工具

1) 捕虫网 1 个。网为 60 目网纱制成口径 200 mm，网长度 600 mm，末端钝圆的圆锥形网，柄长 700 mm。

2) 毒瓶 1 个。

3) 白塑料布 1 块（500 mm×500 mm）或报纸。

(2) 操作步骤

1) 盲采、挥捕、掠捕。有害生物防制员手持网柄，伸直胳膊呈“∞”形挥网，每次以 50 次/min 的频率挥网，挥网时间不可过长，以免标本受损。

2) 扣捕。有害生物防制员发现苍蝇后，手持网柄，直接用网口扣捕。

3) 收网。收网时要用力快挥网 3～4 次，使捕获的苍蝇集中到网底。

4) 毒杀。迅速将毒瓶塞入网底，对采到的苍蝇进行 3～5 min 的毒杀。

5) 整理。将毒死的苍蝇倒入白塑料布上，对其进行处理。

2. 笼诱法

(1) 准备工具

1) 可折叠式捕蝇笼数个。

2) 诱饵。

3) 可套入捕蝇笼大小的塑料袋数个。

4) 脱脂棉。

5) 乙醚。

6) 白色塑料布或报纸。

(2) 操作步骤

1) 先将折叠式捕蝇笼组装成形。

2) 将捕蝇笼分别放置诱捕地方。

3）将诱饵倒入诱饵盘中，加入适量水。

4）将诱饵盘放在捕蝇笼下面中央部位。

5）根据需要将诱蝇笼放置一定时间进行诱捕。

6）诱捕结束后，将塑料袋套入捕蝇笼。

7）取出脱脂棉，将乙醚倒在棉团上，将棉团放在捕蝇笼上，将塑料袋封口。

8）将封口处贴地面倒置放置 3～5 min 后，再打开封口，取出诱蝇笼。

9）将倒漏斗形纱网取下，将毒杀死的苍蝇倒在白色塑颜料布上，对其进行整理。

3. 扣捕法

（1）准备工作。

1）毒瓶 1 个。

2）乙醚。

3）指形管。

4）直角眼科镊子、脱脂棉。

（2）操作步骤

1）将毒瓶盖打开。

2）将一定量乙醚倒入毒瓶内，让毒瓶里的软木条充分吸收。乙醚液量以全被软木吸收，不留残余液为佳。

3）将毒瓶盖扣紧，防止毒瓶内乙醚挥发。

4）寻找停落在物体表面上的苍蝇，发现后同时将毒瓶盖打开。

5）慢慢靠近蝇类停落的地方，对准蝇类迅速扣去。如扣住蝇类，不要马上拿开毒瓶，要持续一定时间，直至毒瓶内的苍蝇被麻醉为止。

6）轻轻移开毒瓶，并将瓶口用盖子扣紧。

7）用镊子将麻醉后的苍蝇放入指形管，并将少许脱脂棉轻轻压入指形管内，以贴近蝇体为好，防止苍蝇在指形管内撞碰，损坏标本。

注意事项

1. 在使用网捕法时，应注意尽量不要将大型昆虫、树叶、树枝、杂草等网入。

2. 在使用笼诱法时，所使用的诱饵应根据预采集的蝇种习性进行选择。放置的时间要根据当地的环境、气候、温度和采集人时间的安排来定。总的原则是：放置的时间应选在白天，若时间允许，可晨放晚收（可在 6：00 至 20：00 之间进行，苍蝇的进笼高峰在 8：00 至 16：00），刮风、下雨时不宜采用此方法。夏天时，应将诱蝇笼放置避开阳光直射的位置，天凉时应将其放在朝阳的地方。

3. 采集标本后需对标本进行预处理，对某些雄蝇可初步将尾器拉出放在棉层上或浸泡在 75%酒精中。

4. 采集标本后可对标本进行临时保存。来不及插针的大量成蝇标本可用一个密封的木匣内放一些樟脑块，先铺一层棉花，将标本散置在上面，然后放吸水软纸，再加一层棉花，散放一层标本。这样可以存放大量标本，也可用指形玻璃管保存。对个体数极多或看来是同类的蝇可以选一部分比较完整的标本放在棉层上。

5. 要详细记录编号、采集地点、日期、采集人，待经鉴定后还应标明种类、雌雄等内容。

学习单元 2　室内蝇密度调查方法

学习目标

◎ 掌握室内成蝇密度调查方法的种类。

◎ 掌握室内成蝇密度调查常用的方法。

相关知识

1. 室内蝇密度调查方法

（1）意义

1）蝇类在自然界中的种群数量的调查是研究蝇类的生态学，包括季节分布、空间分布、垂直分布以及各个蝇种的组成比例、雌雄比例等的基础，同时又是制定防治方案的重要依据。也是考核整个地区蝇类综合防治措施（包括环境、物理、化学防治等）效果的方法。

2）通过灭前、灭后进行蝇密度调查，可考核采取的蝇防制的方案是否科学、合理，考核防制效果和所使用的化学杀虫剂的效果等。

（2）种类和方法

1）目测计数法。目测计数法是在某一场所一定面积（如 1 m^2）或一定时间（如 15 min）内直接目测停落的蝇数。以此种方法在进行室内外蝇密度测定时较为常用。

2）毒杀计数法。毒杀计数法有两种方法：一种是采用毒饵诱杀苍蝇，计算在一定时间内收集以毒饵为中心的一定面积（如半径 500 mm）内的死蝇数；另一种是使用杀虫气雾剂在室内喷雾后，毒杀其内的全部苍蝇，收集鉴定。

3）拍打计数法。拍打计数法是在调查场所，定时、定人用蝇拍拍打成蝇计数。

4）粘蝇纸（带、绳）法。粘蝇纸（带、绳）法是将粘蝇纸（带、绳）按房间的不同方位（东、西、南、北、中）平置或悬挂在调查场所，计算在一定时间内各粘蝇纸（带、绳）粘捕的蝇总数，再除以使用粘蝇纸（带、绳）的数量，作为密度指数（单位："只/张"或"只/条"）。有时也可添加诱饵，增加引诱效果。此种方法在进行室内蝇密度测定时较为常用。

5）蝇迹、蝇斑计数法。蝇类在生活过程中常常排泄和吐出小液滴，蝇粪和吐滴常常在物体的表面遗留下来，水分蒸发后成为一些棕黄色小斑点，统称蝇斑。计数室内一定面积（如玻璃窗上）内的蝇斑数目，以此来推断苍蝇密度，也可用 130 mm×200 mm 的白卡纸，悬挂在天花板下，计算 24 h 后卡片上的蝇斑。

（3）不同调查方法的特点与适用原则（见表 3—2）

表 3—2　　不同调查方法的特点与适用原则

调查方法名称	主要特点	适用场所	缺点
目测计数法	简单、快速能较客观地反映种群密度	多适用于蝇种单纯而数量较多的场所。室内、外均可使用	适用于经过专业训练快速作出蝇种正确鉴定的人员，对蝇种复杂和种群数量较低的场所不适用；蝇密度太高时所测定的数据偏低

续表

调查方法名称	主要特点	适用场所	缺点
毒杀计数法	简单，易操作。被毒死的成蝇可用来制成标本进一步鉴定或保存	主要用于室内	使用毒饵法时，因饵料的不同，会给毒死的蝇种数量造成差异
拍打计数法	简单、易操作，被打死的部分成蝇可进行进一步鉴定	多用于室内和部分室外	人为造成的误差大
粘蝇纸（带、绳）法	简单、易操作，所粘捕的成蝇可鉴定，并可根据场所蝇密度大小，确定持续的时间	室内	布放的位置与粘捕量关系较大，在粘捕量大时，处理标本较麻烦
蝇迹、蝇斑计数法	操作简单，对操作人员水平要求不高	适用于厩舍等蝇多的场所	不能确定蝇种

2. 影响室内密度调查结果的因素

(1) 调查人员不同可使调查结果出现较大的偏差。在某些方法中（如拍打计数法），由于每个人捕打成蝇的熟练程度、体力、视力、反映能力都不尽相同，所以调查时应固定人员，否则会由于调查人员的不同使结果出现较大的偏差。

(2) 气候不同可造成蝇密度有很大差异，从而直接影响到室内密度调查的结果。当在恶劣的环境下（如下大雨、刮大风时）或在环境突然骤冷时，蝇类为了生存，会大量飞向室内使数量猛增，从而使调查结果增多。

(3) 地点、方法的不同造成调查结果出现较大的偏差。

(4) 调查时间的不同，或调查的时间段长短不一，都会影响到调查结果的可靠性。

(5) 调查中所采用的毒饵或诱饵要统一，不同的毒饵由于产品质量不同，对蝇类的诱引力有较大的差异，由此会造成毒杀成蝇数量前后差异很大；而不同的诱饵对不同的蝇类的诱引力不同，诱捕成蝇的效果也有很大差异，因此在调查前后为获得准确的数据，前后必须统一。

操作技能

1. 目测计数法

(1) 准备工作

1) 秒表 1 块。

2) 观察室内环境，选择一定面积的场所进行密度测定（如 1 张桌面、椅面、墙面、柜台或绳索等）。

(2) 操作步骤

1) 开始直接用目测法观察同时按动秒表。

2) 详细记录停落的蝇数，同时注意观察时间。

3) 到时（如 15 min）停止计数。

4) 记录观察到的蝇停落总数。

2. 毒杀计数法

毒杀计数法一般分为两类：一类是利用杀虫气雾剂杀死室内全部的成蝇，然后进行收集、鉴定、计数；另一类是在室内或室外布放毒饵，放置一定时间，收集以毒饵为半径的一定面积的死蝇数、鉴定、计数。

(1) 杀虫气雾剂毒杀计数法

1) 准备工作

①杀虫气雾剂 1 罐。

②眼科弯镊子 1 把。

③白纸 1 张。

④直径 90 mm 平皿 1 套。

⑤防护口罩 1 个。

⑥记录本、签字笔。

2) 操作步骤

①将室内窗户、门关闭。

②将防护口罩戴好。

③右手持杀虫气雾剂上端，按下杀虫气雾剂上面的喷嘴阀门，对准苍蝇或站在室中央向空中喷雾，使杀虫剂雾滴充满空间。

④待 15 min 后，观察室内成蝇都被杀死后，用镊子将死蝇收集到白纸上，进行鉴定、计数，并详细记录数据及相关信息（日期、地点、时间、房屋面积、气候、气雾剂名称等）。

⑤如有暂不能鉴定的蝇种，可将其放在瓶皿里，带回试验室进行进一步鉴定。

(2) 布放毒饵毒杀计数法

1）准备工作

①毒饵 1 袋（具体使用量见其说明书）。

②毒饵盘 1 个。

③眼科弯镊子 1 把。

④尺子 1 把。

⑤1 m 长线绳 1 条。

⑥粉笔 1 根。

⑦手表 1 块。

⑧白纸 1 张。

⑨直径 90 mm 平皿 1 套。

⑩记录本、签字笔。

⑪防护手套 1 双。

2）操作步骤

①戴上防护手套。

②从蝇毒饵袋边缘的豁口处撕开蝇毒饵袋，按其说明书提供的使用量，将其倒在毒饵盘中。

③将装有毒饵的盘子放在蝇类较多的地方，并开始计时。

④4 h 后观察以毒饵盘为中心一定面积的死蝇数（半径 500 mm）。

⑤用尺测量以毒饵盘为中心 500 mm 的长度，并用粉笔做好标记。

⑥将毒饵盘拿开，一手拿着绳子一头，将其按在毒饵盘中心的位置，一手拽着绳子另一头，其长度达到标记出的 500 mm 位置，同时将粉笔拿在手上，画圆。

⑦将圆圈内的成蝇用镊子夹到纸上，分类、计数，并详细记录数据及相关信息。

⑧若有不能鉴定的蝇种，将其放在瓶皿里，则带回试验室鉴定。

3. 拍打计数法

（1）准备工作

1）蝇拍 1 把。

2）手握计数器 1 个。

3）签字笔、记录本。

4）手表 1 块。

（2）操作步骤

1）如在室内将门窗关好。

2）右手拿好蝇拍，左手握住计数器。

3）开始计时（如设定 5 min）；见蝇就打，打着一个握动计数器一下，到 5 min 为止。

4）观察计数器的数值，并详细记录数据及相关信息。

4. 粘蝇纸（带、绳）法

（1）准备工作

1）记号笔 1 支。

2）准备 5 张规格相同的粘蝇带并做好编号（如规格 42 mm×650 mm）。

3）座椅 1 把。

4）放大镜 1 个。

（2）操作步骤

1）按调查室内的不同方位（如东、西、南、北、中），确定悬吊的位置。

2）将座椅放在某个要挂带的位置底下。

3）去掉辅在粘蝇带两侧的硅油纸。

4）将粘蝇带去掉硅油纸的底部拿起，使去掉硅油纸的胶面朝向天花板。

5）将粘面粘住天花板，并按实。其他方位同上。

6）经一定时间后逐个将粘蝇带摘下，并观察粘蝇带上的蝇数，借助放大镜分类、计数。

7）将不同种类的蝇数填入密度调查表中。

注意事项

1. 一旦密度调查方法确定，每次采用的密度调查方法必须相同。

2. 调查的地点、时间、人员、材料等要相对固定，尽量减少各因素给结果造成的影响。

学习单元3　室内蝇类密度调查表的填写方法

学习目标

◎ 熟悉室内成蝇密度的调查表及计算方法。

◎ 掌握室内成蝇密度的调查表的填写方法。

相关知识

1. 粘蝇纸（带、绳）法蝇密度调查表

粘蝇纸（带、绳）法蝇密度调查表见表3—3。

表3—3　________室内粘蝇纸（带、绳）法苍蝇监测记录表　　编号　第　　号

监测时间	编号	家蝇	大头金蝇	厩腐蝇	其他	合计	密度指数[只/条(张)]	备注
	1							气温：℃ 风力：级 天气：晴□ 阴□ 多云□
	2							
	3							
	4							
	5							
	合计							
	1							气温：℃ 风力：级 天气：晴□ 阴□ 多云□
	2							
	3							
	4							
	5							
	合计							

密度下降率＝　　　%　　　　　　　　　　调查人：

表3—3中需鉴定蝇种将相应蝇种只数填入对应格中。表中密度指数计算公式如下：

$$\text{蝇密度指数}=\frac{\text{粘捕蝇总数（只）}}{\text{粘蝇纸（带、绳）数量}}$$

2. 目测法蝇密度调查表

目测法蝇密度调查表见表3—4。

表3—4　　________室内目测计数法苍蝇监测记录表

监测时间	气温（℃）	风力（级）	蝇停落总数（只）	密度下降率（%）	备注
					天气：晴 阴 多云
					天气：晴 阴 多云
					天气：晴 阴 多云
					天气：晴 阴 多云
					天气：晴 阴 多云

调查人：

表3—4中不需鉴定蝇种，只需将观察到的蝇停落数记入相应表格中。

操作技能

1. 粘蝇带法

(1) 准备工作

准备工作同前文所述。

(2) 操作步骤

1) 按表格提供的内容将调查地点、时间、编号、气温、风力填入表中。

2) 其他步骤同前。

3) 根据每条粘蝇带上鉴定蝇种的数量分别填入相应表格中。

4) 用计算器算出蝇种的合计及捕获的成蝇的总只数。

5) 按公式计算出蝇密度指数（只/条），填表示例见表3—5。

表3—5　某饮副食商店前厅室内粘蝇带法苍蝇监测记录表　　编号　第1号

监测时间	编号	家蝇	大头金蝇	厩腐蝇	其他	合计	密度指数只/条	备注
2003年5月5日9:00至17:00	1	15	3	2	0	20		气温：23 ℃
	2	13	2	1	0	16		风力：2级
	3	11	4	3	0	18		天气：晴☑
	4	16	5	2	0	23		阴□
	5	20	3	0	0	23		多云□
	合计					100	20	

则蝇密度指数为：

$$蝇密度指数=\frac{粘捕蝇总数（只）}{所使用粘蝇带（条）数量}=\frac{20+16+18+23+23}{5}=20（只/条）$$

2. 目测法

(1) 准备工作

准备记录表格 1 张，其他同前钢笔或签字笔 1 支。

(2) 操作步骤

1) 将表格内容填好，如监测时间、气温、风力、地点、气候，其他同前。

2) 将观察到的蝇停落数进行记录在相应表格中，如蝇停落总数为 27 只，将其填入相应表格中。目测计数法苍蝇监测记录表示例见表 3—6。

表 3—6　　某餐饮店室内目测计数法苍蝇监测记录表

监测时间	气温（℃）	风力（级）	蝇停落总数（只）	密度下降率（%）	备注
2005 年 6 月 10 日 10:00 至 10:15	27	2～3	27		天气：晴 ☑ 阴 多云

注意事项

蝇密度调查方法一旦确定后，中途再调查时不可再更换其他方法。其他条件也应尽量相同，以保持数据的连续性和可比性。

学习单元 4　灭蝇方法的选择

学习目标

◎ 掌握灭蝇方法的选择要点。

◎ 熟悉灭蝇方法的适用范围。

相关知识

1. 灭蝇方法的选择依据

（1）要处理的环境

要处理的环境的状况对选择灭蝇方法甚为重要。

1）了解要处理场所的经营性质、用途，如餐饮、食品行业、托幼机构，在选药方面首先要考虑安全性，对于一般的场所，如地下室或储物间（杂物），若密封条件好，又不能施药，则可选择经济、实用、效果好的烟熏方法。

2）要处理的表面。要察看一下要处理表面的材质和现状。表面是吸收表面、半吸收表面，还是不吸收表面。如是石灰墙，在选择可维持较长药效的杀虫剂剂型时，就应选择可湿性粉剂；如是瓷砖或三合板，选择可湿性粉剂就不合适，应选用胶悬剂、乳油等剂型，但由于瓷砖或三合板表面吸收药液少，在配制药液时，稀释倍数要明显比前者低，才能保证单位面积内有效成分的量。

3）要处理环境内防蝇设施是否健全，是否存在着孳生场所，也是选择灭蝇方法的非常重要的一个因素。防蝇设施不全时，应对其进行完善，并对环境内的孳生场所加以控制。

4）要处理环境的周边环境情况，是否存在着孳生场所对灭蝇方法的选择也有影响。如外环境孳生场所问题严重，则应重点对其进行治理。

（2）蝇密度

蝇密度的大小对灭蝇方法的选择也很重要。如蝇密度不大，则选择一些简单的物理措施即可，如拍打法等，但在防治的同时必须注重防蝇设施的安装；如蝇密度过高，在保证安全的情况下，可采用空间喷雾方法对成蝇进行速杀，为巩固效果，可结合蝇类的习性选用一些滞留喷洒药剂进行喷洒。

（3）现有条件

要处理环境的现有条件，对是否能减少蝇类的侵害及灭蝇效果的长期巩固非常重要。现有条件不好的环境，则首先以治理环境为主（即治本措施）。待环境处理好了之后，也就是铲除了孳生场所后，再进行灭蝇，方可收到满意的效果。

2. 灭蝇方法的选择要点

灭蝇方法的选择要点首先是要注重环境的防制，要指导单位制定完整的清洁制度，包括定期清洁卫生、垃圾的储存、及时清运等，同时注重防蝇设施的添置、完善和日常的维护，在此基础上再运用物理、化学等防制方法进行防制，才能达到目的。

3. 灭蝇方法的适用范围

（1）物理防制

单纯采用物理防制适用于对安全性要求很高而不适用使用化学杀虫剂的地方，如食品加工行业、制药行业、精密电子制造行业等。但如其作为一种灭蝇方法也适用于各种环境下的灭蝇工作，与其他方法结合，发挥整体的综合效应。

（2）化学防制

化学防制见效快，是目前最为常用的方法之一，适用于一些机关、学校、食堂、餐馆、旅店、居民区等场所。使用时应根据要处理的环境，正确选择合适的药剂和剂型。如烟熏剂首要条件为场所的密闭性必须好，所处理的场所安全性能满足条件，并可被客户所接受。在使用喷洒杀虫剂时，应做好防护准备，并严格按照施用剂量进行操作，使用得当，则不会对人体造成伤害。

（3）环境治理及完善防蝇设施

环境治理主要是清除蝇类的孳生场所，控制成蝇类的孳生地是灭蝇的治本措施，在此基础上，注重完善防蝇设施，可起到很好的防制效果。所以可适用于任何单位及场所。

操作技能

1. 勘查灭蝇现场

勘查灭蝇现场主要包括询问、观察、检查等内容，其目的是了解现状，找出造成蝇类增多的主要原因，为科学地制定灭蝇方案提供依据。

（1）询问

1）了解蝇类的侵害情况、活动区域和危害程度。

2）了解要处理场所的卫生制度，防蝇设施，垃圾管理、储存和清运情况。

3）了解要处理场所的结构、布局、面积等。

4）了解场所以往的用药史，用药的品种、频度、剂量和效果等。

（2）观察

仔细查看室内的环境、防蝇设施及周边环境，特别是可能给蝇类提供孳生或栖息的场所及蝇类可能侵入室内的通道。

2. 室内蝇密度调查

根据查看结果选择最适宜的蝇密度监测方法进行密度调查，其目的为：一是根据捕获蝇种的孳生习性，寻找、调查其孳生场所；二是根据密度调查结果选择灭蝇方法及为防治后进行灭效评价提供基本数据。

3. 综合分析

要根据所掌握的情况进行全面分析，通过分析找出问题的关键环节，对症下药，才可取得最佳的防制效果。例如，外环境不好，蝇类孳生场所很多，蝇类大量繁殖，造成成蝇向室内侵入而密度高，则要查明防、灭蝇设施是否存在问题；如室内虽有灭蝇灯，但所起的作用很小，则要查看灯的质量是否有问题，灯管是否失效或长时间未清洁；又如所使用的杀虫药剂效果不佳，则要分析采用的药剂品种是否合适，喷药剂量、施药方法等是否达到要求。

4. 决定灭蝇方法

在调查、研究、综合分析、找出问题的关键后，才能决定灭蝇方法，制定灭蝇方案。制定灭蝇方案的原则应在控制好蝇类孳生地和完善防蝇设施的前提下，采用一些可行的方法对蝇类进行防制。

注意事项

1. 针对性

调查、研究后发现主要问题，并予以重点治理，才可达到事半功倍的效果。

2. 正确性

经一段时期的防制后定期进行效果评估，及时对方法进行完善、补充，确保方案的正确性，才能使灭蝇工作取得显著效果。

3. 强调综合治理

要确保在实施灭蝇方案中始终采用综合治理的措施，即提倡用多种方法同时治理的原则。过分依赖杀虫药剂，搞突击灭蝇，不会有长期性。其原因非常简单，苍蝇本身繁殖能力强，繁殖周期短（条件适宜时 8～10 天 1 代），孳生场所广泛，如灭蝇工作不能坚持，蝇密度很快恢复或超过原先水平。

第 3 节　灭　　蝇

学习单元 1　蝇类孳生地处理

学习目标

◎ 了解处理孳生地的意义。

◎ 熟悉蝇类孳生地的类型。

◎ 掌握处理孳生地的方法。

相关知识

1. 孳生地控制的意义和作用

在蝇类防制工作中，控制蝇类孳生地是防制工作的关键，把蝇类赖以孳生的基础消除或处理好，就从根本上控制住了蝇类的数量。因此，孳生地控制是蝇类防制工作中关键、重要的一个环节。

2. 蝇类孳生习性

孳生物质的种类。通常住区蝇类孳生地可分为：人粪类、畜粪类、腐败动物类、腐败植物类及垃圾类五大类。

不同蝇种生态习性的差异见表 3—7。

3. 蝇类孳生地的处理方法

在蝇类防制工作中，控制孳生场所是最为重要的，而控制孳生场所主要应采取环境治理的方法。

（1）环境治理的方法

1）人粪类

表 3—7　　　　常见蝇种的生态习性

种名	出现季节	成蝇食性	栖息活动场所	孳生场所	越冬形式	越冬场所
家蝇	3月至12月	杂食、偏食饭菜、瓜果、糖料	室内、厨房、食堂及畜圈、禽舍	猪、马、禽粪、垃圾	蛹、少数成蝇，也有幼虫	孳生地附近土壤中、室内厕舍
市蝇	夏、秋	水果、蔬菜	室外、菜市场、水果堆	人粪、畜粪	蛹	人粪堆附近
厩腐蝇	春、夏	畜粪、腐烂植物、瓜果、蔬菜	马、牛、猪圈	畜粪堆、腐烂植物堆	成蝇、蛹	畜舍、人室、畜粪堆、烂草堆
大头金蝇	5月至11月	瓜果、腥臭动物食品	厕所、菜市场、垃圾堆	稀人粪坑	蛹	粪坑周围土中
巨尾阿丽蝇	春、夏及晚秋	半稀人粪、水果、糖料	室外灌木丛中、厕所、垃圾堆	半稀人粪坑、垃圾堆、腐尸	蛹或幼虫、成虫	人粪坑、皮毛堆附近土中
绿蝇	春、夏	动物食品及尸体	菜市场、屠宰厂、皮毛加工厂、垃圾堆	动物尸体、臭鱼、肉、垃圾堆	幼虫、少数为蛹	动物尸骨堆、垃圾堆
黑尾黑麻蝇	盛夏	人粪、腐败植物	室外草丛	人粪坑、酱缸、咸菜、腐肉	蛹	人粪坑、垃圾堆附近土中
厕蝇	春末夏初、晚秋	人粪畜粪及腐败植物	厕所及树荫下	厕坑、鸡粪、腐烂植物中	幼虫	厕坑、畜粪堆、腐烂植物中

①水冲厕所。厕所要有专人管理，厕所周围地面要硬化，厕所门窗要加防蝇设施。

②旱厕改冲水厕所，无条件的要对旱厕进行改良，其基本设计原则为：防止蝇类侵入或飞出；防止成熟的蝇蛆爬出粪坑化蛹；减少臭味；便于清掏粪便或与沼气池连接。在夏秋季节蝇类繁殖盛期，3～4 日内应掏清一次，整个过程应防止粪便洒漏。

③化粪池。化粪池是以旱厕所为主城镇的必须配套设备，一般采用砖、石、水泥修造成三格或多格贮粪池，有进、出粪口，经过发酵、腐熟，粪肥可达到无害化程度，并可做肥料。

2）畜粪类

①花盆、花坛及绿化带施肥引起蝇类孳生。处理的方法为：禁止使用生肥；结合换盆时将孳生的蝇蛆、蛹清除掉；能耐水浸泡的花草，可

将盆花置于水槽中浸泡 2～4 h，可淹死蝇蛆蛹；不耐水浸泡的花草可用 0.1%敌百虫液浇灌。

②小动物巢穴引起蝇类孳生。处理的方法为：在宠物（狗）排便后，要尽快将粪便清除；定期清扫鸽舍、猫窝等小动物巢穴，粪便要做到日产日清。

3）生活垃圾处理

①居民区垃圾处理。可将居民区垃圾通道封堵，并在垃圾门内放置一个垃圾桶。居民楼实行垃圾袋装化，每户将垃圾袋自行提到楼下，放入垃圾桶内，做到每日及时清理。这样可收到很好的效果，消除了大量的蝇类孳生场所。

②垃圾场垃圾处理。通过建造垃圾处理工厂，利用焚烧的办法使垃圾达到无害化；或使用垃圾填埋、堆山方法，控制蝇类孳生场所，同时又可美化环境。

（2）物理灭蝇蛆方法

1）水淹灭蝇蛆。在粪池或粪缸内灌入冷水，水深超出表面 120～150 mm，并随时用竹竿搅拌，使蛆浮出水面，可使蝇蛆死亡率达 95%～100%，此法对灭家蝇蛆效果较好。

2）打捞法。在粪池或粪缸内灌入冷水可使蝇蛆因浸泡上浮，并用网将蛆捞起喂养家禽。

3）高温封肥法。用泥封住堆肥，使其发酵产热、产生有害气体，可将肥中的蝇蛆、蛹杀死。

（3）化学方法

化学药物灭蝇蛆见表 3—8。

表 3—8　化学药物灭蝇蛆的剂量及效果

药物名称	浓度（%）	施药剂量（mL/m²）	24 h 死亡率（%）	备注
敌百虫	0.1～0.2	500～1 000	100	
敌敌畏	0.4	500～1 000	90～100	
杀螟松	0.3	500～1 000	98～100	
倍硫磷	0.1	500～1 000	100	有 7—10 天持效
地亚农	0.5	500～1 000	100	优良杀蛆剂灭
诺毕速灭松*	稀释 100～200 倍	1 000～2 000	90～100	有 7—10 天持效
灭幼脲Ⅰ号	0.000 01	1 000	100	有 28 天持效
灭幼宝	0.5	20	100	有 4 周持效
灭蝇胺	0.01	1 000		有 4 周持效

*胺菊酯 0.5%、杀螟松 5%。

操作技能

1. 化学防制蝇蛆的操作要点和步骤

蝇类孳生地使用化学杀虫剂杀灭蝇幼的方法。

（1）准备工作

1）卷尺或皮尺 1 个。

2）杀虫剂（如 80%杀螟松乳油）1 瓶。

3）50 mL、1 000 mL 量筒各 1 个。

4）背负式喷雾器 1 台。

（2）操作步骤

1）先用皮尺测量孳生地的面积（长×宽）。

2）算出所需药量。所需药量计算公式为：

$$所需药量=\frac{施药剂量\times孳生地面积\times施药浓度}{杀虫剂浓度}$$

如施药剂量为 1 000 mL/m^2，则计算所需药量为：1 000 mL/m^2（施药剂量）×10 m^2（孳生地面积）×0.003（施药浓度）÷0.8（杀虫剂浓度）=37.5 mL。

3）将 80%杀螟松用 50 mL 量筒量至 37.5 mL，打开喷雾筒上盖，将量筒内杀虫剂倒入喷雾筒内。

4）算出加水量。加水量计算公式为：

$$加水量=施药剂量\times孳生地面积-所需杀虫剂量$$

如施药剂量为 1 000 mL/m^2，则加水量应为：1 000 mL（施药剂量）×10 m^2（孳生地面积）－37.5 mL（所需杀虫剂量）=9 962.5 mL。用 1 000 mL量筒分别量 9 962.5 mL 水，倒入喷雾筒内，搅拌均匀。

5）拧紧喷雾筒上盖，握住喷雾筒上的气筒手柄，上下抽动进行打气。打气后，将喷雾筒背上，使喷头对准蝇类孳生地，按动喷雾阀，使筒内的药液全部喷出即可。

2. 对某单位处理孳生地操作实例

（1）现场勘察情况：经勘察某单位垃圾堆为敞开式垃圾池，池内成蝇很多，在池内侧角落的脏泥内发现大量的蛆、蛹。并对其进行蝇蛆密度调查。

（2）先用 0.4%高效氯氰菊酯乳剂，用储压式喷雾器进行表面喷洒，杀灭表面的苍蝇。重点滞留喷洒池边棱角和池的上部，施药剂量为 50 mL/m^2，以保证喷雾的药物有一定的残效作用。

(3) 然后用杀螟松配制成 0.3%浓度以 1 000 mL/m^2 的剂量向孳生物喷洒，喷药时要不时地翻动垃圾，使药液喷洒均匀，充分与蝇蛆接触，发挥其药效。

(4) 与单位沟通协调，建议单位对敞开式垃圾池进行改造，上面要加盖，池内地面要硬化。垃圾要袋装化，防止招蝇及蝇类孳生。

(5) 要保证垃圾日产日清，清除时要彻底，不要留下死角。要健全垃圾管理制度。

(6) 施药后，要对垃圾孳生蝇类情况进行调查，督办提出建议落实情况。

注意事项

1. 喷洒时要选择雾滴为粗雾型且喷雾均匀的喷雾器，喷洒时要不时变换地方，确保药液较均匀地喷洒在整个孳生地上。

2. 尽量要使蝇蛆充分暴露，以提高药效。在喷洒前，可在孳生物上先进行挖掘，使蝇蛆充分暴露后，再进行喷洒，可提高防制效率。在对粪池进行喷洒时，如蝇蛆藏在粪皮下，要揭开粪皮，使蝇蛆充分暴露再喷洒，可明显提高效果。

学习单元 2　防蝇设施的安装方法

学习目标

◎ 熟悉防蝇设施的种类。

◎ 掌握防蝇设施的安装原则。

相关知识

1. 防蝇设施的种类和作用

防蝇设施主要有纱窗、纱罩、纱门、胶帘及风幕机等。安装防蝇设施对防止蝇类的侵入起着重要的作用。据统计，安装了合格的防蝇设施，可阻止60%～70%的蝇类侵入室内。

2. 防蝇设施安装的部位

确定所要安装防蝇设施的位置和正确、合理地安装，对其达到应有的功效有着重要的意义。所以必须按照房屋的结构、布局进行设计，不留空缺。如一家小餐厅，如有条件大门外应有一道缓冲门，两门的入口都要安装门帘；店堂通向操作间的入口、操作间的后门通道要加门帘；所有的窗户都要安装纱窗；通向外部的排风扇要加纱网。如为直接入口的熟食店铺，除在门窗加防蝇设施外，应在出售熟食品的窗口上增加推拉窗户纱网或防蝇。风幕机应安装在公共场所出入口的上方，通过机内的贯流风轮和风叶产生强大的气流，形成一面无形的风门，阻止室外的废气、蚊蝇、尘埃等进入室内。

3. 防蝇设施质量和安装的具体要求

应检验购进防蝇设施的质量。购进的防蝇设施必须符合防蝇的要求，如纱门、纱窗必须与其框架匹配、相互吻合，缝隙不可过大，以防蝇类爬进。胶帘和风幕机应与要安装的门匹配，胶帘的宽度和风幕机吹出的风幅必须大于门洞的宽度，安装的底板必须牢固，防止由于不牢引起意外情况的发生。前者两胶片之间需有大于40 mm的重叠，长度距地面低于5 mm为宜，不可过长或过短。有条件的应在入门处增加缓冲间，并在两口处都安装胶帘，以提高防蝇效果。风幕机的风速应大于7.62 m/s，风口向外倾斜30°。

操作技能

1. 安装胶帘防蝇要点和步骤

（1）准备尺寸合适的胶帘。

（2）测定胶帘的长度和宽度是否合适，准确标出固定胶帘上部的底座固定在门的上框位置。

（3）用螺钉将固定胶帘上部的底座固定在门的上框。

(4) 将胶帘上部横杠凸出的结合部套入在门框上所钉底座的凹槽中。

(5) 调整胶帘。观察胶帘的幅面是否有效地覆盖在整个门框内，左右宽幅要大出门框 50～80 mm，察看胶帘的长度是否合适，胶帘的下端距地面应低于 5 mm，过长或过短都会使防蝇功能下降（见图 3—11）。

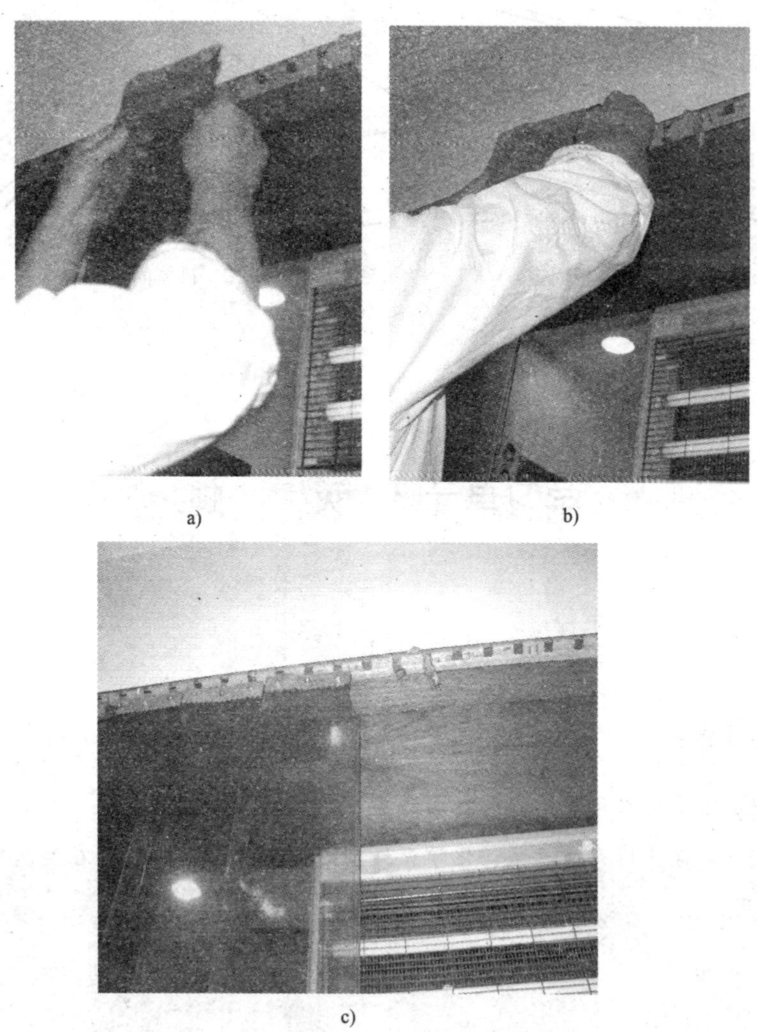

a)　b)　c)

图 3—11　安装胶帘示意图

a) 套入胶帘　b) 依次安装胶帘　c) 安装好胶帘

2. 安装风帘防蝇操作要点和步骤

如安装在混凝土墙上，则操作步骤如下：

(1) 根据安装底板上孔的位置，安排 8 个螺栓（M10×60）的相对尺寸位置，把螺栓预埋在水泥中。

（2）然后将安装底板固定在螺栓上（或直接在混凝土墙上冲孔，再用膨胀螺丝固定），如图 3—12 所示。

（3）待砂浆充分固定，将安装板垫圈固定于螺栓上，如图 3—13 所示。

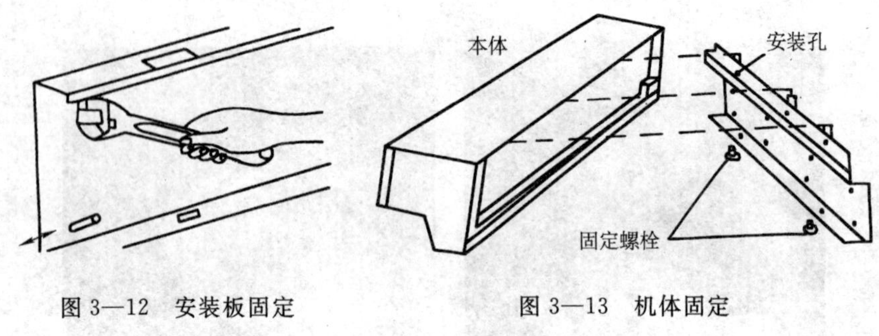

图 3—12　安装板固定　　　图 3—13　机体固定

学习单元 3　灭　蝇

学习目标

◎ 熟悉灭蝇原则，能够在实践中应用。

◎ 掌握使用灭蝇器械、化学灭蝇剂的灭蝇方法，并能够在实践中选择应用。

相关知识

1. 灭蝇基本原则

灭蝇的原则为：对周边外环境的孳生场所进行有效的控制，防止蝇类大量孳生；对要处理场所的垃圾进行有效控制，做到日产日清；地面进行硬化；消除蝇类孳生场所和条件，同时做好场所的防蝇设施。在此基础上结合使用物理、化学方法进行灭蝇，才能取得显著效果。

2. 使用灭蝇器械

灭蝇灯、捕蝇笼（器）的种类、结构、原理、适用范围及安装原则。

(1) 灭蝇灯可分为光诱高压电击式、光诱粘捕式。

1) 光诱高压电击式灭蝇灯。主要由诱虫灯管、交流变压器、两级的格栅网、机壳等组成。蝇类对诱虫灯管有很强的趋向性，蝇飞向灯管时，与带有高压的格栅网相撞，高压电立即将其击毙。大部分此类灭蝇灯底部都有一个接收盘，用来收集电击蝇和其碎片。此类灭蝇灯适用于那些苍蝇碎片散落不会引起问题的区域；同时，因光诱高压电击式灭蝇灯电击苍蝇时会产生爆破的噪声，所以也不适于不能被声音干扰或打搅的区域。

2) 光诱粘捕式灭蝇灯。其主要由诱蝇灯管、捕蝇膜（含有黏性物质及蝇诱引剂）和机壳组成。蝇在其灯管发出的紫外线光的诱引下飞向灭蝇器，位于灯后的捕蝇膜因含有对蝇的引诱剂，蝇迅速被吸引过来并被牢牢粘住。由于在使用时不会产生火花、无噪音、空气尘埃密度的可吸入尘可达到有关国家标准，在使用中灭蝇灯的下方约 1～2 m 半径内无已击毙的蝇虫尸骸或其断肢残翅等，因此，尤其适用于餐饮、熟食、食品加工、制药和烘漆等场所使用。

(2) 电动捕蝇器

由一个带有电机的滚筒、蝇引诱剂及机壳等组。其原理是将家蝇信息素涂在捕蝇器的滚筒上，将成蝇引来，并落在滚筒上，随着滚筒缓慢转动，将落在滚筒上的苍蝇带入捕蝇盒里面，将其捕获。适用于多种场所（如办公室、餐馆行业、食品加工行业等室内）的灭蝇（见图 3—14）。

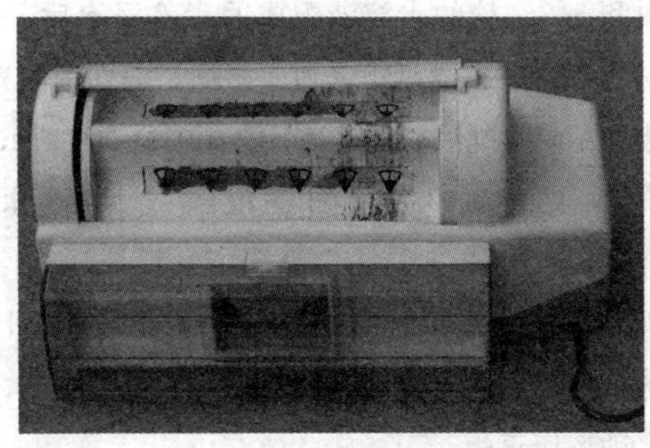

图 3—14　电动捕蝇器外形图

(3) 捕蝇笼

现市售的捕蝇笼主要由圆柱形纱窗网、倒漏斗形纱网、两个圆圈形骨架、诱饵盘及 3 根立柱组成（见图 3—15）。

a)

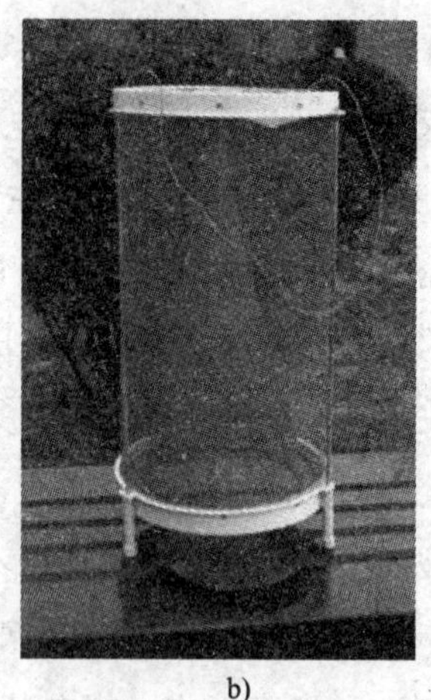
b)

图 3—15　可折叠式圆形天幕式捕蝇笼

a）黄色　b）绿色

3. 使用化学灭蝇剂

（1）毒饵灭蝇

灭蝇毒饵是将胃毒作用强的杀虫剂掺入蝇类所喜食的诱饵中制成的。

1）1%敌百虫糖液。含敌百虫 1%和红糖 5%的水溶液，将毒液倒在浅盘内，约 10～20 mm 深，然后将面包渣、米饭或粗锯末浸入毒液中，使其稍露出液面。放置在蝇经常活动的地方，如在天凉时，应放在室内有阳光处。

2）1%～2%敌百虫颗粒状毒饵。将锯末、麸皮、玉米粒等用含 1%～2%敌百虫和 5%红糖的水溶液配成的毒液浸泡后，晾干，装在容器内备用。用时将毒饵放在浅盘中，加水湿润，放在有阳光处。

3）0.03%溴氰菊酯毒蝇液。将溴氰菊酯 0.03%、红糖 10%、酵母浸汁 1%、粪臭素 0.02%、乙醇 0.5%和淀粉 5%混合，然后加上水，用法同上。

（2）毒蝇绳灭蝇

毒蝇绳灭蝇是根据家蝇、厩腐蝇、厕蝇喜欢在绳索上栖息的习性，用残效期较长的杀虫剂制成毒蝇绳。此法灭蝇简单、省药，灭蝇效率高，适用于室内外多种场所灭蝇。

1）用 0.1%有效浓度的凯素灵水悬剂浸泡直径 3～5 mm 左右的线绳、麻绳或尼龙绳，30 min 后取出晾干备用。

2）0.2%有效浓度的奋斗呐水悬剂浸泡直径 3～5 mm 左右的线绳、麻绳或尼龙绳，晾干备用。

3）0.6%有效浓度氯氰菊酯乳剂浸泡直径3～5 mm左右的线绳、麻绳或尼龙绳，晾干备用。

使用方法：将毒蝇绳垂直或横拉在畜圈、禽舍、室内厕所、厨房、食堂或宿舍内，垂直悬挂在天花板上，下端离地面2.0～2.5 m，横拉毒绳距顶棚300 mm左右，最好不靠近四壁。毒绳残效期可保持2～3个月左右，失效后可再浸药悬挂。

（3）滞留喷洒灭蝇

滞留喷洒是将残效期长的杀虫剂喷洒在苍蝇栖息场所，以保持较久的杀虫效能。滞留喷洒灭蝇药物及用量见表3—9。

表3—9　　滞留喷洒灭蝇药物及用量

药物名称	剂型	单位面积用量（mg a. i/m²）	残效期（月）
三氯杀虫酯	乳剂	1 000	1
倍硫磷	乳剂	200	0.5～1
甲基吡啶磷（加强蝇必净）	可湿性粉剂	125～150	2
高效氟氯氰菊酯（拜虫杀）	悬浮剂	10～25	2
氟氯氰菊酯（杀飞克）	可湿性粉剂	10～20	2
三氟氯氰菊酯（大灭）	微胶囊悬浮剂	10～20	2
三氟氯氰菊酯（爱克宁）	可湿性粉剂	10～20	2
氯氰菊酯（灭百可）	乳剂	30～40	2
α一氯氰菊酯（都灭、奋斗呐）	悬浮剂	15～20	2
溴氰菊酯（凯素灵）	可湿性粉剂	10～20	2

1）畜圈、禽舍灭蝇。对畜圈、禽舍的天棚，垃圾箱的内上盖和外壁可选用5%的奋斗呐，配成0.04%有效浓度的水悬剂，采用储压式喷雾器（如hudson sprayer）喷洒天棚，用量为50 mL/m²。也可用2.5%凯素灵，配成0.02%有效浓度的水悬剂，按50～100 mL/m²用量喷洒；对室外厕所的玻璃窗、纱窗也可选用上述杀虫剂进行涂刷。

2）室内灭蝇。对前厅、走廊的照明灯具和灯线、房梁的下角处用0.06%有效浓度的奋斗呐水悬剂按30～50 mL/m²的用量喷洒，对纱窗、纱门应全部涂刷；对不经常打开的玻璃窗的玻璃与窗框衔接处的四周边缘，用0.06%有效浓度的奋斗呐或凯素灵以及0.8%有效浓度氯氰菊酯乳剂进行涂刷，药膜宽度在30 mm左右；对雨水淋过的纱窗纱门要及时补刷。

3）孳生场所与室内滞留喷洒灭蝇时间。在当地蝇类繁殖盛期到来前进行药物灭蝇，一般南方在四月下旬至五月上旬，北方在五月下旬至六月上旬。首次用药后可根据滞留性杀虫剂的残效时间（一般 1.5～2 个月后）再重复用药。

4）树木灭蝇。对距房舍较近蝇类易栖息的树木、灌丛、树墙，特别是有蚜虫发生或分泌甜汁的树丛（如福建茶、毛竹、龙眼、芒果、毛桃、猴叶榕、云杉、侧柏、丁香、糖槭和榆树等）用 0.4%有效浓度的高效氯氰菊酯乳剂喷洒，一般在无雨天气的傍晚进行喷洒。也可用超低容量喷雾器喷洒强力除敌（溴氰菊酯 2.45% S—生物丙烯菊酯 2.0%），均可杀灭树木花草中栖息的大量苍蝇。

（4）药物速效灭蝇

速效灭蝇是应用杀虫药械在短时间内（20 min 内）杀灭室内或外环境的苍蝇。此法多用于突击灭蝇和疫情发生时的现场处理。

1）5%杀飞克水乳剂加水稀释到 0.1%～0.25%，用超低容量喷雾器向室内空间喷洒。

2）4%二氯苯醚菊酯乳剂，用量为 0.2 mL/m³，用超低容量喷雾器向室内空间喷洒，关闭门窗，20 min 可杀死室内全部苍蝇。

3）强力除敌（溴氰菊酯 2.45%S—生物丙烯菊酯 2.0%）。室内用量为 0.1 mL/m³，应用各种超低容量喷雾器向室内空间喷雾，20 min 杀死室内全部苍蝇。孳生场所施药剂量为 0.6 mL/m²。

4）0.4%高效氯氰菊酯乳剂。可用于垃圾、粪堆灭成蝇，用量为 30～50 mL/m²，用储压式喷雾器，表面喷洒。

作为野外速效灭蝇的药物还有敌敌畏、敌百虫、喹硫磷等。此外，目前市场上出售除害药物，多数以拟除虫菊酯复配成酊剂、油剂、乳剂等剂型。对蝇类杀灭效果较好，可根据具体情况选择使用。

操作技能

1. 化学灭蝇剂的施用

（1）灭蝇剂稀释

1）工具准备。计算器 1 台、量筒 1 个、1 000 mL 搪瓷筒 1 个、乳胶手套 1 双、记录本 1 个。

2）操作步骤

①先根据用药情况计算药物的使用剂量或稀释倍数。

如现有 20%林丹乳油，要配成 0.1%药液进行灭蝇，则稀释倍数为：

$$稀释倍数=\frac{所使药剂浓度}{要配浓度}-1=\frac{20\%\ (0.2)}{0.1\%\ (0.001)}-1=199\ (倍)$$

要配成 0.1%林丹药液，需将 20%林丹乳油稀释 199 倍，即 1 份药加 199 份水。

如配制 4 000 mL 林丹药液（0.1%），即用 20 mL 林丹乳油（20%）加入 3 980 mL 水即可。

②配药步骤。戴上防护镜及乳胶手套，将乳油瓶盖打开，向 50 mL 量筒内倒入 20 mL 林丹乳油（20%），将乳油倒入喷雾桶药箱内。用 1 000 mL搪瓷筒分别测量 4 次，共量出 3 900 mL 水倒入喷雾桶药箱内，再用 50 mL 量筒分 2 次量出 80 mL 水倒入喷雾桶药箱内。

（2）药物喷洒

将药箱盖拧紧，上下抽动打气筒进行打气，打足气后，将喷头对准要处理的地方，按动阀门，雾滴即从喷头喷出（在喷雾器使用前，要进行试喷，检查在连接及接口处是否漏水）。

（3）灭蝇饵剂的配制及布放

1）工具准备。10 mL 量杯、1 000 mL 搪瓷筒、红糖、米饭、10%奋斗呐胶悬剂、天平、玻璃棒。

2）配制步骤

①将 10%奋斗呐胶悬剂倒入 10 mL 量杯至 8 mL 标记处，将药倒入搪瓷筒内。

②用天平称取 50 g 红糖倒入搪瓷筒内。

③用水反复清洗 10 mL 量杯并用玻璃棒搅拌残存的药液，再将量杯内的冲洗液倒入搪瓷筒内，直至量杯上的药液用水冲净。再将水加至搪瓷筒内壁 1 000 mL 标记处，用玻璃棒搅拌均匀。

④将搅拌均匀的药液倒入装有米饭的浅盘内，使米粒稍露出液面。

3）布放灭蝇饵剂。在将毒饵盘分别放置有阳光处或蝇类经常活动的地方。布放毒饵时，要将其他位置引诱蝇类的食物隐蔽起来，可增加灭蝇效果。

2. 物理灭蝇器械的使用

（1）灭蝇灯的安装要点和步骤

1）选定位置。应沿着通道或各入口处进行安装，同时要避开阳光直射处和钠蒸气灯或水银灯，灯的高度应距地面 1.5～2 m 处，两灯的间距不应超过 15 m。

2）所需工具及步骤

①按所定的位置用铅笔标出所需打孔的位置。

②在孔上固定带有挂钩的胀管。

③根据诱蝇灯高度裁剪链条长度，并将其固定在电击式诱蝇灯（见图 3—16）上。

④链条中间套在挂钩上。

⑤最后调整灯的位置。

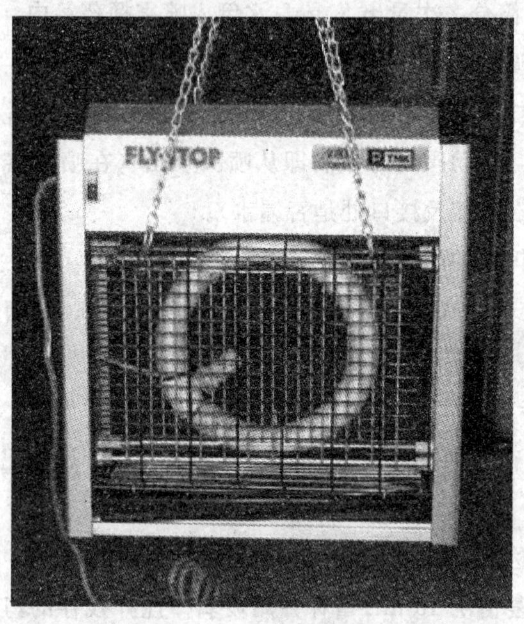

图 3—16　电击式诱蝇灯

（2）捕蝇笼（器）的布放要点和步骤

1）准备工具

①可折叠式捕蝇笼数个。

②可根据当地优势蝇种选择诱饵，也可就地取材。

③杀虫药剂或开水。

2）操作步骤

①先将折叠式捕蝇笼组装成型。

②将捕蝇笼分别放置诱捕地方，如在天凉时，应放在较暖和背风处；

在天气炎热时，要放在阴凉处。但如是常年密度调查，一旦监测位置确定，中途不得随意变换。

③将诱饵倒入诱饵盘中加入适量水。

④将诱饵盘放在捕蝇笼下面中央部位。

⑤根据需要放置一定时间，进行诱捕。

⑥诱捕结束后，应将诱饵盘拿下。

⑦用开水或用杀虫剂将捕获成蝇杀死。

⑧将诱蝇笼内的倒漏斗形纱网取出，将死蝇倒出，再将倒漏斗形纱网复原。

⑨将诱饵盘放置于捕蝇笼下中央部位，继续诱捕。

注意事项

1. 选择化学灭蝇剂要本着安全、经济、有效、方便的原则。在外环境施药，可选择价格比较便宜，击倒、致死较高的有机磷类杀虫剂。在室内，除使用物理方法灭蝇外，也可辅助使用一些高效低毒的拟除虫菊酯类杀虫剂，具体的剂型还要根据所处理的表面的性质来选择：如吸收表面（石灰墙、水泥墙、砖墙等）应选用可湿性粉剂；半吸收或不吸收表面（三合板、瓷砖等）应选用悬浮剂、乳油、微胶囊等。严禁长期、单一地使用一种杀虫剂灭蝇，以防止蝇类抗药性的产生和发展。

2. 毒饵一旦布放，就应有专人管理，防止儿童接触和误服。使用者应熟悉毒饵的有效成分，一旦有误食现象发生，使用者应尽快通知医疗部门，以采取正确的抢救方法。毒饵的有效期根据其使用的有效成分不同而有差异。使用者要定期更换并对残饵进行妥善处理。

3. 使用灭蝇灯仅是蝇类防制措施的一个组成部分，同时还需要配合其他的有效措施，采用综合的防制措施，才可取得好的效果。灭蝇灯的灯管需要定期更换，一般连续使用6个月时，应更换新灯管，因为此时紫外光波的照射强度已衰减了一半以上。

4. 要随时观察使用中的诱蝇笼，发现捕获成蝇数量多后，要及时清理。诱饵要定期及时更换并妥善处理，防止其成为新的孳生物，造成蝇类孳生。

第4节　效果评估

学习目标

◎ 熟悉记录并计算蝇密度下降率的方法，达到能记录和计算的要求。

◎ 掌握效果评估方法，能够在实践中对效果进行评估。

相关知识

1. 蝇密度下降率记录、计算方法

在采取控制措施前后应以同样的方法（如笼捕法、粘捕法、目测法等）测定蝇密度，并详细记录测定数据，按照公式计算密度下降率。

$$密度下降率（\%）=\frac{处理前密度-处理后密度}{处理前密度}\times 100\%$$

2. 灭蝇效果评估方法

(1) 根据控制要求设定密度下降率指标（如95%或90%以上），进行效果评估。在进行滞留性喷洒时，常以75%以下的密度下降率作为失效或再次进行喷洒的指标。

(2) 如灭蝇范围较大时，可根据是否达到有关标准进行评估。灭蝇工作以国家或地方有关部门制定的标准作为控制的指标及考核的依据。

(3) 要征求客户的意见，在评估时进行参考。

操作技能

1. 选点

用密度调查的方法进行效果评估方法较简单，但由于密度监测的方法不同，只有选择合适的点位进行调查，所获的数据才能较客观地反映出实际情况。如使用粘蝇带法进行密度调查，要顾及到处理环境的不同方位（如东、西、南、北、中）；如使用目测法在天气较冷的情况下，要选择有朝阳靠近窗户的位置进行调查。

2. 灭前调查

选择好了点位和密度调查方法，就可用上述的操作方法进行调查。调查时应认真负责，严格按照操作规范进行，尽量排除其他因素的干扰。

3. 定方法、定点、定时

在密度调查时，要尽量消除各种因素对调查数据的影响，同时要根据现场环境选择调查方法、地点、时间，如若采用目测法等由于不同人进行调查可能造成误差的方法时，调查人员还应固定。

4. 调查并记录

每次密度调查要按规定的时间严格执行，每次调查后，要做详细记录，其中包括调查方法、地点、时间、气候、天气状况、捕蝇数量及蝇种等。

5. 灭后调查

经过灭蝇处理后的一段时间内，应根据需要或合同要求，按照灭前调查的方法进行再次调查，其调查数据可作为评价效果的基础数据之一。

6. 同方法、同点、同时

在调查中要严格执行“三同的原则”，在采用目测法等人为因素对数据影响较大时的方法时，还应做到同人。

7. 调查并记录

详细记录调查结果，在同地点进行灭前、灭后调查时，尽量使用一张表格，便于统计分析。

8. 统计分析

将灭前、灭后的数据进行统计分析，可按下面公式进行计算，求出密度下降率。如某场所在灭前测定密度为 100 只/条，在灭蝇后其密度为 2 只/条，则其密度下降率为：

$$\text{密度下降率（\%）}=\frac{\text{处理前密度}-\text{处理后密度}}{\text{处理前密度}}\times 100\%$$

$$=\frac{100-2}{100}\times 100\%=98\%$$

9. 效果评估

目前国家尚未有相应的标准，一般来说，密度下降率高于 95%时为好，高于 90%为较好。如在大面积灭蝇时，可参照全国爱卫办全爱卫发(1997) 第 5 号文关于《灭鼠、蚊、蝇、蟑螂标准》规定的灭蝇标准，重点单位有蝇房间不可超过1%；其他单位不超过3%，平均每阳性房间不超过3只；加工、销售直接入口食品场所不得有蝇。

注意事项

1. 排除干扰因素

在评估中，应尽量进行综合考虑，在调查时，应错开特殊情况的影响，排除干扰因素。

2. 及时记录统计

在调查中要尽量及时对调查时的数据及各方面因素进行记录，以便出现反常情况，便于进行分析，及时找出原因。

本章思考题

1. 蝇蛆的类型有几种，写出其名称？
2. 家蝇的蝇蛆是什么形状？
3. 成蝇标本采集的方法有几种？
4. 简述用笼诱法进行成蝇标本采集的步骤？
5. 标本采集后要进行详细记录的内容？
6. 请说出室内密度调查的几种方法？
7. 简述应用粘蝇纸（带、绳）法进行密度调查的操作步骤？
8. 密度调查的注意事项有哪些？
9. 简述蝇类密度调查的意义？
10. 采用目测法或粘蝇纸法进行密度调查时所填写的表格是否相同，为什么？
11. 在填写表格时，为什么要把气候条件填入表格中？
12. 选择灭蝇方法主要依据哪几个方面？
13. 选择杀虫剂剂型时，应注意哪些方面？
14. 处理孳生地在灭蝇工作中有何意义？
15. 蝇类的孳生地有几类？
16. 防治孳生地中的蝇幼有哪几种方法？
17. 在施药防治蝇幼时应注意什么事项？
18. 举例说明防蝇设施有哪几种？

19. 在安装防蝇设施前，要从哪些方面做好工作才能收到明显的效果？

20. 灭蝇器械有几种，请举例说明？

21. 使用捕蝇笼灭蝇时的注意事项有哪些？

22. 哪些场所适用于光诱粘捕式灭蝇灯？

23. 如何计算密度下降率，请举实例说明。

24. 在进行成蝇密度调查时，应注意哪些方面？

25. 简述灭蝇效果评估的方法。

第4章 蚊类防制

第1节 蚊类的识别

学习目标

◎ 熟悉蚊类的基本形态特征，正确识别白纹伊蚊和淡色库蚊。

◎ 能够识别蚊类孳生地类型。

相关知识

1. 蚊虫的基本生物学和形态特征

(1) 蚊类和其他昆虫的辨别

昆虫的身体分为头、胸、腹 3 个部分。头部具有口器和 1 对触角，是昆虫取食与感觉的中心；成虫的胸部具有 3 对足和两对翅。蚊虫是昆虫属于双翅目的长角亚目（NEMATOCERA）的蚊科（Culicidea）。蚊虫与其他昆虫相对容易区分，它们是小型昆虫，体长在 5～15 mm 之间。成蚊的身体分为头、胸、腹 3 个部分，其后翅变成为一对平衡棒。一般人们经常会把摇蚊当成蚊虫，摇蚊成蚊在外表上与蚊虫相似，黄昏时摇蚊在一起成群飞舞，进行交配，有时数量会很大，看上去像黑烟一样。

蚊虫和摇蚊都是双翅目的类群，但是摇蚊没有刺吸式的口器，不会叮人（见图 4—1、图 4—2）。

图 4—1　摇蚊

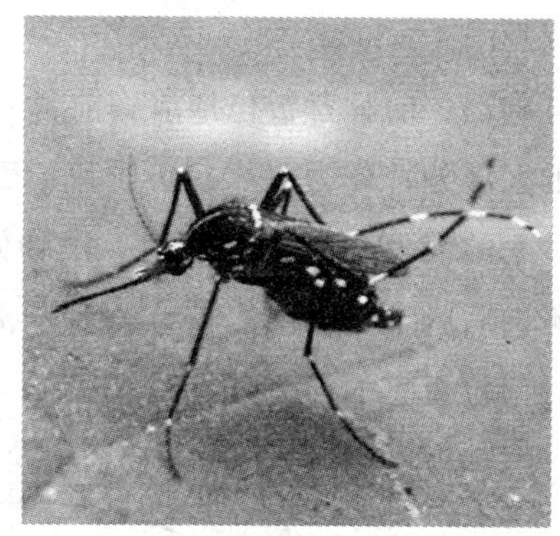

图 4—2　蚊虫

(2) 蚊虫的基本形态

1) 成蚊（见图 4—3）。头：头部近球形，两侧有一对很大的复眼。

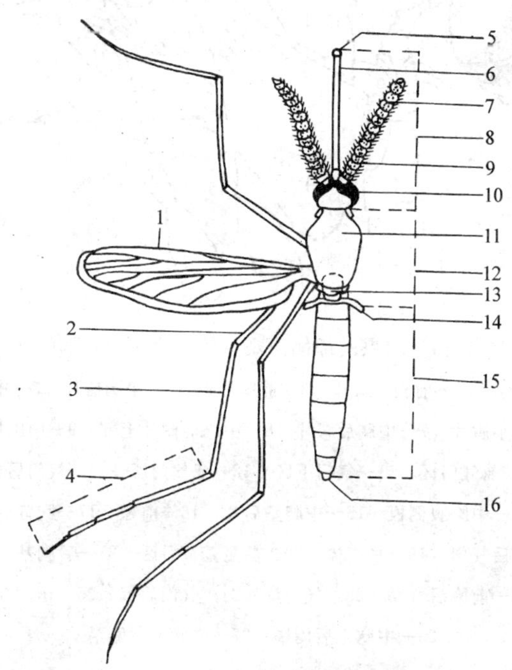

图 4—3　蚊虫的全图（仿陆宝麟等，2003）

1—翅　2—股节　3—胫节　4—跗节　5—唇瓣　6—喙　7—触角
8—头部　9—触须　10—复眼　11—中胸盾片　12—胸部
13—中胸小盾片　14—平衡棒　15—腹部　16—尾突

触角：着生在头部，由 15～16 节组成，从基部依次为柄节（第 1

节）、梗节（第 2 节）和鞭节（第 3 至 15 或 16 节），各鞭节的分节都有一圈轮毛，一般情况下，雄蚊触角的轮毛密而长，而雌蚊的轮毛则疏而短（见图 4—3）。

胸部：前胸背板包括前胸前背片和前胸后背片；中胸背板几乎占胸背的大部分，分为盾片、小盾片、后背片，中胸侧板同样占胸侧的大部分，它的前上方有中胸气门，中胸侧板包含中胸前侧片和中胸后侧片；后胸的后胸背板的两侧具有一对平衡棒，后胸侧板与后胸背板相连，后胸气门位于它的前方（见图 4—4）。

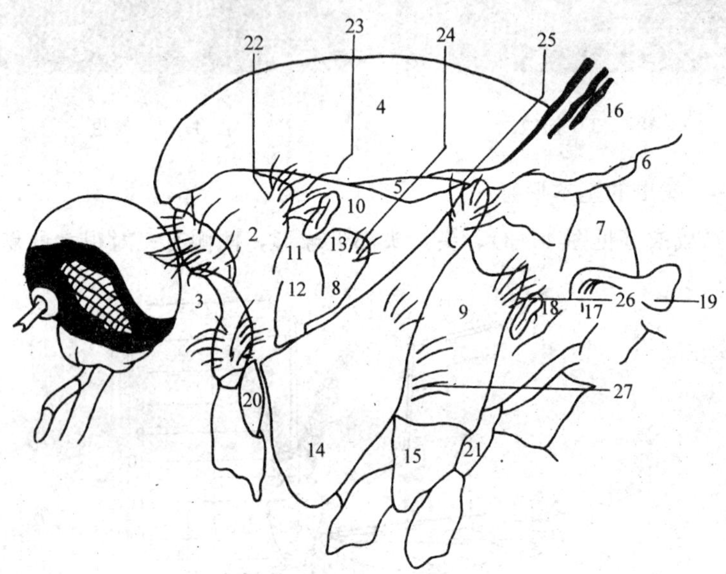

图 4—4　蚊虫胸部侧面观（仿陆宝麟等，2003）

1—前胸前背片　2—前胸后背片　3—前胸侧板　4—中胸盾片　5—中胸侧背片
6—中胸小盾片　7—中胸后背片　8—中胸前侧片上部　9—中胸后侧片
10—前气门区　11—气门下区　12—亚气门区　13—气门后区
14—中胸腹侧板　15—中胸基后片　16—前翅　17—胸背板
18—后气门　19—平衡棒　20—前足基节后区　21—后胸基后片
22—前胸后背鬃　23—气门鬃　24—气门后鬃　25—翅前鬃
26—中胸上后侧鬃　27—中胸下后侧鬃

翅：蚊虫的翅脉比较简单，翅脉的命名见图 4—5a 所示。在一些蚊虫的翅上有翅鳞形成的暗斑或白斑，其命名如图 4—5b 所示。

足：细长，从基部分为基节、转节、股节、胫节和跗节 5 部分，跗节又分成 5 节，称为跗节 1～5 节。跗节 5 末端着生有爪垫（见图 4—3）。

腹部：由 10 节组成（见图 4—3）。

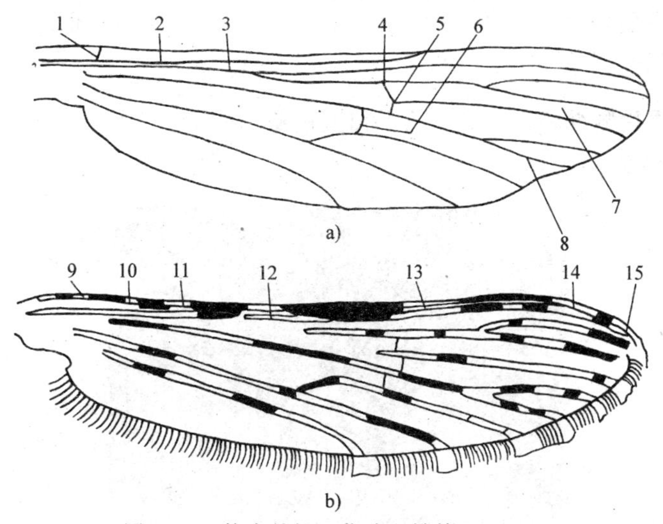

图 4—5　蚊虫的翅（仿陆宝麟等，2003）

a）翅脉脉序　b）翅脉白斑

1—脉　2—前缘脉　3—亚前缘脉　4—分横脉　5—前横脉　7—前叉室

8—后叉室　9—膊前斑　10—膊白斑　11—分脉前白斑　12—分脉白斑

13—亚缘白斑　14—端前白斑　15—端白斑

2）幼虫。由头、胸和腹组成。胸部由前胸、中胸和后胸愈合而成。腹部有 10 节（见图 4—6）。

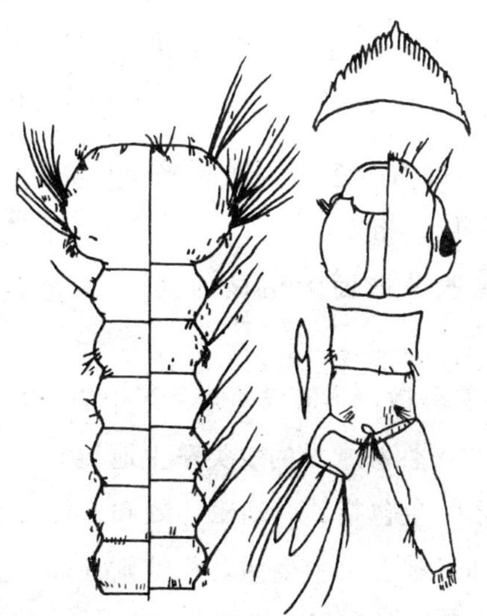

图 4—6　蚊虫的幼虫（仿陆宝麟等，2003）

2. 白纹伊蚊和淡色库蚊（或致倦库蚊）的形态识别

（1）白纹伊蚊［*Aedes*（*Stegomyia*）*albopictus* Skuse］（见图 4—7）

1）足有白环的黯黑或深褐小型或中型蚊虫。

2）中胸盾片有一中央白纵条，但盾角并区和盾角区无白线或白斑。

3）盾片侧缘翅基前有一簇平覆宽白鳞。

4）后背片呈山峰状。

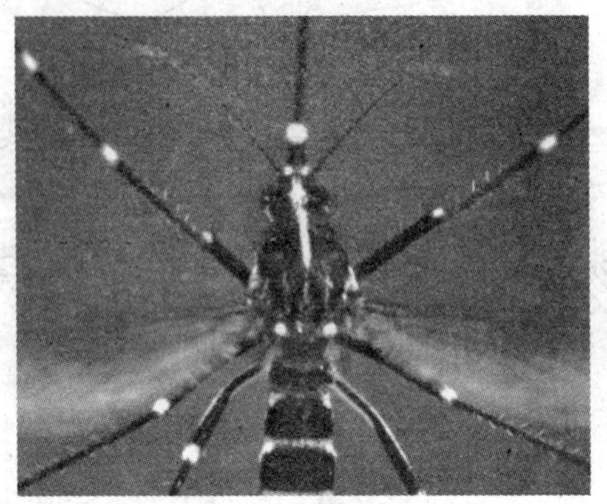

图 4—7 白纹伊蚊的中胸盾片的白色纵条

（2）淡色库蚊［*Culex*（*Culex*）*pipiens pallens* Coquillett］（见图 4—8）

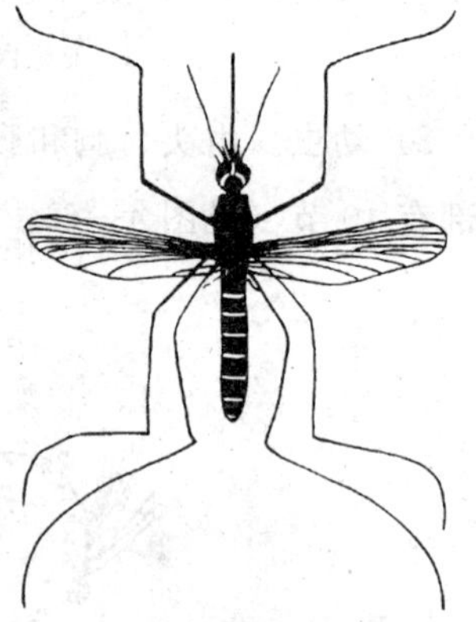

图 4—8 淡色库蚊

1）跗节末端有发达的爪垫（后足的比较清楚，库蚊属特征）。

2）喙和跗节无白环，但喙腹面可有淡色区。

3）腹节 2～7 基部有淡色带，通常平齐或微凸或微凹，和侧板相连。

4）中足和后足股节前面无明显的淡色带。

5）中胸侧板鳞簇分散，不形成两暗色区中的一短横白带。

3. 蚊幼虫的孳生习性和常见的蚊类孳生地类型

（1）蚊虫的整个一生包括卵、幼虫、蛹和成蚊四个阶段。蚊虫的卵在水中孵化，幼虫和蛹都在水中生活，成蚊则在陆上生活，因此它们的生理、生态特征都有很大的不同（见图 4—9）。

（2）雌蚊选择产卵地点对蚊虫的生存来说是一个至关重要的行为。雌蚊根据视觉和嗅觉刺激寻找到合适的积水，根据化学和物理刺激确定水质，然后选择适宜种群生长需要的产卵地点，即蚊虫的孳生地。

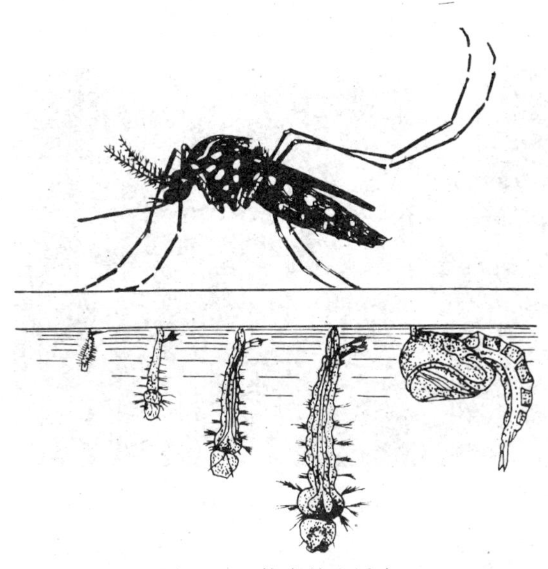

图 4—9　蚊虫的生活史

(3) 雌蚊将卵产在水体中或能够被水淹没的地方，依种类不同每次一只雌蚊可产 50～500 个卵。多数蚊种是以产单个卵的方式产卵，按蚊属种类的产卵方式是将卵单个产在水中，而库蚊在水中产出的卵会黏成卵块，有些伊蚊属的种类将卵单个产在人工或自然容器中，卵多黏集在水平线潮湿的内壁。

有些蚊种如白纹伊蚊在温带地区的冬季，遇到低温和干旱，卵就进入滞育状态。昆虫的滞育是指临时性的停止发育和活动，以适应不利的环境条件。但白纹伊蚊的滞育卵遇到水后，在适宜的温度下，通过水中溶解氧溶度下降的刺激，卵就会孵化成幼虫。

(4) 蚊虫幼虫虽然都生活在水中，但孳生的水体类型不尽相同。我国重要媒介蚊虫的孳生地划分为下列 6 个类型：

1) 田塘型。主要孳生在稻田、沼泽、人工湖、各类池塘等大型或较大积水场所（见图 4—10）。中华按蚊、嗜人按蚊、三带喙库蚊是本型代表蚊种。

2) 缓流型。主要孳生在小溪、沟渠等缓流中（见图 4—11）。微小按蚊是这个类型的代表蚊种。

3) 丛林型。主要孳生在丛林或山麓灌木隐蔽下的石穴、溪床积水等小型积水中。大劣按蚊是这个孳生类型的代表蚊种。

4) 坑洼型。主要孳生在坑洼，尤其是污染的积水中（见图 4—12、图 4—13）。淡色库蚊和致倦库蚊是这个类型的代表。

图 4—10　田塘型

图 4—11　溪流型

图 4—12　坑洼型

图 4—13　下水道口

5）容器型。主要孳生在人工或植物容器积水中。如埃及伊蚊和白纹伊蚊是这个类型的代表。白纹伊蚊在我国分布在辽宁省沈阳以南，西北达陕西省的宝鸡，西南到西藏。但以北纬 34°以南为普遍。它主要孳生在人工和植物容器中，人工容器如各类缸、罐、坛、盆、瓶以及轮胎等。植物容器如竹筒、叶腋、树洞等（见图 4—14、图 4—15、图 4—16、图 4—17、图 4—18）。

图 4—14　容器积水

图 4—15　容器积水

图 4—16　植物容器竹筒积水

图 4—17　植物叶腋积水

6）地下空间积水型。目前我国仅发现骚扰库蚊冬季在地下室或地下暖气沟漏水形成的积水孳生（见图 4—19）。

图 4—18　植物容器积水

图 4—19　地下封闭积水

操作技能

1. 辨别蚊虫和摇蚊

（1）工具准备

1）捕虫网。可购买，捕虫网规格：用 60 目绢纱制成的口径 200 mm，深 600 mm，末端钝圆的圆锥形网，网柄长 700 mm。

2）氯仿麻醉瓶。将棉球浸泡氯仿，然后将其放于在有磨砂口带塞的广口瓶中。

3）放大镜。

（2）操作步骤

1）选择蚊虫和摇蚊群舞的黄昏时间挥网。

2）采集者手持网柄，伸直胳膊呈“∞”形挥网，以 50 次/min 的频率挥动捕虫网，挥网 5 min 为一计量单位。

3）挥网后，用力快挥 3～4 次，使捕捉的蚊虫或摇蚊集中网底，然后迅速将网末端塞入麻醉瓶内约 10 min，以毒杀蚊虫。

4）将毒杀后的标本取出，倒于白色塑料布上检取。

5）使用放大镜观察采集到的双翅目昆虫，通过观察口器的类型辨别摇蚊和蚊虫。

（3）注意事项

应保管好麻醉瓶，防止丢失。

2. 辨别白纹伊蚊和淡色库蚊

（1）工具准备

白纹伊蚊和淡色库蚊的成蚊标本、放大镜、台灯、软木塞或橡皮塞。

（2）操作步骤

1）辨别白纹伊蚊的成蚊

①取出蚊虫标本。

②用手捏住标本的 1 号昆虫针的顶端，轻轻地将蚊虫标本插在软木塞或橡皮塞上。

③用肉眼或放大镜观察白纹伊蚊的中胸盾片。若发现中央有一纵向的白条，即为白纹伊蚊。

2）淡色库蚊的成蚊

①取出蚊虫标本。

②用手捏住标本的 1 号昆虫针的顶端，轻轻地将蚊虫标本插在软木塞或橡皮塞上。

③用放大镜观察后足跗节末端有发达的爪垫。

④用放大镜观察喙和跗节无白环，喙腹面有无淡色区。

⑤肉眼观察腹节 2～7 基部有无淡色带，通常平齐或微凸或微凹，和侧板相连。

（3）注意事项

蚊虫标本易损坏，应轻拿轻放。

3. 识别蚊类的孳生地

（1）工具准备

手电筒、500 mL 标准水勺、吸管。

（2）操作步骤

1）田塘型实地调查

①在蚊虫活动的季节里，调查一般在北方地区选择 7—8 月份，在南方地区选择 4—9 月份为宜。

②携带上述工具去稻田、沼泽、人工湖各类池塘等大型或较大积水场所。

③在水体边蹲下身用目测观察有无蚊虫幼虫。

④用 500 mL 标准水勺沿水体边缘，沿水面水平方向取水。

⑤然后再用 500 mL 标准水勺沿水体边缘，向下捞取水。

⑥观察水勺中有无蚊虫的幼虫。

2）缓流型实地调查

①在蚊虫活动的季节里，调查一般在北方地区选择 7—8 月份，在南方地区选择 4—9 月份为宜。

②携带上述工具去小溪、沟渠等缓流。

③在水体边蹲下身用目测观察有无蚊虫。

④用 500 mL 标准水勺沿水体边缘，水面水平方向取水。

⑤观察水勺中有无蚊虫的幼虫。

3）丛林型实地调查

①在蚊虫活动的季节里，调查一般在北方地区选择 7—8 月份，在南方地区选择 4—9 月份为宜。

②携带上述工具去丛林或山麓灌木，寻找隐蔽的石穴、溪床积水等小型积水。

③用目测观察的方法观察有无蚊虫幼虫。

④用吸管吸取积水，观察有无蚊虫幼虫。

4）坑洼型实地调查

①在蚊虫活动的季节里，调查一般在北方地区选择 7—8 月份，在南方地区选择 4—9 月份为宜。

②携带上述工具去有坑洼积水的地方，如污水沟等。

③用目测观察的方法观察有无蚊虫幼虫。

④然后再用 500 mL 标准水勺沿水体边缘向下捞取水，观察有无蚊虫幼虫。

5）容器型实地调查

①在蚊虫活动的季节里，调查一般在北方地区选择 7—8 月份，在南方地区选择 4—9 月份为宜。

②携带上述工具去有容器积水的地方，如废旧轮胎堆放地、各类缸、罐、坛、盆、瓶存放地，植物容器如竹筒、叶腋、树洞等。

③用目测的方法或用吸管吸出容器中的水，如光线暗，可用手电筒照明观察。观察有无蚊虫的幼虫。

6）地下空间积水型实地调查

①在蚊虫活动的季节里，全年都可以，特别是冬季为宜。

②携带上述工具去有地下积水的建筑，如地下室、地下暖气沟等。

③用 500 mL 标准水勺沿水体边缘向下捞取水。

④观察有无蚊虫幼虫。

注意事项

1. 由于蚊虫的孳生水体中有时蚊虫幼虫的龄期较低，体型很小，不易发现，因此应仔细观察。

2. 调查中，由于孳生地附近可能会有较高的成蚊密度，因此应注意个人防护，要涂抹蚊虫驱避剂。

第 2 节　蚊类侵害状况调查

学习目标

◎ 掌握蚊类幼虫的采集和调查方法，能够采集和保存幼虫。

◎ 能够熟练填写幼虫密度调查表，掌握灭蚊方法的选择和适用范围。

相关知识

1. 幼虫的采集和调查方法

蚊虫的密度监测是蚊媒病预警和预防、蚊虫防治的基础，同时也是评价蚊虫防治效果的手段。蚊虫的密度监测需要解决的问题是在一定的地域和时间条件下，所存在的蚊虫种类有多少，各类的数量有多少。因此，必须根据蚊虫的生态习性特点，选择能够反映种类和数量的密度监测方法。蚊虫分为水生和陆生两个阶段，对幼虫和成蚊的监测都可以达到上述目的。目前国内外有很多常用的蚊虫密度监测的方法。

蚊虫的幼虫的采集和调查方法相对成蚊来讲比较简单，主要是富有专业经验的监测者对蚊虫的幼虫孳生习性有比较多的了解，可以找到蚊虫的各类孳生地，然后用采集勺或吸管采集获得幼虫。

2. 幼虫标本的保存

一般采集或饲养第 4 龄的幼虫，进行保存，将蚊虫的幼虫放在 75% 的酒精瓶中保存即可，供鉴定时制作幼虫标本。

3. 蚊虫幼虫的密度

（1）布雷图指数（BI）

调查居民户中室内外（50 户以上）有蚊虫幼虫和蛹的阳性积水容器，平均 100 户的阳性积水容器数，公式如下：

$$\text{布雷图指数(BI)}=\frac{\text{幼虫或蛹阳性容器数}}{\text{检查户数}}\times 100$$

（2）房屋指数（HI）

调查居民户（50 户以上），检查有蚊虫幼虫和蛹的阳性积水容器，平均 100 户的阳性户，公式如下：

$$\text{房屋指数(HI)}=\frac{\text{幼虫或蛹阳性户数}}{\text{检查户数}}\times 100$$

（3）容器指数（CI）

调查容器中发现阳性积水数的百分数，公式如下：

$$\text{容器指数(CI)}=\frac{\text{幼虫或蛹阳性容器数}}{\text{检查有水容器数}}\times 100$$

（4）千人指数

调查居民户（50 户以上），检查有蚊虫幼虫和蛹的阳性积水容器，平均 1 000 人的阳性容器数，公式如下：

$$\text{千人指数}=\frac{\text{伊蚊幼虫或蛹阳性容器数}}{\text{检查房屋内人数}}\times 1\,000$$

（5）路径指数

调查人在行走的路径中每 1 000 米所发现的有蚊虫的阳性积水容器和积水处数，公式如下：

$$路径指数=\frac{幼虫和蛹阳性容器数}{行走的距离（km）}$$

操作技能

1. 蚊虫幼虫采集方法

（1）工具准备

长吸管、小吸管、500 mL 标准水勺、小方盘、样品管。

（2）操作步骤

1）对小容器如各类缸、罐、坛、盆、瓶、轮胎、竹筒、叶腋、树洞等积水中蚊虫幼虫（蛹）采集时，用长吸管把全部水吸出放入小方盘内。用小吸管把蚊幼虫（蛹）吸出放入编号的样品瓶内。登记地点、场所和时间。将采集的幼虫进行鉴定，登记种类和数量（见图 4—20、图 4—21）。

2）在坑洼积水中采集蚊虫时，应用 500 mL 标准水勺迅速地从采样点水体中舀水作为一个水样。吸出幼虫（蛹）并放入编号的采样管中，分类计数，并登记场所和时间。

3）大中型水体沿岸每隔 10 m 随机选择有代表性的地点作为采样点，按每个采样点 1 勺，用 500 mL 标准水勺迅速地从采样点水体中舀水作为一个水样。从水样中吸出幼虫（蛹），并放入编号的采样管中，分类计数，并登记场所和时间（见图 4—22）。

4）密度调查表的填写方法，按照表 4—1、表 4—2 给出的内容填写调查表。

图 4—20　在小型容器中采集蚊虫

图 4—21 在植物叶腋中采集蚊虫

图 4—22 在稻田中采集蚊虫

表 4—1 **蚊虫采集记录表**

采集人		电话		调查地点	
调查小型水体（个）		有蚊虫的小型水体个数		平均每个积水的蚊虫数	
蚊虫的种类					

表 4—2 **蚊虫采集记录表**

采集人		电话		调查地点	
调查大型水体名称		有蚊虫的采样勺数		平均每个积水的蚊虫数	
蚊虫的种类					

5）密度计算，按照公式和要求计算蚊虫幼虫的密度指数。

2. 蚊虫幼虫的保存

（1）工具准备

75%的乙醇、样品管、烧杯、标签、毛笔。

（2）操作步骤

1）将采集回来的蚊虫连水倾倒在烧杯中，加热水于烧杯中。

2）将 75%的乙醇加入样品管中，用毛笔捞起蚊虫的幼虫，置于样品管中。

3）用铅笔在标签上写采集地、采集时间和孳生地类型，并将标签也加入样品管中。

注意事项

1. 蚊虫幼虫的体表易损，应用毛笔捞起，不要晃动样品管以防蚊体表形态特征丢失。

2. 一定要在盛装蚊虫幼虫的样品管上加填标签。

第 3 节　灭　　蚊

学习目标

◎ 掌握清理蚊虫孳生地方法。

◎ 掌握化学杀虫剂杀灭幼虫的使用方法，能够杀灭一般孳生地内无法清除的幼虫。

◎ 掌握室内滞留喷洒的方法。

相关知识

1. 蚊类孳生地处理方法

(1) 环境改造

根据世界卫生组织媒介生物学和防制专家组定义，“环境改造是环境治理的形式之一，包括为了防止、清除或减少媒介的栖生地而对土地、水体或植被进行的，对人类环境条件无不良影响的各种实质性和永久性改变。”其中比较常用的包括以下几种形式：

1) 清除和破坏孳生点。各类容器积水是蚊虫主要的孳生场所，如罐头盒、瓶子、轮胎和各类无用的缸和罐等。清除和破坏孳生点的主要方法有：翻缸倒罐，防止雨天积水；清除废弃器具，包括各种可能积水的废弃器具，如快餐盒、饮料瓶等（见图 4—23）；加强轮胎的管理，减少旧轮胎在露天的堆放。如果使用废旧轮胎，可以在轮胎上打孔，防止积水（见图 4—24）。

2) 填塞。用泥土、石头等物填塞或填充水坑、洼地、废弃的池塘和沟渠，防止积水生蚊。在城市中要特别注意建筑工地的临时坑洼积水。

填塞植物容器，在城市中要注意公园中的树木，若树木存在着树洞，就有可能积水，需要填塞（见图 4—25）。

图 4—23　翻掉积水

图 4—24　在轮胎上打孔

图 4—25　填塞屋檐防止积水

3）排水。在开挖水渠和修建堤防时，应注意同时建设排水系统。农业上的排水系统和城市中的污水排放系统是蚊虫的重要孳生场所。要注意疏通城市的排污河，包括清理污泥，将河底硬化处理等，以保持河流的畅通，而不至于堵塞，使之成为蚊虫的孳生地。这是一项较大的环境治理工程，需要政府投入。

4）隔离和封闭孳生场所。储水容器、水井等可能的蚊虫孳生场所，可制作各类合适的盖子，防止蚊虫孳生（见图 4—26）。我国一些城市可应用防蚊闸安装在沙井处，平时是关闭的，当有水流入时，才在重力的作用下打开，减少了蚊虫进入产卵的机会（见图 4—27）。

图 4—26　在容器上加盖防止积水

（2）环境处理

环境处理是环境治理的形式之一，包括造成暂时不利于蚊虫孳生条件的各种有计划的定期处理，这类处理需要重复进行。主要包括以下内容：

图 4—27　在沙井口加防蚊闸防止蚊虫孳生

1）水位波动。在水库或饮水和灌溉系统中，可以利用水位的波动，减少蚊虫的孳生。一般而言，水位波动的操作间隔时间应小于蚊虫幼虫的生长期。

2）间歇灌溉。定期对稻田进行灌水和排水，以减少蚊虫的孳生。我国进行的湿润灌溉也有类似的作用。

2. 化学杀虫剂杀灭幼虫的使用方法

对于尚未清理的孳生地或无法清除的积水，如已经积水的轮胎、防火缸等，可以使用化学杀幼剂进行防制，可供选择的杀虫剂以及剂量见表4—3。需要指出的是倍硫磷的毒性较大，不宜在室内使用；世界卫生组织推荐的双硫磷可以用于饮用水中，但我国的产品由于杂质较多，导致对哺乳动物的毒性较高，因此不能用于饮用水中。

表4—3　　适合杀灭蚊虫幼虫的化学杀虫剂

杀虫剂		剂型	有效剂量(g/ha.)	持效(星期)	有效成分的安全等级
汽油		S	140～190 (1)	1～2	在正常使用中无毒
柴油		S	140～190 (1)	1～2	在正常使用中无毒
杀幼油		S	19～47 (1)	1～2	在正常使用中无毒
巴黎绿		GR	840～1 000	2	高毒
有机磷	毒死蜱	EC，GR，S，WP	11～25	3～17	中毒
	杀螟松	EC，GR	100～1 000	1～3	中毒
	倍硫磷	EC，GR	22～112	2～11	高毒
	Jodfenphos	EC，GR，S	50～100	7～16	在正常使用中无毒
	马拉硫磷	EC，GR，S	224～1 000	1～2	轻毒
	甲嘧硫磷	EC，GR，S	50～100	1～11	轻毒
	双硫磷	EC，GR，S	56～112	2～4	在正常使用中无毒
昆虫生长调节剂	灭幼脲	GR，WP	25～100	1～4	在正常使用中无毒
	甲氧保	BR，S，SRS	100～1 000	4～8	在正常使用中无毒
幼激素	蚊蝇醚	GR	10～100	4～8	在正常使用中无毒

注：表中BR（briquettes），块剂；EC（emulsifiable concentrate），乳油；GR（granules），颗粒剂；S（suspension），悬液；SC（suspension concentrate），悬浮剂；SRS（slow release suspension）缓施悬液；WP（wettable powder），可湿性粉剂。

资料来源：采自“Vector Control Method for Used by Individuals and Communities” WHO.

3. 室内滞留喷洒

(1) 室内滞留喷洒方法的适用性

是使用具有残效的触杀杀虫剂，喷洒在室内（住屋或厩舍）蚊虫栖息的表面，如墙壁、天花板、衣柜背面等，使得侵入室内的蚊虫栖息在这种表面上时，就和药物接触而中毒死亡。此法是应用的最广泛的化学灭蚊方法，多用于防制媒介按蚊。主要是杀灭夜晚进入室内吸血的媒介按蚊，通过这种防制方法，可以减少或切断疟疾的传播。适用于防制内吸型和内栖型的蚊虫，可选择的杀虫剂见表4—4。

表 4—4　　可以用于室内滞留喷洒的化学杀虫剂

杀虫剂		剂量（g/m²）	持效（月）	杀虫作用	有效成分的安全等级
有机氯	DDT	1～2	6 或更多	触杀	中毒
	林丹	0.2～0.5	3 或更多	触杀	中毒
有机磷	马拉硫磷	1～2	1～3	触杀	轻毒
	杀螟松	1～2	1～3 或更多	触杀、吸入	中毒
	甲嘧硫磷	1～2	2～3 或更多	触杀、吸入	轻毒
氨基甲酸酯	恶虫威	0.2～0.4	2～3	触杀、吸入	中毒
	残杀威	0.2～0.4	2～3	触杀、吸入	中毒
拟除虫菊酯	顺式氯氰菊酯	0.03	2～3	触杀	中毒
	氟氯氰菊酯	0.025	3～5	触杀	中毒
	氯氰菊酯	0.5	4 或更多	触杀	中毒
	三氟氯氰菊酯	0.025～0.05	2～3	触杀	中毒
	溴氰菊酯	0.05	2～3 或更多	触杀	中毒
	氯菊酯	0.5	2～3	触杀、吸入	中毒

资料来源：采自“Vector Control Method for Used by Individuals and Communities” WHO.

（2）室内滞留喷洒的使用器械

一般室内滞留喷洒使用的器械是手动压缩喷雾器，喷雾的压力保持在 378.95 kPa，标准的喷雾速度为 0.455 m/s，按照这样的条件，处理量为 40 mL/m²

（3）与室内滞留喷洒相关的蚊虫生物学特性

1）吸血。一般而言，雌蚊需要吸血才能满足卵巢发育的需求。

①蚊虫的吸血行为。从吸血行为发生的场所来划分，可以分成内吸型和外吸型。内吸型是指雌蚊倾向于在人房或动物厩舍内吸血；外吸型是指倾向于在人房或动物厩舍以外吸血。

②刺叮周环。雌蚊在一天 24 h 中攻击宿主吸血的起止时间和高峰期依蚊种的不同而有所差异，有些蚊种在一天中吸血时间没有差异，而有些蚊种主要在白天（如白纹伊蚊）或夜晚（如致倦库蚊）吸血。这种一天的刺叮活动高峰规律称之为刺叮周环。

2）成蚊栖息习性。雌蚊吸血后，离开宿主，寻找合适的场所栖息，等待蚊胃中的血液消化和卵巢发育成熟，在室内栖息的蚊虫，喜欢在潮湿的房内、卧室内，尤其是在悬挂在有汗污的衣物上停留。在野外的栖息场所有桥洞、土穴、灌木丛、草丛、树洞和鼠洞等隐蔽的地方。根据雌蚊吸血和栖息的特点可以大致分为如下 4 类。

①内栖内吸型。它们夜间侵入人房、畜圈和鸡舍刺叮吸血，而大部分留于室内，消化其血液并发育卵巢，待卵成熟后飞到户外产卵。我国很多媒介蚊种，如微小按蚊、嗜人按蚊、致倦库蚊、淡色库蚊属内栖型。针对这类蚊虫使用室内滞留喷洒效果比较好。

②内吸外栖型。这些蚊虫夜晚进入室内吸血，吸血后作短暂停留或立即飞出室内到野外栖息。大劣按蚊和三带喙库蚊为此型蚊虫。针对这类蚊虫使用室内滞留喷洒有一定的效果。

③外吸内栖型。夜晚在室外吸牛血，而在黎明飞入室内栖息。如我国海南岛的迷走按蚊为此型蚊虫。针对这类蚊虫使用室内滞留喷洒效果比较好。

④外吸外栖型。它们在野外吸血，并在野外栖息。我国的凶小库蚊、黄色伊蚊等大多数蚊虫属此类型。针对这类蚊虫使用室内滞留喷洒无效。

操作技能

1. 孳生地处理的方法选择

(1) 工具准备

手电筒、500 mL 标准水勺、吸管。

(2) 操作步骤

1）实地调查。在蚊虫活动的季节里，选择坑洼型的积水，用目测的方法观察水中有无蚊虫。根据坑洼的类型，判断是否可以通过填平、排水、封闭和隔离等方法清除积水。如可以，则尽快将积水消除。

2）实地调查。在蚊虫活动的季节里，选择容器型的积水包括人工或植物容器积水。人工容器如各类缸、罐、坛、盆、瓶以及轮胎等；植物容器如竹筒、叶腋、树洞等。用目测的方法或用吸管吸出容器中的水，观察有无蚊虫的幼虫。如光线暗可用手电筒照明观察。根据容器的类型，判断是否可以通过清除、填塞、打孔、隔离等方法清除积水。

3）实地调查。在蚊虫活动的季节里，选择地下空间积水型，观察有无蚊虫幼虫。判断是否可以通过填平、清除的方法清除积水。如可以，则进行清除或填塞。

(3) 注意事项

1）由于孳生地附近可能会有较高的成蚊密度，应注意个人防护，涂抹蚊虫驱避剂。

2）应注意记录处理前后幼虫密度的情况，并计算密度指数。

2. 化学杀幼剂的使用

（1）工具准备

手电筒、500 mL 标准水勺、吸管、当地推荐使用的化学杀幼剂。

（2）操作步骤

1）坑渣型积水的实地调查。在蚊虫活动的季节里，选择坑洼型的积水，用目测的方法观察水中有无蚊虫。根据坑洼的类型，判断是否可以通过填平的方法清除积水。如不能，则应估算水体的面积或体积，按照当地推荐使用的化学杀幼剂的使用商品说明书，计算所需化学杀虫剂的剂量，将化学杀幼剂投入水体中。

2）容器型积水的实地调查。在蚊虫活动的季节里，选择容器型的积水。用目测的方法或用吸管吸出容器中的水，观察有无蚊虫的幼虫。如光线暗可用手电筒照明观察。根据容器的类型，判断是否可以通过清除、填塞的方法清除积水。如不能，则应估算水体的面积或体积，按照当地推荐使用的化学杀幼剂的使用商品说明书，计算所需化学杀虫剂的剂量，将化学杀幼剂投入水体中。

3）地下空间积水型的实地调查。在蚊虫活动的季节里，选择地下空间积水型，观察有无蚊虫幼虫。判断是否可以通过填平、清除的方法清除积水。如不能，则应估算水体的面积或体积，按照当地推荐使用的化学杀幼剂的使用商品说明书，计算所需化学杀虫剂的剂量，将化学杀幼剂投入水体中。

（3）注意事项

1）应加强个人防护，按照使用安全说明戴手套等。

2）应注意记录处理前后幼虫密度的情况，并计算密度指数。

3. 室内滞留喷洒

（1）工具准备

常量压缩喷雾器、量筒、当地推荐使用的滞留喷洒型化学杀虫剂、口罩或防毒面具、手套、护目镜。

（2）操作步骤

1）用目测的方法，通过观察栖息蚊虫的停落点，调查室内蚊虫常栖息的表面。并计算在 15 min 内，用电动吸蚊器吸取停落的成蚊的密度

（只/15 min）。

2）计算室内蚊虫栖息表面的面积。

3）根据当地推荐使用的滞留喷洒的化学杀虫剂的使用说明书，计算上述表面所需要的剂量。

4）根据当地推荐使用的滞留喷洒的化学杀虫剂的使用说明书，将化学杀虫剂稀释，并加入到常量压缩喷雾器中。

5）对准墙面从下到上喷洒。喷幅宽度为 750 mm，从下到上完成 1 次喷洒后，再从上到下喷洒，第 2 次喷洒与第 1 次的喷幅交叉 50 mm。

6）每次喷洒在天花板和地板应延伸 450 mm。

7）顺时针喷洒，直至整个房间都被喷洒处理过。

8）喷洒的速度应保持在 0.455 m/s，即 4.5 s 处理 2 m 高的墙面，使得喷洒为 40 mL/m^2。

9）提醒客户待墙面干后再进入，特别是要注意待地面清扫干净后再让儿童和宠物进入，不要清扫墙面。

（3）注意事项

1）应按照杀虫剂安全使用说明，注意个人防护，包括戴口罩、防毒面具、手套和护目镜。

2）室内非操作人员应全部离开，同时也要将宠物带到室外。

3）应将室内的食物放到柜中，防止其接触到杀虫剂。

4）在工作过程中不得吃东西、喝水和抽烟。

5）工作结束后，应用肥皂洗手和脸。

6）皮肤接触到杀虫剂后，应立即用肥皂清洗。

7）应注意记录处理前后成蚊密度的情况，并计算密度指数。

第 4 节　效果评估

学习目标

◎ 能够记录并计算幼虫密度下降率的方法。

◎ 掌握灭幼效果评估方法。

相关知识

蚊虫的幼虫密度的下降可以评价孳生地处理的效果。但由于蚊虫幼虫的密度自身在一定的时间内也会有高低波动，如受降雨、干旱、温度的影响。所以在评价幼虫防制项目的效果时，需要设立对照区进行校正。但是在一般情况下，考虑到本书涉及的是灭蚊工作而不是灭蚊试验，评价灭蚊服务的实际效果时，也可以不考虑对照的问题。常用的幼虫密度的适用范围如下。

1. 布雷图指数

可以用来评价一个居民小区通过处理后，平均每百户的蚊虫孳生容器的下降率。

2. 房屋指数

可以用来评价居民小区通过处理后，平均每百间房屋的蚊虫孳生容器的变化。

3. 容器指数

可以使用在处理前后容器指数的下降率来评价效果，一般而言，容器指数适用于居民区、企事业单位室内外一切可有存水的容器的评价。

4. 路径指数

调查人在行走的路径中每行走 1 000 m 所发现的有蚊虫的阳性积水容器或积水处数。

操作技能

1. 工具准备

记录表、计算器。

2. 操作步骤

(1) 在准备开展蚊虫幼虫防制工作之前，可到现场调查，选择一种密度指数进行密度调查，填写调查记录。

(2) 在完成蚊虫幼虫防制工作 24 h 后，到现场进行密度调查，填写调查记录。

(3) 根据记录表，计算密度下降率：

$$\text{绝对密度下降率}=\frac{\text{防制前密度}-\text{防制后密度}}{\text{防制前密度}}\times 100\%$$

（4）效果可以通过设定的等级来评价防制工作的成效。例如，可以设置为：

1）下降率≥95％为优秀。

2）下降率≥90％为良好。

3）下降率≥85％为合格。

注意事项

1. 当效果比较差时，应该考虑在防制工程中的其他原因。

2. 在幼虫防制中应考虑降雨、新孳生环境等因素对防制效果的影响。

本章思考题

1. 蚊虫和摇蚊有什么区别？

2. 白纹伊蚊的鉴别特点是什么？

3. 淡色库蚊的鉴别特点是什么？

4. 我国蚊虫主要孳生类型及代表蚊种有哪些？

5. 蚊虫幼虫密度计算公式是什么？

6. 请说出蚊虫孳生地处理的环境防制方法。

7. 请说出针对蚊虫幼虫的防制可以采用的生物防制方法。

8. 在何种情况下采用化学防制的方法进行蚊虫幼虫的防制？

9. 室内滞留喷洒适用防制何种类型的蚊虫？

10. 室内滞留喷洒的主要部位有哪些？

11. 绝对密度下降率的公式是什么？

第5章 白蚁防制

第1节 白蚁的识别

学习目标

◎ 掌握白蚁的形态特征，能够识别白蚁。

◎ 能根据白蚁的生活习性，查找出白蚁的侵害部位。

相关知识

1. 白蚁的形态特征

白蚁是一类社会性昆虫，在昆虫分类系统上属于比较原始的等翅目昆虫。白蚁的身躯和其他昆虫一样，分为头、胸、腹三大部分。此处以黑胸散白蚁为例介绍白蚁的形态特征：散白蚁分布于北纬 40°以南，南至海南岛；主要危害区为长江流域，北达北京通县、辽宁丹东一带，全国分布广泛，在西北和西藏东南部都有发现；在南方炎热地区数量较少，在华东及长江流域一带数量最多，已成为危害建筑物及树林的主要有害生物。

(1) 有翅成虫

虫体全长（连翅）8～10 mm；头部及胸部黑色，腹部颜色稍淡；触角、腿节及翅黑褐色；头呈椭圆形，后缘圆；复眼小而矮平，单眼小，近圆形；后唇基较头顶颜色稍淡，微隆起，呈横条状；囟位于头顶中央稍后方，呈颗粒状凸起；前胸背板前宽后狭，前缘中央无缺刻或具不明显的缺刻，所以接近平直。黑翅散白蚁有翅成虫形态如图 5—1 所示。

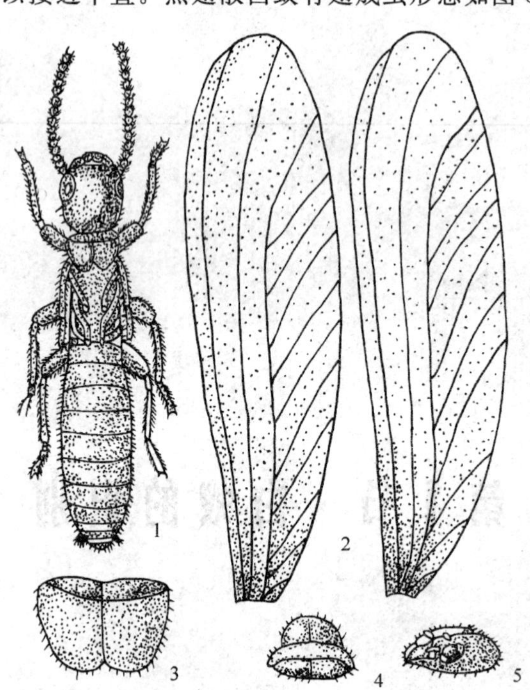

图 5—1　黑翅散白蚁有翅成虫形态

1—脱翅成虫背面观　2—前、后翅

3—前胸背板　4—上唇　5—头部侧面观

（2）兵蚁

体长 5.38～5.83 mm；头及触角呈黄色或褐色，上颚呈棕褐色，腹部为淡黄色；头为长的扁圆筒形，两侧缘平行，后缘中部直，后缘钝圆；囟约位于头前端的 1/3 处，小点状，在囟的前方有 2 个峰状凸起；上唇不达上颚的中点；上颚长度约为头长的 1/2，基部直，尖端向内弯；左上颚由基部向末端明显缩窄，而右上颚至尖端处开始缩窄；左上颚中点之前光滑；右上颚完全光滑无齿，也无缺刻；前胸背板前宽后狭，前缘略微翘起，前缘中央具明显的缺刻，后缘无缺刻。黑胸散白蚁兵蚁形态如图 5—2 所示。

（3）工蚁

全长 3.05～4.83 mm；全身白色；头圆，后唇基为横条状，微隆起，头顶颇平；前胸背板的前缘略翘起，前后缘中央略具凹刻。

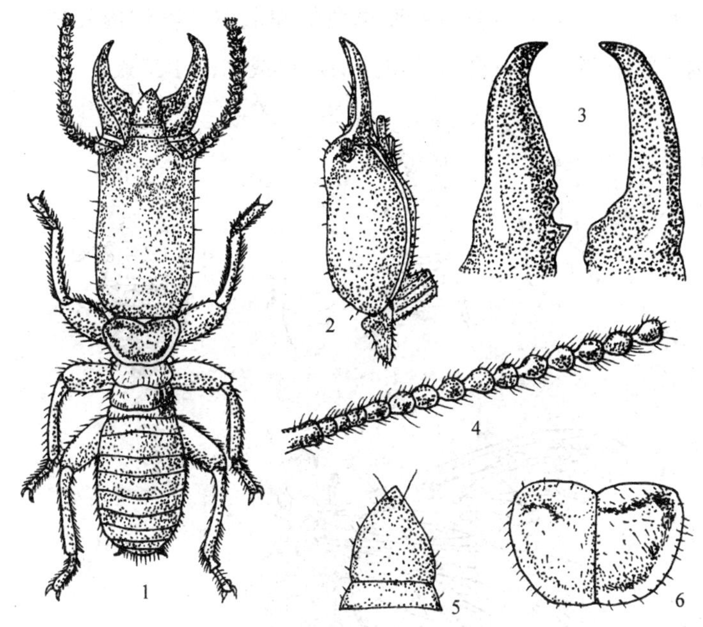

图 5—2　黑胸散白蚁兵蚁形态

1—背面观　2—头部及前胸背板侧面观

3—上颚　4—触角　5—上唇　6—前胸背板

2. 白蚁的生活习性

白蚁生活习性独特，营巢居的群体生活，群体内有不同的品级分化和复杂的组织分工，各品级分工明确又紧密联系，相互依赖、相互制约。白蚁的群体中有繁殖型个体和非繁殖型个体，每一类型又可分为若干级（见图 5—3）。

(1) 繁殖型

繁殖型分为长翅型（第一型）、短翅型（第二型）和无翅型（第三型）三种。

1) 长翅型（第一型）。原始蚁王和蚁后（第一型蚁王、蚁后）是长翅繁殖蚁经分飞、脱翅、配对后逐步发育而成。它是巢群的创始者（见图 5—4）。成年巢群一般只有一对。蚁王主要职能是与蚁后交配，蚁后则专司产卵繁殖。

2) 短翅型（第二型）。短翅补充型蚁王、蚁后（第二型蚁王、蚁后）只有当原始蚁王、蚁后死亡时才出现。在原始蚁王、蚁后存在的情况下，巢内如出现，也是没有生殖能力的。

3) 无翅型（第三型）。无翅补充型蚁王、蚁后（第三型蚁王、蚁后）

比“第二型”更为少见。在西沙原鼻白蚁和散白蚁群体内发现，在家白蚁群体内也偶有发现。来自不具翅芽的幼虫或来源于工蚁。

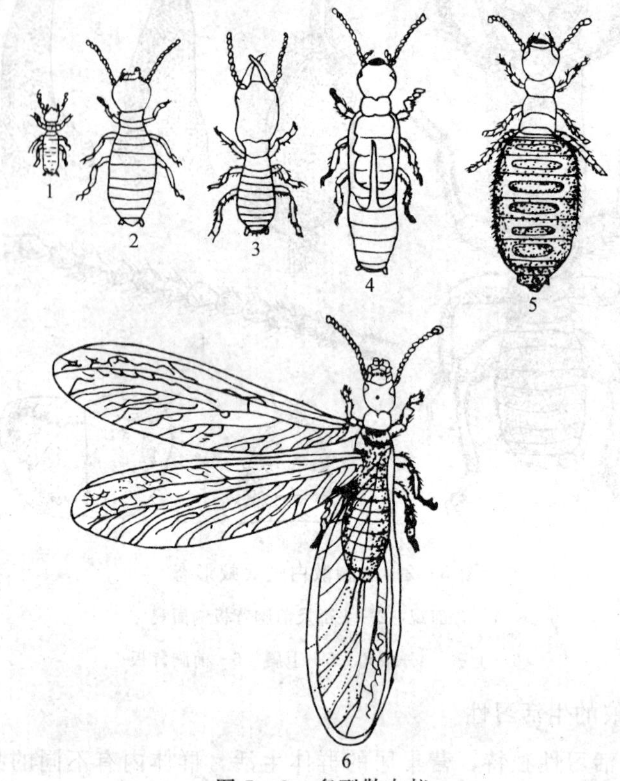

图 5—3　多型散白蚁

1—幼蚁　2—工蚁　3—兵蚁　4—若蚁　5—补充繁殖蚁　6—有翅繁殖蚁

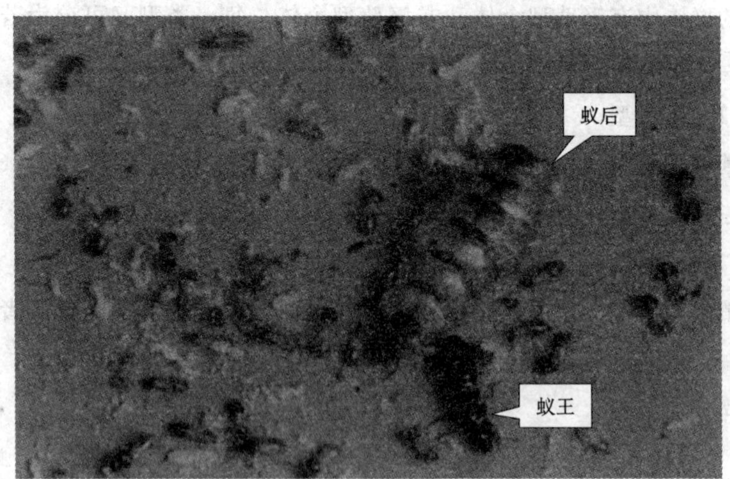

图 5—4　原始蚁王和蚁后

（2）非繁殖型

非繁殖型包括工蚁和兵蚁，它们虽有性的区别，但由于性器官发育不完善，因此没有生殖能力。

工蚁在蚁群中数量最多，担任巢内很多繁杂的工作，如建筑蚁冢、开掘隧道、修建蚁路、培养菌圃、采集食物、饲育幼蚁与兵蚁、看护蚁卵等，在无兵蚁的种类中，它们还要负责抵御外敌；兵蚁的头部长而高度骨化，上鄂发达，但已失去了取食功能，而成为御敌的武器，还可用上鄂堵塞洞口、蚁道或洞穴入口。

1）生活史。卵呈苍白色、光滑、卵形圆或长。幼虫指卵孵化后，成为工蚁或兵蚁之前的阶段，尚无显著翅芽。随着蜕皮后逐渐成长，可与工蚁区别。若虫从幼虫蜕皮后，出现翅芽的老龄幼虫，叫做第1、第2若虫等。

黑胸散白蚁的品级及生活史，如图5—5所示。

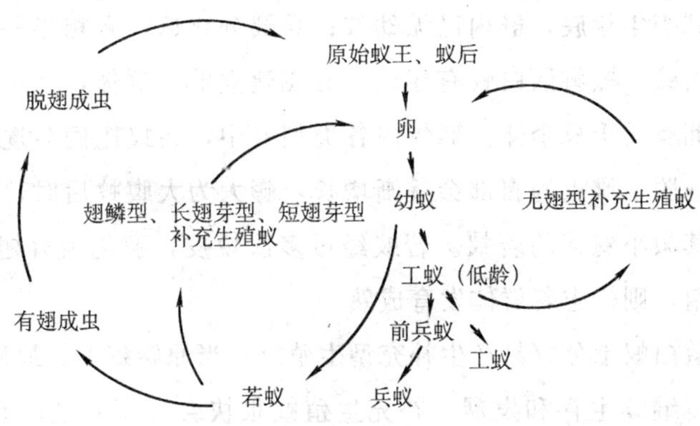

图5—5 黑胸散白蚁品级分化及生活史

白蚁的种群建立始于白蚁的分飞，然后建巢形成群体，直至群体发育成熟。

①巢体成熟产生有翅成虫的分飞。发育成熟的黑胸散白蚁一般每年都要产生一定数量的有翅成虫，在适宜的条件下举行分飞，脱离原来的群体去建立新的群体，进行扩散繁殖。分飞前后是白蚁群体十分繁忙的时期，工蚁不分白天黑夜地新建或维修原有的分飞孔。黑胸散白蚁在分飞孔修好后，即使条件不适宜也不封闭。一旦条件成熟，有翅成虫便接连不断地从各个孔中爬出，腾空飞翔。巢内的有翅成虫有可能一次不能全部飞出，剩下的只有再等待第二次或第三次分飞，只有当巢内所有的有翅成虫全部飞离群体后，工蚁才将分飞孔严严实实地封闭起来。一个群体一次分飞需要3～15 min。黑胸散白蚁分飞季节为3月底至6月初，不同地区、群体，由于成虫羽化先、后不同，因此，在此期间均可发现

分飞。一个群体在分飞季节可进行 1～3 次分飞活动。

②初期群体的建立。分飞的有翅成虫着陆后，要经过脱翅、求偶、配对、追逐，并在追逐中选择靠近地面的物体裂缝，钻入木材附近或木材中建巢等一系列活动。完成这一系列的活动所需的时间因当地条件不同而不同，约为 2～15 min。

脱翅成虫建巢后，一般 7～8 天开始产卵，卵粒产出后需经 36～46 天孵化。自卵孵出的幼蚁要经两次蜕皮，约经历 25 天才发育为三龄工蚁；建巢 5 个月的群体中，可产生兵蚁。兵蚁的产生是群体形成社会性生活的独立单元，具备长期生存的各项基本功能的重要标志。

③群体发育成熟。群体建立之初发展十分缓慢。到第 3 年后发展渐快，从第 6 年起群体发展迅速。由于建巢初期产卵活动结束得早，不少群体发展到当年年底，群内已无幼蚁；兵蚁分化迟，有相当一部分群体内还暂缺兵蚁。黑胸散白蚁有翅成虫分飞建立的新群体，经过七八年的发展，可拥有成千只个体。群体内各类型蚁中，兵蚁比例会逐渐下降而趋于稳定。脱翅雌虫的腹部会逐渐增长，膨大为大腹蚁后时，群内能产生具有极其微小翅芽的若蚁。若蚁经过多次蜕皮，羽化为有翅成虫，进行分飞繁殖，则标志着群体发育成熟。

黑胸散白蚁十分容易产生补充型生殖蚁，当原始蚁王、蚁后死亡后，为保证群体继续生存和发展，补充生殖蚁很快会补充繁殖。原始蚁王、蚁后寿命一般不会小于 20 年。产生补充型蚁王、蚁后巢群仍会维持相当时间，它仍可再产生补充生殖蚁。野外的自然群体，其个体数量大，绝不会因生殖蚁的更替而扰乱群体的发展和发育进程，更不会中断一年一度的分飞活动。

2）栖息习性。散白蚁属土、木两栖白蚁。它们不建大型巢，只在木材或土壤中蛀蚀或穿成孔道。从外表看，蚁路比家白蚁细小。散白蚁群体生活比较分散，同一群体可分成若干小群，在每一被害处往往只能看到为数不多的个体。因巢不大，群体也不集中，所以有散白蚁之称。黑胸散白蚁对生活环境的湿度要求较高，无论是初建群体还是发展后的群体，都选择在潮湿的木材中或附近建巢，如盥洗室、厨房、卫生间和建筑物底层的木构件基部。黑胸散白蚁主要是从食物中和通过体壁在周围的环境中获得水分，不像台湾乳白蚁那样，能通过修筑吸水线获得水分。黑胸散白蚁主要危害房屋内的地板、门窗、家具、楼梯和室外木桩及竹篱笆等。在底层无木板结构时，常侵害木桩或沿木柱上筑的蚁路上楼，危害地板。

蚁巢无主、副之分，在撬开被蛀地板的通道中，就有细长多层的巢体结构。巢内无定型“王室”。原始蚁后虽然腹大，但仍能自由爬行。补充蚁王、蚁后的数量一般有数十个之多。无翅补充型也有发现，但数量很少。

3）危害对象（食性）。黑胸散白蚁食性广泛，主要危害房屋木构件和一些农作物，白蚁并不能直接消化木头，而是靠其肠内的共生原生动物（如鞭毛虫、纤毛虫和变形虫等）分泌的酶帮助分解消化纤维素或半纤维素，使其成为白蚁能吸收的营养物质。主要寄主植物有木薯、向日葵、葡萄、柿树、桃树、柳树、柑树、杉树、柏树等。

4）活动。白蚁的活动受制于温度，在不同温度条件下，个体发育速度、生殖蚁的产卵活动、工蚁的取食量都不一样，进而影响群体的发展。不同温度条件下，卵孵化和幼蚁发育所经历的时间是不一样的。在22～32℃的恒温条件卜，随温度的上升，卵孵化和幼蚁发育为工蚁的时间缩短。黑胸散白蚁的工蚁在－4℃蛰伏不动，0～5℃可来回爬行取食。在10℃、15℃、20℃、25℃、30℃的各恒温条件下，400头工蚁1个月内取食干重马层松（Pinus massoniana）木块是随温度的增高而增加的，以25℃的净增量最大，15℃次之。

黑胸散白蚁一般选择在春夏之交的4月份至5月份举行分飞。野外的自然群体有着广阔的活动空间和丰富的食源。据广东昆虫研究所利用放射性同位素碘131示踪，测知黑胸散白蚁的取食范围达452.16 m^2。

3. 白蚁的识别要点

（1）形态识别

白蚁为中、小型至大型昆虫（见图5—6）。体型通常长而扁，蚁后长而膨胀，长可达60～70 mm以上。体壁薄而柔软，或坚韧而富弹性，有一部分骨化，表面光滑或有毛。体色呈白色、苍白、黄色、琥珀色、淡红色、褐色或黑色。

1）头部。生殖蚁和工蚁的头部为卵圆形或球形。兵蚁头大，常为长方形或梨形，有时头长几乎与体长相等，或超过体长。头盖缝的发育程度因种类而不同，一般由1道横缝和1条纵缝汇合成为T形或Y形。但是许多种白蚁头盖缝并不明显，尤其是兵蚁头部的横缝更不易看到。

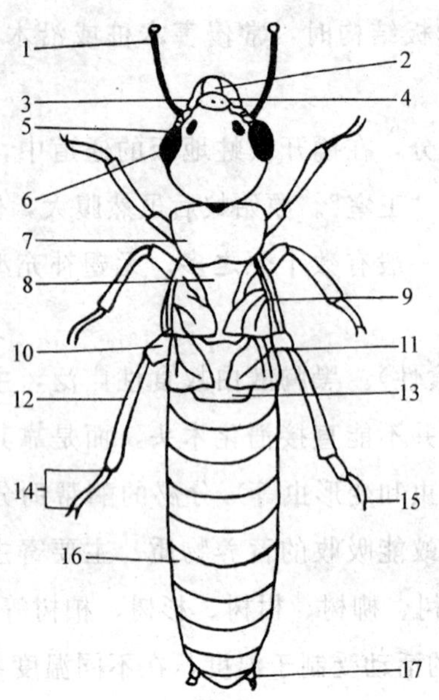

图 5—6　家白蚁脱翅成虫

1—触角　2—上唇　3—上颚　4—唇基　5—眼　6—单眼　7—前胸背板
8—中胸背板　9—前翅鳞　10—腿节　11—后翅鳞　12—胫节　13—后胸背板
14—跗节　15—爪　16—腹节背板　17—尾须

一般大翅型（macropterous）与短翅型（brachypterous）均有复眼，无翅型（apterous form）则无复眼。一般有单眼 2 个，但无复眼种类则无单眼。触角念珠状，有的有 9 或 10 节，有的可长达 30 节。

口器为单纯咀嚼式，或为大鼻型（nasute）。唇基狭，上唇发达，上颚有齿，齿坚硬、不对称。咀嚼式口器的兵蚁特别长，形态特异；而大鼻兵蚁的上颚退化，下颚发达，外颚叶 2 节，呈镰刀状，内颚叶骨化，顶端有齿、下颚须 5 节，下唇的亚颏大，中唇舌分离成 4 叶、下唇须 3 节，舌大。

2）胸部。工蚁与兵蚁的胸部缩小，其他蚁的胸部大，胸部分节，有气门 2 对。前胸能自由活动，较头部为窄，背腹扁平，形态变化较多。

中胸与后胸的宽度较长度大，腹板小。

足粗短，跗节 4～5 节。若干种类有爪间突（如木白蚁的有翅型）。第 1 跗节甚小，有爪 1 对，弯曲。

无翅或有翅 2 对。不飞时、4 翅平叠于背部，向后伸过腹部末端，细长形、薄、膜质，前后翅大小、形状及脉序相同，但原始型白蚁则前后翅不相同。

3）腹部。10 节，柔软，或局部骨化成小板。通常有气门 8 对，位于第 1～8 节上，但蚁后仅有 6 对气门。尾须短、有毛，有的蚁则不明显。

外生殖器退化或不明显。雄有时第 9 腹板分瓣，雌第 7 腹板发达、增大，形成下生殖板。

第 9 腹板有小的腹刺 1 对。但情况不同，有的兵蚁及工蚁两性均有腹刺。

家白蚁及黑翅土白蚁雌雄成虫的腹部构造如图 5—7 所示。

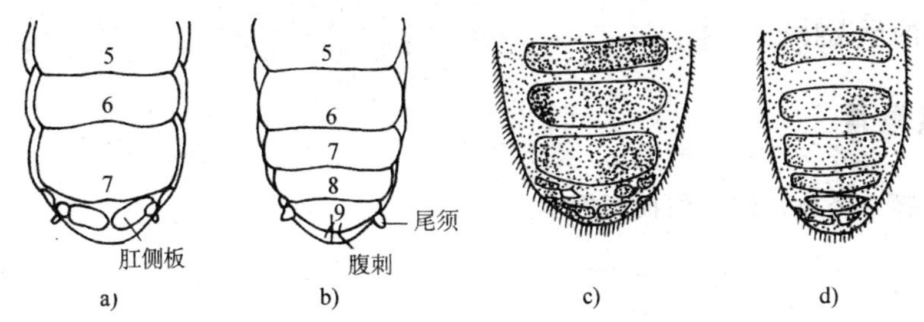

图 5—7　两种白蚁雌雄成虫的腹部构造

a）家白蚁雌虫腹板　b）家白蚁雄虫腹板

c）黑翅土白蚁雌虫腹部腹面　d）黑翅土白蚁雄虫腹部腹面

（2）生活习性识别

白蚁主要食木纤维的物质，并且一般没有储存食物的习惯。白蚁的兵蚁和工蚁怕光，多数种类的眼睛已退化，在活动和取食的时候需要靠构筑蚁路、蚁道或泥被、泥线作为遮光掩护物。

操作技能

1. 准备工作

（1）工具准备

双筒解剖镜、放大镜、显微镜、冷光源。

（2）标本准备

白蚁的浸液标本。

2. 操作步骤

（1）白蚁形态观察的要点

借助放大镜依次观察脱翅繁殖蚁的头部、胸部和腹部的形态特征。各部分的观察要点为：

1）认识头部的形状

是圆形还是卵圆形；头盖缝是T形还是Y形；触角的形状及节数；观察上唇、上颚、唇基、复眼、单眼的着生位置。

2）认识胸部的前胸背板、中胸背板和后胸背板，足的腿节、胫节、跗节、爪；前翅鳞和后翅鳞。

3）认识腹部的形状及尾须。

（2）白蚁形态观察的步骤

左手持标本瓶，右手持放大镜，依次观察各部位的颜色及头、胸、腹部的形态特征。

注意事项

轻拿轻放，注意勿损坏标本。

第2节 白蚁侵害状况调查

学习目标

◎ 掌握白蚁侵害场所的调查方法和白蚁密度调查表的填写方法。

◎ 能够确定白蚁的侵害场所，熟悉白蚁防制方法的选择及适用范围

相关知识

1. 白蚁侵害场所的调查方法

市民投诉或报告白蚁侵害，一般为看见白蚁纷飞或物品遭到严重损坏。根据白蚁的生活习性可以分为土栖性白蚁和木栖性白蚁两大类。

土栖性白蚁（subterranean form）包括白蚁科中的一些类群在地面下筑巢，或巢高出地面，呈塔状，叫做蚁冢（termitaria）。蚁冢与地下土堆相连接，或在树干及建筑物表面有走廊。土栖性白蚁大多以死的植物，如树木、树叶、菌类等为食料。黄翅大白蚁（Macrotermes barneyi）、土垄大白蚁（M. annadalei）及黑翅土白蚁（Odontotermes ormosanus）等有培养菌类作为食料的习性，如鸡枞菌（collybia albuminose）。蚁冢可完全在地下，在地面不露一点痕迹，如歪白蚁属、黄翅大

白蚁、黑翅土白蚁等。也可一部分在地上，地上部分有厚而坚硬的壁，呈柱状，高度和直径可达数尺。或形成土堆，其高度及直径可达 50～100 mm，如土垄大白蚁（Macrotermes annandalei）等，菌圃（fungus garden）分布在土堆中，呈不规则状。有些土栖性白蚁种类能在地面构筑圆筒形或尖形的自立烟囱或通气管，也有的在地面构筑所谓的“纸板巢”（carton nest）。

木栖性白蚁（wood dwelling form）包括比较原始的木白蚁科和原白蚁科的种类，能在木建筑物、木柱等木材上筑巢生活，其中有些种类专门筑巢于干燥的木材内，如堆砂白蚁属的蚁巢筑于房顶的干燥木材中，故又称干木白蚁（Dry - wood termites）。木材受白蚁侵蚀的孔道形状可作为鉴定白蚁种类的特征。白蚁粪便大量存在其孔道中，因种类不同其粪便有不同的形状，也可作为鉴定种类用。

还有一些介于土栖性和木栖性之间的土木栖性白蚁，该类白蚁包括比白蚁科中的一些类群，可以在干木，或活的树干、或埋在途中的木材内筑巢，甚至也可以在途中筑巢，对于建巢的地点选择不严格，如乳白蚁属（Coptotermes）和散白蚁属（Reticulitermes）等。这类白蚁筑巢时有通路且与湿土相连。

因此，在接到白蚁侵害的报告后，应赴现场进行仔细勘查，以确定白蚁侵害种类、具体部位及损害程度。白蚁具体的侵害场所可根据蚁路、分群孔、通气孔、排泄物、吸水线等外露指征来确定。勘查时必须持手电筒仔细检查。

（1）分飞孔

分飞孔是有翅繁殖蚁在分飞期间飞出的孔口，分飞孔常设在蚁巢上方、向阳、方便飞出的位置，从建筑物来看，多在木柱、门框、窗框上。专门修在木构件上的分飞孔多呈长条形，长 20～50 mm，宽 2～3 mm（见图 5—8）。有的分飞孔是利用木材裂缝、砖灰缝等缝隙作简单的修补完善而成，形状呈不规则的锥状、肾状和颗粒状等，分飞孔大多靠近蚁巢。分飞孔的数量极不固定，有几个到十几个不等。

（2）通气孔

通气孔是白蚁调节蚁巢气体、温度和湿度的小孔，通气孔的直径在 1 mm 左右，孔口呈圆形、针孔状、小米粒状或芝麻状等，孔口有泥堵塞。通气孔一般排成梅花状或虚线状。

图 5—8　分飞孔

(3) 排泄物

排泄物是工蚁筑巢时从巢内推出经加工的物质，一般呈灰褐色或棕色的疏松泥块。排泄物通常堆积在蚁巢的外围，堆积物大多比较明显易见（见图 5—9）。

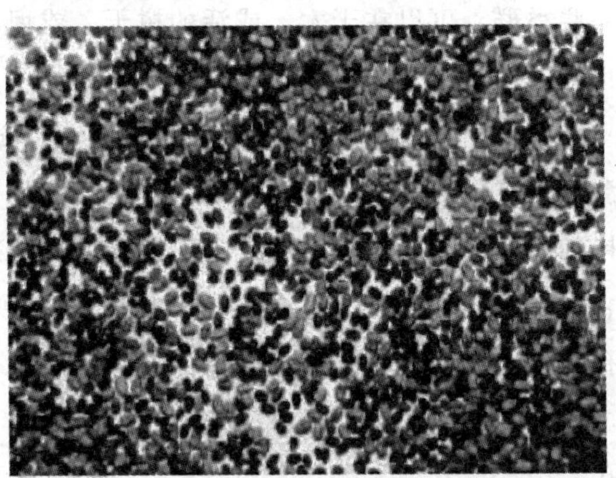
图 5—9　排泄物

(4) 蚁路

蚁路是白蚁侵入危害的交通要道，它可通往主巢、副巢、分飞孔，同时也可保护白蚁自身免受外界天敌侵袭的掩体。蚁路分两种：一种是表露在外面，容易见到，也是白蚁危害的外露特征之一（见图 5—10）；另一种是隐蔽在地下或木材中，称作隧道。

(5) 吸水线

吸水线是家白蚁通往水源吸取水分的蚁路。外形上吸水线比一般的蚁路宽，约有 1～2 个手指头的宽度。吸水线经常保持高度潮湿，白蚁在内活动频繁。一般主巢都有吸水线，因此发现了吸水线，便可大致断定离蚁巢不远，但吸水线往往筑在夹墙内或地下，较难发现。

图 5—10 蚁路

2. 确定白蚁侵害场所的方法

根据白蚁蛀蚀物、外露的蚁道、纷飞孔等白蚁的外显特征确定白蚁侵害种类、部位、范围，最终确定白蚁的侵害场所。可通过示意图标示白蚁活动的部位或蚁巢的部位。

3. 白蚁侵害调查表填写方法

表 5—1 为白蚁侵害状况调查与处置记录表，填写该表时，应认真记录以下项目：监测日期、监测日的温度与湿度、侵害白蚁的种类、白蚁侵害部位、修复建议、拟采取化学控制的方法、控制费用预算和控制效果监测等。

表 5—1 白蚁侵害状况调查与处置记录表

监测日期		温度（℃）		湿度（%）		侵害蚁种	
侵害部位				修复建议			
地基木材		其他（详细注明）：		移走与土壤接触的木材			
木柱				封堵水泥上的缝隙			
门槛、窗台				填抹残破的灰泥			
梁、桁条				降低地表面与建筑物基础相遇的高度			
家具				以水泥覆盖地基			
地板隔栅				改进建筑物下的排水装置			
地板				改进建筑物下的通风			
柱头螺栓				修复白蚁防护			
地基板				移走浇混凝土用的模板			
门框				移走蔓生植物和灌木丛			
窗框				移走废弃木材			

续表

<table>
<tr><td>台阶</td><td colspan="2"></td><td></td><td colspan="2"></td><td colspan="4" rowspan="2">其他（详细注明）：</td></tr>
<tr><td>屋顶</td><td colspan="2"></td><td></td><td colspan="2"></td></tr>
<tr><td colspan="10">化学控制</td></tr>
<tr><td colspan="6">蚁道应用毒粉</td><td colspan="4">使用化学物：</td></tr>
<tr><td colspan="3">毒土</td><td colspan="3">堑壕的深度：</td><td colspan="2">直线的长度：</td><td colspan="2">使用化学物：</td></tr>
<tr><td colspan="2">置换损害的木材</td><td colspan="3">置换木材的数量：</td><td>未处置：</td><td>浸泡：</td><td>渗透：</td><td>喷洒：</td><td>压力处理：</td></tr>
<tr><td colspan="6">钻孔和灌溉处理</td><td colspan="4">使用化学物：</td></tr>
<tr><td colspan="6">木材注射处理干木白蚁</td><td colspan="4">使用化学物：</td></tr>
<tr><td colspan="10">费用</td></tr>
<tr><td colspan="3">劳动力：</td><td colspan="3">材料：</td><td colspan="2">其他：</td><td colspan="2">总计：</td></tr>
<tr><td colspan="10">处理效果</td></tr>
<tr><td>日期：</td><td colspan="7">记录：</td><td colspan="2">监测者：</td></tr>
<tr><td>日期：</td><td colspan="7">记录：</td><td colspan="2">监测者：</td></tr>
<tr><td>日期：</td><td colspan="7">记录：</td><td colspan="2">监测者：</td></tr>
<tr><td>日期：</td><td colspan="7">审核：</td><td colspan="2">审核人签名：</td></tr>
</table>

操作技能

1. 确定白蚁侵害场所

（1）现场勘查准备

检查白蚁侵害场所时需准备如下工具：

1）旋具。旋具用于撬开木材或蚁路时用。在检查蚁患时可用它敲击辨音，施药时可用它插入巢壁打洞。

2）手电筒。手电筒用于照明。由于白蚁大多栖居于隐暗潮湿环境中，检查蚁路必须有手电筒照明，手电筒的光亮较集中，白蚁虽小，也可看得清清楚楚。

3）铁锤。铁锤用于打砖、敲击辨音和挖巢。

4）电钻。电钻用于钻探树巢中心部位及地板。

5）手锯。手锯用于锯断木构件。

6）锤子。锤子用于敲击凿子打开地板等用。

（2）现场勘查要点和步骤

当发现有白蚁危害时，检查白蚁究竟隐匿在什么部位是至关重要的，主要的检查方法是：一问、二看、三听、四探、五撬。

1）问。即是向住户了解白蚁的危害活动情况，如分飞时间、地点等。

2）看。详细查看房屋木构件有无白蚁蛀蚀痕迹，仔细观察白蚁路、分飞孔、透气孔潮湿新鲜、完整，若蚁路新鲜潮湿、黏度强，分飞孔、透气孔完整，则说明仍有白蚁活动，否则说明白蚁已放弃此分飞孔。

3）听。即对怀疑部位进行敲击，若发出空音，则可能有白蚁活动。

4）探。即试探地板是否有弹性、下降现象，若有此种情况发生，则可能有白蚁危害。

5）撬。即撬开地板或其他木制部位，检查有无白蚁。此种方法可彻底灭治白蚁，但对住户的损失可能较大。

（3）勘查结果记录

可以边勘察，边记录勘查结果，勘查结果可作为制定控制措施的依据、实施控制操作的导向和评价控制效果的参照资料。

2．填写白蚁侵害调查表

要仔细填写白蚁侵害调查表，逐项记录，不应有漏项。这样在实施控制的具体操作措施时，才不至于遗漏，保证控制工作到位、有效。

3．确定白蚁防制方法

白蚁是一种社会性昆虫，过着群居生活，彼此关系密切。幼蚁、兵蚁、蚁王和蚁后又都依赖于工蚁喂食，此外，白蚁还有自洁和相互舐吮清洁身体的习性。因此，白蚁的灭治不同于杀灭蚊、蝇、蟑螂，应根据白蚁的种类及侵害的环境决定防制方法。

（1）对家白蚁采用粉剂毒杀法，即使用粉剂让白蚁个体的身体沾有一定量的毒粉并带回巢内，相互传递中毒，最终造成全巢白蚁死亡。

（2）对于散白蚁的灭治大多采用喷洒液剂的方法，对于群体较小的散白蚁也可采用粉剂毒杀法，但用粉剂灭治散白蚁往往不及粉剂灭治家白蚁的效果好。究其原因是在同一环境中可能存在多个散白蚁群体，他们彼此独立，即使消灭了一个群体，另外的群体依然存在，可继续造成危害。加之散白蚁的生存条件对湿度的要求更高，喜栖居于一些潮湿的环境内，而在这高湿度环境中，粉剂易受潮失效，影响灭治效果。

（3）若建筑物遭到危害，又找不到活的白蚁，可采用诱杀灭治法。

即在被害物附近设置一只诱设箱，如发现有活白蚁诱来即可施药灭治。另一种是将药剂与饵料加工制作成白蚁诱杀毒饵，只要白蚁取食这种毒饵就可达到杀灭的目的。

（4）在白蚁分飞季节，可采用灯诱灭治法。从巢内飞出的白蚁往往扑向灯光，利用昆虫趋光这一习性，可在灯下设置一个水盆，当白蚁扑向灯光飞行时，往往会落入水盆淹死。

第3节　灭　白　蚁

学习目标

◎ 掌握白蚁的防制方法，掌握物理消毒方法、化学消毒剂及其使用方法。

◎ 能够用常用方法杀灭白蚁。

相关知识

1. 白蚁的防制方法

（1）物理方法

物理器械防制方法就是利用人工，器械和热、光、电、声、波等物理能来防制有害生物。如用挖巢法直接毁灭蚁群，用灯光诱杀有翅白蚁，用热杀灭堆沙白蚁，用高频和微波灭蚁等。

（2）化学方法

化学防制方法是利用各种有毒的化学物质——药剂，通过一定的方法，直接接触有害生物，或者处理栖息、孳生场所、危害对象，使有害生物因接触或吞食药剂而中毒死亡，或者因此产生忌避作用而不能侵入。化学防制具有见效快、效率高的特点，但存在污染环境和白蚁易产生抗药性的缺点。

（3）环境治理方法

环境防制主要通过环境整治，改变有害生物的生存环境，是从根本上控制有害生物孳生与繁殖的方法。

2. 白蚁的常用防制方法

（1）常用物理防制方法

1）高温灭蚁法。高温灭蚁法适用于控制堆砂白蚁。堆砂白蚁在60℃以上的持续高温中几个小时便会死亡。因此，可用各种方法使之产生高温，处理被蛀木材，都能防制该类白蚁。凡被堆砂白蚁蛀蚀的家具，在 65℃中处理 1.5 h 或在 60℃中处理 4 h，能有效地杀死白蚁。

2）水浸法。水浸法适用于堆砂白蚁的灭治，堆砂白蚁主要危害室内木构件和野外的树木、果树。过分潮湿的条件可以改变堆砂白蚁原有的生活环境，引起白蚁死亡。

3）灯光诱杀法。该法适合于有翅繁殖蚁的控制。从巢中飞出的大量有翅繁殖蚁，具有强烈的趋光性，利用各种光源将有翅繁殖蚁诱集，并将其杀灭。

（2）常用化学防制方法

1）粉剂毒杀法。将慢性药粉直接喷在蚁巢、分飞孔或蚁路内，使尽可能多的白蚁沾染药粉，靠中毒白蚁互相传递，达到杀死全巢白蚁的目的。粉剂毒杀法是传统的灭蚁方法，应用面广。

2）水剂喷洒法。一般常用在灭治散白蚁，针对地隔栅、贴脚板、柱脚等处喷洒，特别是已危害部位，应作重点喷洒。灭治地板下白蚁需撬开部分地板进行全面喷洒。如门框、窗框发现白蚁飞出，可注入乳剂或油剂灭治。

3）诱杀法。这种方法是在建筑物上有白蚁危害，但一时又找不到活白蚁，则可采用此法。即在被害物附近设置一只诱设箱，诱设箱用松木制成，内放多层松木板。每隔半月或一月检查一次，如发现有活白蚁诱来即可施药灭治。

另一种是将药剂与饵料加工制作成白蚁诱杀毒饵，即用白蚁喜食的食物、助剂、药剂按一定比例配合，制成不同剂型的毒饵，使用时把毒饵放在白蚁经常出没的地方，诱来的白蚁在不断猎取食物的同时，吞食或接触药物，最后导致全巢白蚁死亡。

用诱杀（毒饵）法，代替土壤墙基喷药，可大大减少药物对房屋基地的环境污染，在大楼外围四周，埋放毒饵块，对新楼、旧楼都适用。每年定期埋放和检查，可确保大楼不受白蚁从地下蔓延入屋的危害。

4）浇灌药剂法。该法适用于杀灭危害堤坝的黑翅土白蚁和黄翅大白蚁。

5）熏蒸法。这是防制堆砂白蚁的重要方法，该方法具有易扩散、渗透性强、用药量少、不腐蚀原料、易得和适宜于低温使用等特点。能熏死黑翅土白蚁、树巢家白蚁和散白蚁等。

操作技能

1. 准备工作

白蚁防制的常用工具除了喷洒粉剂的喷粉球外，还有旋具等检查蚁患时用的辅助工具（见图 5—11）。

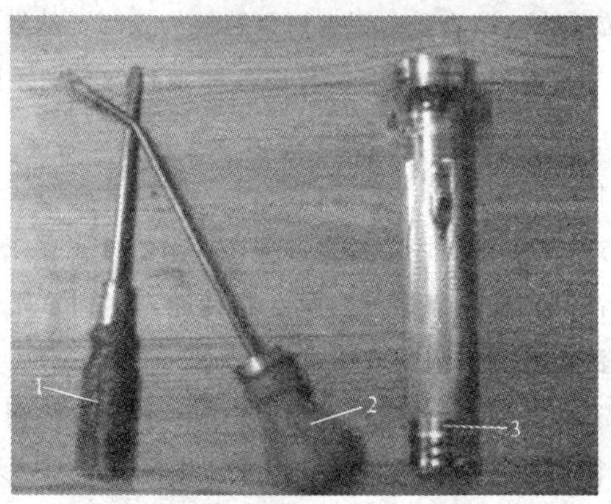

图 5—11　白蚁检查工具

1—旋具　2—喷粉球　3—手电筒

喷粉球：用于喷射药物，由胶囊、喷嘴和喷管组成。喷管的一端接喷嘴，另一端接胶囊。胶囊是盛装药粉的，不宜装得太满，占胶囊1/3～1/2 的容积便可。

旋具：用于撬开木材或蚁路，在泥墙等处打洞，探明有无白蚁活动。此外，要检查时可用它敲击辨音，以及施药时用它插入巢壁打洞或挑开蚁路。旋具必须质地坚硬，长度不短于 200 mm，直径不宜过于粗大。

手电筒：用于照明。由于白蚁的活动地点和蚁巢所在地多系光线暗淡的场所，检查蚁患、找巢、施药时都需要用手电筒。一般采用 3 节大电池的手电筒较为适宜，它的光线强、射程远。

铁锤：用于打砖、敲击辨音和挖巢。

手钻：用于钻探树巢的中心部位。

手锯：用于锯断木构件。

电锯：用于打开树中大巢。

凿子和夹柄旋具：用于挖取蚁巢。

2. 操作要点和步骤

(1) 高温灭蚁法

1) 操作要点。此法适用于控制堆砂白蚁。应正确鉴别害蚁的种类，利用各种能够产生高温的方法处理被蛀木材。严格控制处理的温度和时间，以达到完全控制白蚁，又不致毁坏处置对象的效果。

2) 操作步骤。用 300 W 的红外线聚光灯对准木料照射 3 min，则能使 20～30 mm 厚木料内的白蚁全部死亡；若用 5 000 W 的碘钨灯用同样的方法进行照射，1 min 就能见效；将 20～30 W 的电灯泡对准照 5～10 min，也能达到同样的目的；若用高频电流（40 MHz、5 000 W）或微波(2 450 MHz、3 900 W）处理木料，只需 1 min 时间就能使木材中的白蚁全部死亡。高温灭蚁具有收效快、没有残毒的优点。

(2) 水浸法

1) 操作要点。此法适用于堆砂白蚁的灭治，操作时应使处置对象保持一定的湿度，并能够维持足够长的时间，改变堆砂白蚁原有的生活环境，引起白蚁死亡。但对于粗大的桩和木枋，此法收效不大。

2) 操作步骤。用多层废布铺在被害物表面或将其包住，然后定时向废布料上淋清水，使整个受害木料长期保持湿润。

(3) 灯光诱杀法

1) 操作要点。应用该法灭蚁应充分了解当地害蚁的种类及其生态习性，尤其是分飞期。应在分飞期之前，在白蚁危害地区广泛设置光源，诱杀有翅繁殖蚁。

2) 操作要点。可在灯光下放一盆水，盆上不远处设置光源。有翅繁殖蚁会先围灯飞舞，继而纷纷坠落盆中淹死。根据实验，黑光灯、日光灯的诱虫力比白炽灯光强。光源的功率越大，诱虫力也越强。

(4) 粉剂毒杀法

1) 操作要点。先在建筑物上摸清蚁害情况，并找到白蚁的蚁路、分飞孔、危害部位及蚁巢，然后选定施药点进行施药。药粉应喷洒在白蚁身上，多点施药可使白蚁身上沾有药粉的机会也多，一般可收到较好的灭蚁效果。

2) 操作步骤。寻找蚁巢，然后在巢壁上开洞，用适当工具插到蚁巢的中心部位，打洞 2～3 个，每个洞相隔一定距离，最好打成“品”字形状。处于杉头与墙交接的巢可在杉头的两侧开洞；墙心巢可在墙的两面开洞；树巢的中心较难探准，可用电钻打洞查探，打洞后稍待片刻，见到较多兵蚁出来守卫时，再进行喷粉。喷粉前要消除洞口的巢片碎屑，以免堵塞洞口。施药时必须将喷嘴对准蚁巢，喷嘴略朝上，这样药剂容易射出。施药时，喷嘴须顺着洞口的方向，一般压球喷粉 3～5 次，用药粉 5 g 左右即可。施药后要用棉花球或废纸塞住洞口。在巢中施药前后要敲击附近的木材，使白蚁受惊后频频走动，增加白蚁互相接触中毒的机会。

在找不到蚁巢的情况下，凡是有白蚁活动的木构件和蚁路都要进行全面施药，这就是多点施药。巢外施药时，应先用旋具轻轻揭开隧道或蚁路，然后按蚁路方向施药。

（5）水剂喷洒法

1）操作要点。此法一般常用来灭治散白蚁。操作时，应仔细查找白蚁危害部位，特别是地板隔栅、贴脚板、柱脚等处，应作重点喷洒。灭治地板下白蚁时，应撬开部分地板进行全面喷洒。

2）操作步骤。查找白蚁危害部位，撬开部分地板，重点对地板隔栅、贴脚板、柱脚等处喷洒 1%毒死蜱（Dursban）或 0.1%的联苯菊酯（白户喜）水乳液。大面积地喷洒毒液，能收到成效。如门框、窗框发现白蚁飞出，可注入乳剂或油剂灭治。

（6）诱杀法

1）操作要点。采用此法时，应注意选择白蚁喜食的木材作为引诱物，引诱物的设置应当保证高密度，如每隔 3～5 m 设一点，还应当定期检查。

2）操作步骤。诱杀块制作方法：用松木或大叶桉树皮（长×宽×厚约 100 mm×150 mm×10 mm）干后，放入药量为 0.5%～1%的灭蚁灵丙酮溶液中，浸泡饱和后再捞起晾干，装进胶袋，密封备用。

毒饵条制作方法：饵料（甘蔗、松木屑、大叶桉树皮、纤维毒粉木茨粉）70%、红糖 10%、灭蚁灵原粉 2% 、面粉 8% ，加入防霉剂，混合均匀，加水拌成糊状，制成 40 mm×7 mm×5 mm 毒饵条，烘干后装入胶袋备用。

在大楼外围四周，离墙基外 1～2 m 处，每隔 3～5 m 设一点，将诱杀块（条）埋入地下 0.2 m 深处。如暂时没有白蚁，诱物也不用取出，特别是诱杀块，可保留1～2年。如检查发现诱杀块（条）腐烂变质，可更换新的诱杀块（条）。

由于氯丹、灭蚁灵等有机氯等杀虫剂会对人类及环境产生严重危害，被称为持久性有机污染物（Persistent Organic Pollutants，简称POPs）。由联合国环境规划署对POPs产品应“禁止和/或采取必要的法律和行政措施以消除”。用于诱杀白蚁的杀虫剂已由氟铃脲（hexaflumuron）、氟虫胺（Sulflura mid）、除虫脲（Diflubenzuron）、定虫隆（Chlorfluazuron）、伏蚁腙（Hydramethylnon）等替代灭蚁灵。

（7）浇灌药剂法

1）操作要点。该法适用于杀灭危害堤坝的黑翅土白蚁和黄翅大白蚁。

2）操作步骤。从泥线、泥被、分飞孔找蚁路，也可以开沟截蚁路或设引诱桩、坑、堆找蚁路，还可根据鸡纵菌找蚁路和巢，顺着鸡纵菌所在地挖下去，就是土栖白蚁的巢位。尽管找巢方法多种多样，但其主要目的都是想方设法找到主蚁路，跟踪追挖出主巢。

向主蚁路内直接灌化学毒液，杀死巢内的白蚁。常用80%敌敌畏乳剂，按1∶20 000～1∶30 000的比例用水稀释杀黑翅土白蚁；按1∶10 000～1∶20 000的比例用水稀释毒杀黄翅大白蚁。方法是将手摇灌浆机置于堤坝顶上，把喷嘴（喷嘴胶管可适当延长）插入已挖出的20 mm以上的主蚁路内，然后在洞口加湿土，填压实。药液浇灌之处，白蚁均死亡、变黑、腐烂。

（8）熏蒸法

1）操作要点。这是防制堆砂白蚁的重要方法，操作时注意保持熏蒸现场密闭，并保持必要的时间。熏蒸剂的操作必须经过专门的技术培训，工作人员应戴防毒面具。

2）操作步骤。常用的药剂有溴甲烷（CH_3Br），35～40 g/m^3；氯化氨（Cl_3NO_4），40 g/m^3；硫酰氟（SO_2F_2），30 g/m^3；磷化铝（AlP），8～12 g/m^3。对于受堆砂白蚁蛀蚀体积不大的木家具，可放在熏蒸室或熏蒸箱内熏杀。熏蒸室的门窗必须用牛皮纸密封，也可用塑料膜罩住被熏物品，周围用砂压住，不让其漏气。敌敌畏是一种熏蒸作用较强的农药，用敌敌畏乳剂1 kg，加1 kg温水稀释，采用农用喷雾器喷施，每公斤药量可喷施12～15 m^3。每幢房屋要在当天喷施完毕，立即将全部门窗关闭，封闭出气孔，熏蒸 72～96 h，然后进行检查。也可在危害木上每隔 100 mm 左右钻一小孔，用棉花浸敌敌畏塞入小孔，可起到良好的熏蒸效果。喷洒 40%敌敌畏灭堆砂白蚁，其成效关键在于密封，木家具喷敌敌畏后，必须用塑料薄膜密封 3 天，让药剂有充分的渗透时间。

第 4 节　效果评估

学习目标

◎ 掌握计算白蚁防制效果的评估方法。

相关知识

1. 白蚁密度的正常波动

在实验条件下，把用 20 头截头堆砂白蚁若蚁组建的分离群体，分别在 18℃、20℃、23℃、27℃、30℃、33℃和相对湿度 80%的条件下饲养 6 个月，解剖观察得到如下结果。温度对分离群体生存的影响：6 个温度组饲养 6 个月后，群体存活的比率依次是 23℃和 27℃均为 100%，20℃为 85%，30℃为 80%，18℃为 65%，33℃为 10%。

温度对群体内若蚁生存的影响：饲养 6 个月后，群体内若蚁存活头数较多的是 23℃和 27℃，还存活有若蚁 14.25 头和 13.55 头，保存率为 46.83%和 45.17%，其余依次是 20℃、30℃、18℃、33℃，分别还存活有若蚁 9.45 头、7.55 头、3.85 头和 1.15 头，保存率分别为 31.5%、25.37%、12.83%、3.83%。

温度对若蚁羽化发育的影响：在 23～30℃的温度范围内，所有分离群体中，都有末龄若蚁发育为有翅成虫；温度高于这个范围，不利于若蚁生存，因而在 33℃的条件下，只有 50% 的群体中有末龄若蚁羽化为有翅成虫；温度低于这个范围，若蚁的羽化发育停滞，所以在 18℃和 20℃中生活的群体都未见到末龄若蚁羽化为有翅成虫。温度对若蚁转化发育为补充生殖蚁的影响：在温度为 18℃的条件下，有 80%的群体内产生了补充生殖蚁；在温度为 20～33℃的范围内生活的群体，都能产生补充生殖蚁而形成一个补充生殖蚁群体。

温度对补充生殖蚁产卵活动的影响：在18℃的条件下，虽也有80%的群体产生了补充生殖蚁，但产生的补充生殖蚁都未产出卵粒；在20℃中生活的群体，也只有20%的群体中有产出的卵粒；在23～33℃的范围内，所有的补充生殖蚁群体都有产出的卵粒。

温度对卵粒孵化的影响：在20℃以下和33℃以上，补充生殖蚁所产出的卵粒都未见孵化出幼蚁。前者可能是温度低于卵的发育起点温度，后者是因温度过高，卵粒易干燥收缩。看来胚胎发育的适宜温区是23～27℃，在这个范围内，100%的群体中都有孵出的幼蚁。而在30℃时，只有90%的群体孵出了幼蚁。

实验表明，截头堆砂白蚁在相对湿度为80%的条件下，气温低于18℃对白蚁的生存和发育不利，但高于33℃对白蚁的生存和发育也是不利的。

由此可见，温度对于白蚁的生长是有影响的。有些白蚁对温度变化十分敏感，如家白蚁，在10℃以下蛰伏不动；10～13℃仍基本不动，但偶有取食或走动现象；13～17℃开始活动和取食，但较缓慢；17℃以上正常爬行和觅食。因此，有些白蚁种群会随着季节温度的变化而出现数量的波动。但是在白蚁营造的大型蚁巢中，由于外面有巢壳保护，具有保温、保湿和抵御天敌的作用，巢内二氧化碳含量很高（一般达0.5%～6.5%），测得的家白蚁蚁巢温度可保持在25～35℃，相对湿度在90%以上，巢内含水量达30%左右。因此，巢内的温、湿度条件对白蚁生长的影响不会很大，但环境温度降低会减少白蚁外出取食活动，而使通过白蚁监测—控制装置捕获的白蚁数量出现季节性波动。

2. 白蚁密度波动记录、密度下降率计算

通过设置白蚁监测—控制装置记录到的白蚁密度的正常波动及控制前后的密度数值变化。

白蚁监测—控制装置可分为地下型和地上型两种，白蚁监测—控制装置具有监测和控制的双重作用。地下型装置由壳体、芯部及顶盖3部分组成，高25 cm、内径9.5 cm。壳体起保护作用，芯部装白蚁饵料（将松木按规格要求锯成条，然后将引诱剂、取食刺激剂、标记信息素和水按一定比例混合的溶液进行技术处理，以提高饵料对白蚁的引诱力和白蚁对饵木的取食量），顶盖固定饵料，并在接地面的一面装有一个金属片，与金属探测器配套使用，便于装置的检查工作（见图 5—12）。地上型饵站较适用于室内，为一塑料制盒状，有白蚁出入口的装置，装置内有纸巾，将纸巾湿润后粘贴于白蚁活动处（见图 5—13）。

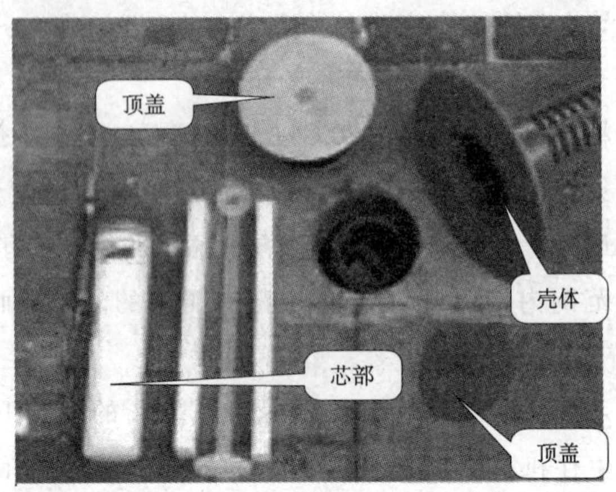

图 5—12　地下型白蚁监测—控制装置

图 5—13　地上型白蚁监测—控制装置

可按下式计算密度下降率：

$$\text{密度下降率}(\%)=\frac{\text{灭后密度}-\text{灭前密度}}{\text{灭前密度}}\times100\%$$

正值表示密度上升，负值表示密度下降。

3. 杀灭白蚁效果评估的方法

(1) 蚁巢检查

白蚁的危害很大，控制工作必须以根治为目的。检查白蚁的巢穴是否存在白蚁活动的迹象，一旦存在，应继续控制，直至全部杀灭。

(2) 白蚁监测

设置白蚁监测—控制装置，定期检查是否有白蚁活动。有些白蚁种类的蚁巢比较隐蔽和分散，不易发现，因此可通过设置白蚁监测—控制装置来进行定期监测，发现蚁情时，应及时查找蚁巢位置，并予以杀灭。或在监测—控制装置中施放药物，让工蚁带回巢内，通过白蚁的接触传递，从而导致整巢白蚁死亡。

操作技能

1. 蚁巢检查

(1) 操作要点

蚁巢检查是判断灭蚁效果的最好方法，检查时必须找到白蚁的主巢及相连的副巢，才能作出正确的判断。常用的灭蚁药物药效缓慢，检查药效需依药物种类和施药季节而定。如喷砷剂在夏季需3～4天，在冬季约需1星期；灭蚁灵施药在引诱箱、主巢、副巢白蚁群均会死亡，但药效缓慢，施药后1个月才能检查。

(2) 操作步骤

检查时，取出原来塞在洞口的棉花或纸屑，或在巢的下部开一个小洞，观察有无兵蚁爬出和白蚁尸体。检查施药效果时，通常可遇到下列三种情况：

第一种：用旋具插入巢内，拔出时，可在旋具上闻到白蚁尸体腐败的臭味。此时，近洞口有大量尸体堆积成团，尸体上长满霉菌，发酵腐败。

第二种：将洞口开大，用手伸入巢内，可感到温度很高，旋具上和蚁巢洞口完全没有臭味，没有找到巢内活白蚁和白蚁尸体，成为空巢，也无发霉现象。

第三种：在旋具上和洞中略有臭味，巢内只有少量尸体，但没有活蚁，发霉不严重。

在这三种情况中，第一种情况是施药成功的证据，而且大多数是主巢。第二和第三种情况可能是施药成功的副巢，也可能是白蚁转移至别处。如家白蚁中毒后有返回主巢集中和需要吸水的习性，因此，若在副巢中施药，检查时往往见不到众多白蚁的尸体，成为一个空巢。如果在白蚁死亡很久以后进行检查，那么即使在主巢中也可能找不到尸体，或仅有兵蚁残存的头壳，这是因为尸体已完全腐烂，臭味已经消失的缘故。此外，蚁巢外围的排泄物已干枯开裂，没有活蚁活动，也说明群体已消灭或蚁巢已被放弃，可初步判断蚁患基本解决。

2. 白蚁监测

(1) 操作要点

在白蚁危害区域应每两周检查一次，在无白蚁危害的区域（如新建房屋小区），应间隔 3～6 个月检查一次。

(2) 操作步骤

在白蚁危害区域离墙基 0.5～1.0 m 处的土壤中挖深约 300 mm、孔径 150 mm 的坑，把白蚁监测—控制装置垂直放入坑内，顶盖端向上，表面覆土 20～30 mm，隔一定距离等距安装。按预定的时间定期检查，记录有蚁活动的检查点数，并及时予以控制。

注意事项

测定结果要及时记录，应记录在专用的记录表上，并妥善保存，切勿遗失。

本章思考题

1. 白蚁在分类学上属于哪一目的昆虫，有何特点？
2. 在形态学上白蚁分为几种？
3. 在行为学上白蚁可分为繁殖型和非繁殖型两类，繁殖型白蚁又可分为哪些型？
4. 白蚁建立种群后需要多长时间种群才能成熟，其标志是什么？
5. 散白蚁属于哪一类型白蚁，其巢穴的建立有何特点及要求？
6. 简述土栖性白蚁、木栖性白蚁及土木栖白蚁巢穴的特点。
7. 白蚁侵害场所有哪些外露指征？
8. 白蚁侵害调查表有哪些主要的项目？
9. 白蚁侵害场所现场勘察的要点有哪些？
10. 白蚁防制的常用工具和检查辅助工具有哪些？
11. 常用白蚁的防制方法有哪些？各种防制方法的适用范围是什么？
12. 白蚁灭效评估的方法有哪些？

第6章

其他有害生物防制

第1节　跳蚤、螨、蚂蚁的识别

学习目标

◎ 掌握跳蚤、螨、蚂蚁的形态特征。

◎ 能够识别跳蚤、螨、蚂蚁，并能根据跳蚤、螨、蚂蚁的生活习性，查找跳蚤、螨、蚂蚁的侵害部位。

相关知识

1. 跳蚤、螨、蚂蚁的形态特征

(1) 跳蚤的形态特征

蚤 (fleas)，俗称跳蚤，隶属于昆虫纲、蚤目（*Siphonaptera*）。成虫体小，一般长 3 mm，体形左右侧扁，棕黄以至深棕色，体壁坚硬，体分头、胸、腹 3 部分，无翅，有 3 对足，尤以第 3 对足最为发达。如图 6—1 所示。

1）头部。略呈三角形，有触角 1 对，位于触角沟内，是重要的嗅觉器官，触角分为 3 节，末节膨大，又分 9 个假节。眼位于触角沟前方，视觉能力有限，仅分辨明暗，有些蚤种眼部退化或消失。眼前常有 1 根

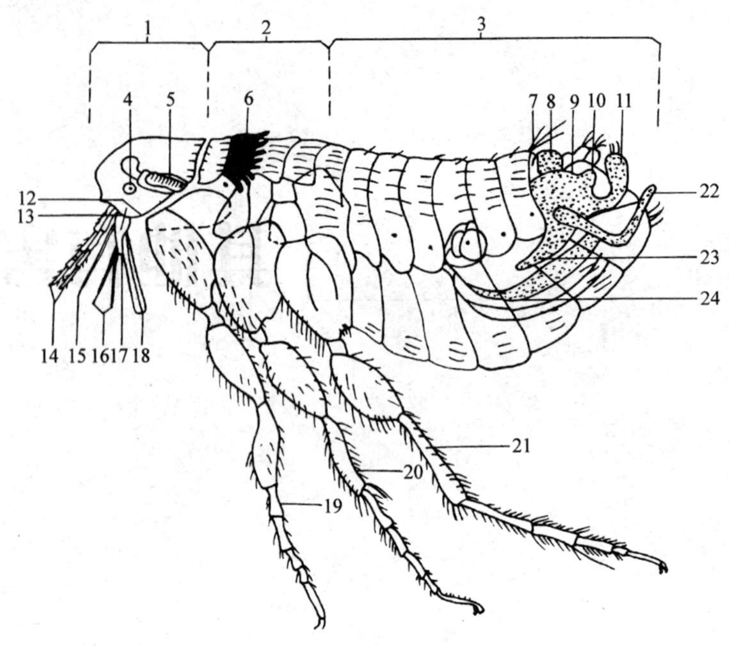

图 6—1　跳蚤外部形态

1—头部　2—胸部　3—腹部　4—眼　5—触角　6—前胸栉　7—臀前鬃　8—臀板　9—上抱器　10—抱器突起　11—抱器可动突　12—眼鬃　13—口刚毛　14—下颚须　15—内唇　16—下颚内叶　17—下颚叶　18—下唇须　19—前足　20—中足　21—后足　22—下抱器　23—抱器柄状突　24—阴茎

称为眼鬃的硬毛，其位置常具分类意义。颊部有若干粗壮的棕褐色扁刺排列成梳的颊栉，其有无及其排列方式、刺数和刺形在分类中颇为重要。口器为刺吸式，位于头的前下角，由 1 内唇与 1 对下颚内叶组成，是主要的刺吸器官，并附有下颚叶、下颚须和下唇须各 1 对。

2）胸部。分前、中、后胸 3 节，与跳跃功能相联系，后胸尤其发达。每一胸节由背板、腹板及侧板组成，腹板与侧板愈合为一（仅留痕迹），称作腹侧板。许多种类前胸处常有前胸栉，栉刺数目、形状和排列都有重要的分类意义。胸部还具分类意义的是中胸腹侧板，某些种类的中胸腹侧板可有 1～2 个几丁质角质厚杆。各胸节有足 1 对，各足的构造基本相同，自基部起依次为基、转、股、胫、跗，跗节亦复分 5 节，末节具爪 1 对。

3）腹部。共 10 节，前 7 节形状变化不大，称正常腹节，各腹节通常都有一块背板和一块腹板组成，两者均有节间膜连接。某些蚤种的雌性的节间膜十分发达，以至当怀卵成熟时，腹部借节间膜而充分膨大。

蚤类的腹部自第 8 节之后，称为变形腹节或生殖节，雄性蚤的该腹节高度变形，演化成上、下抱握器各 1 对。其外生殖器被认为是动物界中最复杂的构造，具有分类上的重要意义。

（2）尘螨的形态特征

尘螨在分类上隶属于真螨目，蚍螨科（Pyroglyphidae）。与人类疾病有关的尘螨有 3 种，为屋尘螨（Dermatophagoides pteronyssinus）、粉尘螨（Dermatophagoides farinae）和埋内欧尘螨（Euroglyphus maynei）。

1）屋尘螨。雌螨大小（长×宽）一般为（290～380 μm）×（220～260 μm），体形较扁长，后背中央皮纹纵行；足 4 对，各足分 5 节；足 4 短小，足 3 粗长；交合囊小，受精囊呈花瓣状。雄螨大小（长×宽）一般为（240～280 μm）×（155～220 μm）；后盾板长大于宽；足 1 与足 2 等粗，基节 1 内突不相接，无胸骨。如图 6—2 所示。

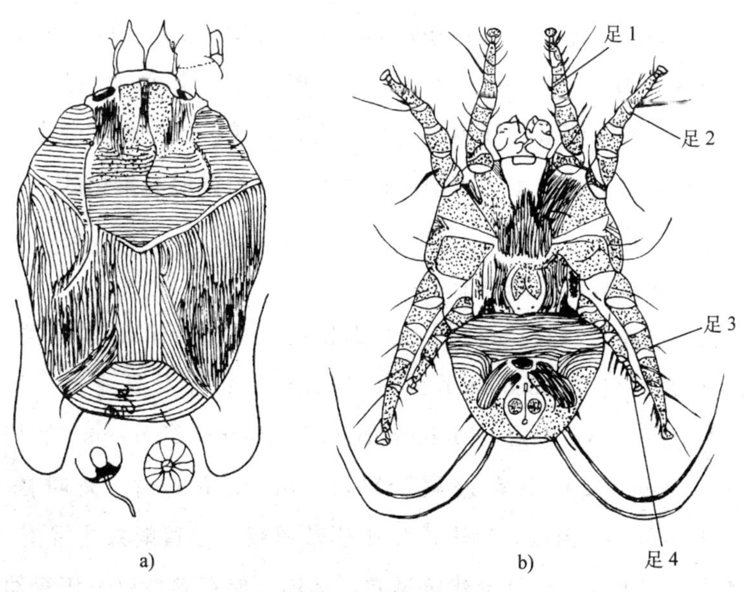

图 6—2　屋尘螨

a）雌螨　b）雄螨

2）粉尘螨（Dermatophagoides farinae）。雌螨大小（长×宽）一般为（370～440 μm）×（235～330 μm），体型饱满，后背中央皮纹横行，末端拱形；足 3 与足 4 等粗，细长；交合囊大，角质深，受精囊退化。雄螨大小（长×宽）一般为（285～360 μm）×（200～245 μm），后盾板宽短，足 1 特别粗壮，基节 1 内凸相接成胸骨。如图 6—3 所示。

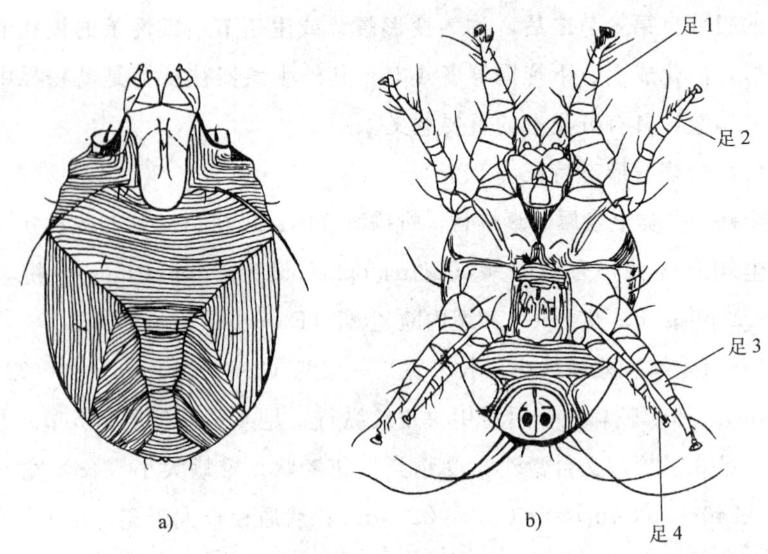

图 6—3　粉尘螨

a）雌螨　b）雄螨

3）埋内欧尘螨（*Euroglyphus maynei*）。埋内欧尘螨大小（长×宽）一般为（200～290 μm）×（100～160 μm），体型前端呈三角形，后缘较方，中央有明显的浅内陷，角皮皮纹粗皱；体毛都较微小，仅雄螨尾端有一对中等长的毛。雌螨后体背面有一长方形的角化区，雄螨有卵圆形的后盾板。

（3）小黄家蚁的形态特征

蚂蚁属膜翅目（Hymenoptera）细腰亚科（Apocrita）针尾类（Aculeata）蚁总科（Formicoidea）蚁科（Formicidae）。生活中常见的蚂蚁即为小黄家蚁，小黄家蚁（Monomorium Pharaonis Linnaeus）属切叶蚁亚科（Myrmicinae）小家蚁属（Monomorium Mayr），又叫法老蚁（Pharaoh's ant）、厨蚁，为热带和亚热带蚂蚁。小黄蚂蚁主要有工蚁、雌蚁和雄蚁，工蚁主要负责建筑巢穴，运输、储存粮食以及培育幼小蚂蚁等；雌蚁和雄蚁主要负责繁衍后代。

1）工蚁。体长 2.2～2.4 mm。体浅黄色至浅黄褐色，有时带红色；第 1 结节两侧和后缘及后腹部颜色较深；后腹部上总可见一深色暗斑。头背面有 3～4 对立毛；后头缘有 1 对毛，靠近后头角，极少数另有 1 对更短的毛存在；并胸腹节背板无毛或有时仅具 1 短毛；第 1 结节有 1～2对毛，第 2 结节有 2～3 对毛；后腹部毛丰富，上颚具弱的纵向刻纹；头背面和并胸腹均具细小的网状刻点；后腹部背板仅具网状痕迹。

头侧缘略凸，后头缘略凸或平；复眼小，为头宽的 0.81～0.21 倍；唇基前缘中央凹陷（见图 6—4）。前、中胸背板凸，其末端陡，与并胸腹节背板间形成一沟。

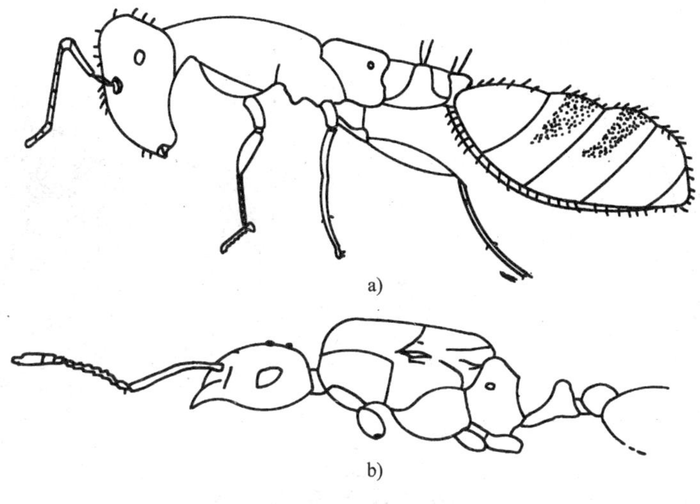

图 6—4　小黄家蚁

a）工蚁侧面　b）雌蚁侧面

2）雌蚁。雌蚁体较工蚁大，有的大出数倍。颜色与工蚁同。头宽通常与中胸盾片最大宽度相等或略宽。中胸背板长，稍凸，前缘凸圆并悬覆于前胸背板之上。头及腹柄节与工蚁同。前翅具 1 个肘室。后腹部粗大。

3）雄蚁。雄蚁体型介于工蚁与雌蚁之间。颜色与工蚁同。上颚 1～4 齿；唇基凸，双隆线不明显；触角线形，11～13 节；复眼大；单眼存在。胸部和翅与雌虫近似。腹柄节颇粗大，其结节较大。

2. 跳蚤、螨、蚂蚁的生活习性

（1）跳蚤的生活习性

1）跳蚤生活史。跳蚤属于完全变态昆虫，生活史有卵、幼虫、蛹、成虫 4 个时期（见图 6—5）。雌蚤交配后产卵，大多产于宿主毛内或巢穴的尘土中。温、湿度适宜时约 5 天可孵化出幼虫，幼虫蛆形，乳白色，无眼无足，多在阴暗地面、缝隙中及鼠洞、犬猫窝等处活动。幼虫经 3 个龄期，适宜条件下 2～3 周蜕皮两次发育为成熟幼虫，其自行吐丝做茧，在茧内化蛹。蛹期通常 1～2 周，有的长达 1 年或更长。成虫羽化出茧需要刺激，如动物来临所带来的空气振动，接触压力，或温度升高，均可诱导成虫破茧而出，否则可静伏于茧内。通常由卵发育为成虫约需 1 个月。雌蚤一生可产卵数百至上千个，寿命为 1～2 年。

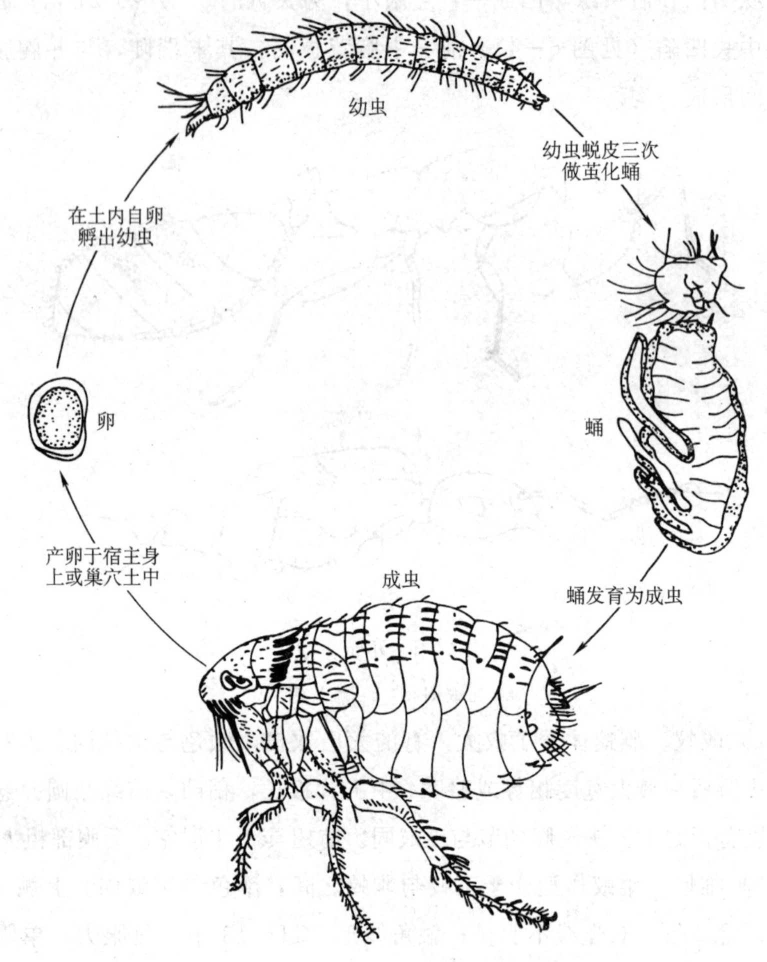

图 6—5　跳蚤生活史

2）栖息习性

①宿主选择性跳蚤寄生于恒温动物体上，绝大多数是体外寄生虫，通常寄生在啮齿动物鼠类体上。因蚤种繁多，对宿主的选择性因种而异，大致可分为 3 种类型。

a. 多宿主型蚤类。其宿主的范围很广，几乎无选择性。

b. 寡宿主型蚤类。这一类型最普遍，多限于一定的目、科、属的宿主类群。

c. 单宿主型蚤类。较为少见，其对宿主要求严格，一般仅寄生在一种特异性宿主体上。

不同的宿主选择性，反映了蚤与其宿主平行进化的程度，是蚤类在漫长的进化历史中对宿主及周围环境生态的长期适应性的结果。

由此可见，多宿主型蚤类因其宿主范围广，故在传病上意义很大。

②寄生方式。根据蚤类依附宿主持久的程度和吸血的频率，通常分为 3 种类型。

a. 游离型。又可分巢蚤和毛蚤两个亚型。前者栖息于洞巢内的时间较久，只有待宿主归回巢穴时才能得到血食，故耐饥力强；后者较长时间停留在宿主体上，可随时得到血食，故耐饥力弱。从流行病学角度看，巢蚤由于穴居，能忍饥挨饿，生存时间长，故在保存和延续蚤媒病及保持疫源性方面危害较大；毛蚤由于吸血频繁，常转移宿主，在传播蚤媒病方面起着重要作用。

b. 半固定型。雌蚤口器可较长时间（1～2 周）固定在宿主皮下吸血，雄蚤仍保持游离生活。

c. 固定型。雌蚤整体钻入皮下营永久性的寄生生活，皮上仅留一小孔，借以呼吸、排粪和产卵，雄蚤则营游离生活。此型仅限于潜蚤属的种类。

③孳生地。由于跳蚤的卵没有黏性，常掉落在宿主的巢穴中，又因巢穴内有成蚤粪便且有机物丰富，温、湿度也适宜，因此蚤类多孳生在宿主的巢穴中。在人的生活环境中，可由于家鼠、家庭饲养狗、猫等的出没，孳生于居家屋角、墙缝、床下、土炕等处的尘土中。

3）吸血习性。雌、雄蚤类均能吸血。其吸血频率，一次吸血的时间和血量往往随蚤种、性别、气温和宿主等因素不同而异。毛蚤吸血频率较巢蚤高，雌蚤较雄蚤高。在自然条件下每日至少吸血 2～3 次。跳蚤对温度反应敏感，只有宿主体温正常时，它才寄生。若宿主发病体温升高或死亡后体温下降，则立即转移至其他宿主身上吸血，因此犬、猫、鼠体上的蚤都可以到人体上吸血，这就极大地为流行病创造了条件。蚤类吸血时，常常时吸时停，并同时排粪，这一习性也为传染疾病创造了条件。

4）活动。成蚤的跳跃能力很强，如人蚤的跳跃可达至 33 cm，高至 18 cm，是其自身体长的 100～200 倍。但蚤自身的活动范围较小，可随携带的货物运至很远的地方，蚤媒病亦可传播至异地。故在海港航空检疫时，必须注意这一点。蚤的散布方面，有资料说明，如印鼠客蚤，又名印度鼠蚤，它起源于印度，是随着鼠类宿主而散布到全世界，在我国迄今除新疆、西藏和宁夏尚未发现外，其余地方均有发现。具带病蚤原产于欧洲，又称欧洲鼠蚤，由欧洲随其宿主（鼠类）借交通工具而散播到全球各港口，目前已成为世界广布的蚤种。

（2）家居螨类的生活习性

尘螨与营自由生活随仓储物品、食品进入家居环境的粉螨合称家居螨类。尘螨是全球性分布的小型螨类，普遍存在于人类居住和工作的环境中。尘螨及其代谢产物是强烈的过敏源，可以引起尘螨过敏性哮喘、过敏性鼻炎、尘螨特应性皮炎，严重的危害人体健康，对儿童尤甚。不仅可以在粮食及其加工品仓库中找到粉螨，也可以在干果类、乳制品仓库中，甚至在中药材及其成药内也经常可发现，此外，尘螨还出现在居家环境的积尘中。

1）生活史。尘螨与粉螨的生活史一致，均分为 5 个时期，虫卵、幼虫、第一若虫、第三若虫（无第二若虫）和成螨。在适宜条件下完成一代需 20～30 天。

①虫卵。长椭圆形，乳白色，并有珠光光泽。卵壳随幼虫的发育而伸长。

②幼虫。初孵出时体型微小，3 对足，前 2 对，后 1 对。

③第一若虫。足 4 对，在生殖区具生殖乳突和生殖毛各 1 对。

④第三若虫。足 4 对，具 2 对生殖乳突和生殖毛，生殖器尚未发育，其他特征与成虫相似。

⑤成虫。其交配在化虫后的 1～3 天内进行，雄螨终生都能交配，雌螨仅在前半生交配，一般 1～2 次。一生产卵 20～40 个，产卵期为 1 个月左右。通常雄螨可存活 60 天左右，雌螨可存活长达 150 天。

2）栖息习性。尘螨分布广泛，大多营自生活。屋尘螨主要孳生在卧具的被褥、枕头、沙发、软垫中，及不常洗涤的棉衣或毛衣上；粉尘螨主要在面粉厂的回袋车间、陈旧面粉中、棉纺厂清花车间及食品厂、中药材仓库等的地面孳生；粗脚粉螨常孳生于稻谷、大米、小麦、面粉、饲料、烟叶、中草药材中，也可孳生于鼠洞、鸟巢、鸡窝、干草堆，甚至在土壤中也有发现；腐食酪螨经常大量地发生于脂肪和蛋白质含量高的储藏食品中，如火腿、奶粉、干酪、鱼干等，禾谷类中亦有发现。

3）食性。尘螨为啮食性的自生螨，以粉末性物质为食，动物的皮屑、面粉、棉子饼、霉菌等都可能成为它的食料。

4）活动。尘螨发育需要的温度为 10～32℃，而最适宜温度为

25℃±2℃。温度高时发育快，但死亡率也高，超过 35℃ 则逐渐死亡。屋尘螨在一年中以夏末秋初虫口密度最高，春季最低。但因各地气温不同，以至季节消长也有所不同。温度影响尘螨各期的生长发育，从而影响尘螨密度。在适宜温度下，湿度是尘螨发育和繁殖的重要条件，亦是影响尘螨数量的决定因素。每只尘螨约含水分 10 μg，占尘螨自身体重的75%～80%。临界平衡相对湿度为 70%，低于 33%则导致失水死亡，高于 85%易于霉菌生长。由于尘螨个体小，因此维持水分代谢至关重要。粗脚粉螨孳生所需的温度在 25～30℃之间，相对湿度为 60%～80%，高湿及适宜的温度条件下繁殖最快。

各地温湿度、降雨量、住宅结构、南北地区取暖方式、室内卧具新旧的不同均能影响尘螨的数量。当前在混凝土和使用保湿性及气密性好的新材料住宅中，各个季节都保持着较符合人体舒适的温、湿度环境，通常为 15～18℃，相对湿度（RH）为 60%～80%，这样的条件很适合尘螨的生长。家庭生活中，当人们入睡约 4 h 后，枕头、被褥的温度可达到 25～29℃，湿度升高 5%～8%，为尘螨的生长提供了适宜条件。因此，人类活动为尘螨的散布创造了良好的条件。生活环境中，尘螨不论季节或空气中的湿度高低，多集中在微小生境相对湿度为 80%左右的地方。

（3）蚂蚁的生活习性

1）生活史。蚂蚁属完全变态昆虫，分卵、幼虫、蛹和成虫 4 个阶段。成虫具有明显的多型现象，一般有雄蚁、雌蚁和工蚁。雄蚁变化最小，头比雌蚁和工蚁的小，更圆；触角较长而细。蚁后（雌蚁）个体较大，触角和足比雄蚁较粗，后腹部大。工蚁也属于雌蚁，但无翅，并腹胸部较细，后腹部较膨大，复眼小，单眼无或微小；受精囊一般消失，卵巢极度萎缩。工蚁大小及颜色上常变化很大，当工蚁分为个体差异显著的二型或多型时，头及上颚大的称之为兵蚁，兵蚁职司打仗、保卫、咬碎食物或种子等。

蚂蚁的卵很小，常小于 0.5 mm，呈白色或淡黄色，形状为细长形、卵圆形或圆筒形。

幼虫头部外露，呈下头式或前头式；体节 13 节；无复眼；少数种类触角仅留有痕迹；气孔 10 对，位于中胸、后胸及前 8 个腹节上；身体几乎总有毛，其形状各异，以一龄幼虫身上的毛最多。最后一龄幼虫体缩短，不食不动，称之前蛹或预蛹。蛹常包围于茧之中，有的则不具茧；初为乳白色，后渐变为黄褐色。

典型的蚁巢内含有 1 头或数头生殖雌蚁（蚁后）、数量巨大的工蚁及其后代。雄蚁并不是常年都存在于蚁巢中，不同种类雄蚁产生的季节不尽相同。在合适的季节和适宜的气候条件下，同一种类不同蚁巢中的雄蚁与新的未受精的雌蚁交尾。

小黄家蚁不能通过单个雌蚁单独建立新巢，新蚁群的建立是由原蚁巢一部分工蚁将其幼体转移至新的地点而形成的，故建新巢不需要雄蚁和雌蚁。新巢里可由该蚁群中自我产生雌蚁和雄蚁。蚂蚁的生活史如图 6—6 所示。

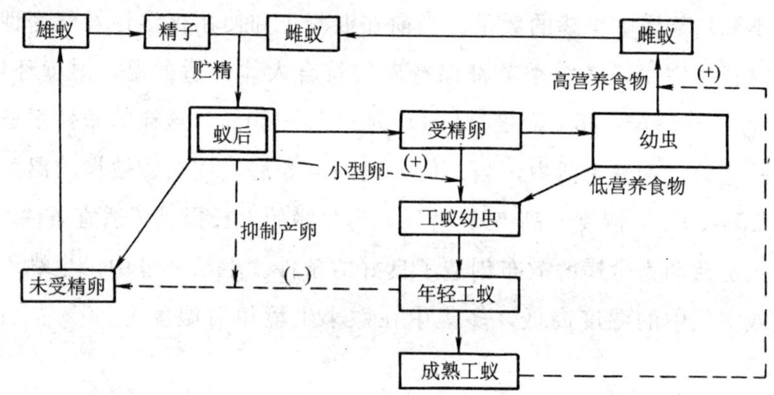

图 6—6　蚂蚁的生活史

（+）代表促进　（—）代表抑制

夏季两性成虫交配后，雄蚁不久便死去，雌蚁产卵繁殖蚁群。雌蚁在 27℃下产卵期约为 7.5 天。卵到幼虫期为 18.5 天，前蛹期 3 天，蛹期 9 天，共 38 天。每只雌蚁产卵平均 3 500 粒，一天可产达 30 粒卵。雌虫寿命可达 39 周，工蚁寿命 9～10 周，雄蚁寿命视交配而不同，一般为 3～8 周。一个蚁巢内可有多个雌蚁，通常雌蚁多于雄蚁，雌雄比可达 1.10∶1～5.25∶1。雌蚁可以终年繁殖，尤其当工蚁过多或雌蚁很少时，繁殖可以加速。蚁群过大时，随时可以分成新群，分群时由工蚁将蚁巢内的卵、幼虫等衔至适宜的栖所，便能建成新巢，一个新蚁群中可有蚁 400～4 800 头。

2）栖息习性。蚁群迁移时，雌蚁随工蚁和兵蚁集体搬迁，蚁巢无固定形式，常建立在窗台嵌木缝、墙壁和顶棚缝、管道的夹缝、家具下或不常搬动的物品堆内等地，其地点常靠近食源。若某蚁原产于热带，性喜温热，则会常在温暖而易取得水分的厨房、浴室等处活动。

3）食性。小黄家蚁喜趋向有食物的场所，喜食糖、蜜、油料及熟的饭菜等。小黄家蚁会侵入室内，窃食各种食品。该蚁工蚁不仅污染食物，使人们在感觉和心理上产生厌恶感，更为有害的是会叮咬人，尤其是叮咬小孩和重病人，还可造成新生儿脐带感染和败血症等。在医院，小黄家蚁会取食病人的脓、痰，还会直接携带和传播病菌，如伤寒杆菌、痢疾杆菌等。并能咬食家养的幼蚕，而影响养蚕业。

4）活动。蚂蚁出巢活动的季节，我国南方一般在 4～11 月，北方为 5～10 月，6～8 月是蚂蚁活动的旺季。当冬季来临时，蚂蚁逐渐行动迟缓且不喜欢活动，均集中在较下层的蚁巢中。蚂蚁在越冬期间其器官组织冰点降低，肌肉活动几乎不产生热量，也不取食。

3. 跳蚤、螨、蚂蚁的识别要点

（1）跳蚤

1）形态识别。蚤类体躯极度侧扁，由三大部分构成，即：头部、胸部和腹部。

①头部。蚤类的头部略呈三角形。头部两侧有一对触角窝，触角窝将头部分为前头和后头，触角窝着生触角。雄性的触角比雌性的大。如图 6—7 所示。

②胸部。蚤类的胸部由前胸、中胸和后胸 3 节构成。前胸分为背板和腹侧板。中胸分为背板、前侧片、后侧片和腹板。后胸分为背板、背板侧区、前侧片、后侧片和腹板。3 胸节各有 1 对足，每足分为 5 节，分别为：基节、转节、股节、胫节和跗节。跗节又分为 5 小节，第 5 跗节上有侧蹠鬃，末端有爪。

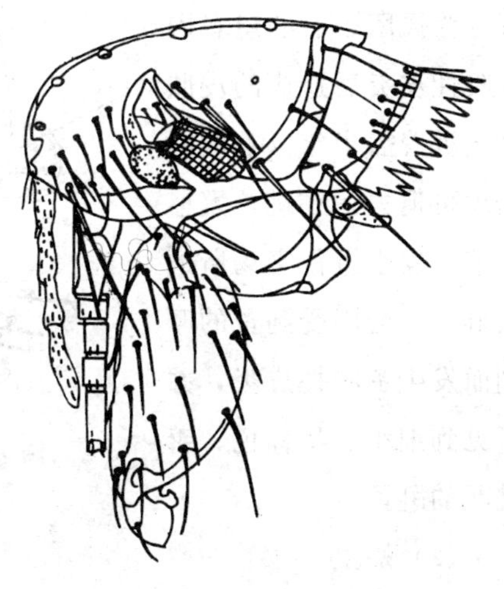

图 6—7　呈三角形的蚤类头部

③腹部。腹部共分 10 节。第 1～7 节背板和腹板上通常有 1 至数列鬃，近后缘的 1 列较发达，称为主鬃列。第 7 背板后缘上方有臀前鬃，通常为 1～3 根，多可达 10 根左右。在第 7 背板后方为臀板。第 1～8 腹节各有气门 1 对，位于背板两侧的气门窝内。第 8 腹节气门最发达，可呈“T”形、“Y”形或长筒形等，通

常位于臀板的前下方。

雄性的第 8、9 节和雌性的第 7、8、9 三节称为变形节或生殖节（见图 6—8、图 6—9）。第 10 腹节称为生殖后节或肛节，可分为肛背叶和肛腹叶，两叶之间是肛门。雌蚤肛背叶的外侧有 1 锥形构造名为肛锥，其上有 1 根或数根端鬃、亚端鬃或侧鬃。

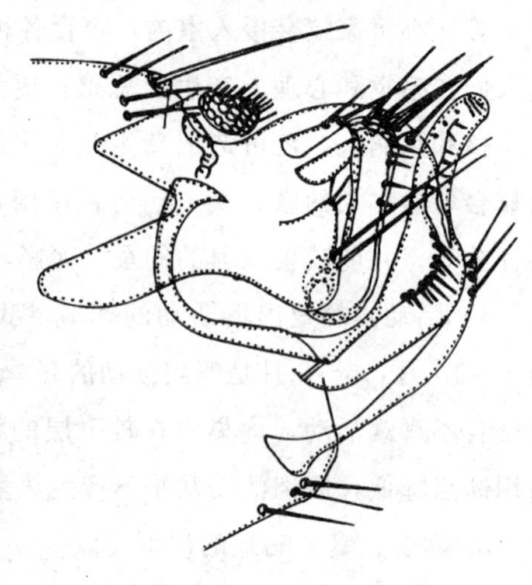

图 6—8 不等单蚤雄性变形节

2）生活习性识别。蚤类体躯极度侧扁，体小，善于跳跃，是鸟类和哺乳动物的体外寄生虫。蚤在叮刺人体皮肤后，局部皮肤常出现不同程度的过敏反应，反应程度有明显差异，轻者几乎不留痕迹，重者局部可出现大小不等的丘疹甚至风疹。奇痒无比，抓挠后可变为风团，有的患者因蚤咬性皮炎后造成的皮肤色素沉着需半年以上的时间才可退去。在跳蚤繁盛季节，发生蚤侵害场所的人群中，会因受到蚤的叮刺而发生蚤咬性皮炎，并可见到细小、呈棕色、善跳跃的跳蚤。

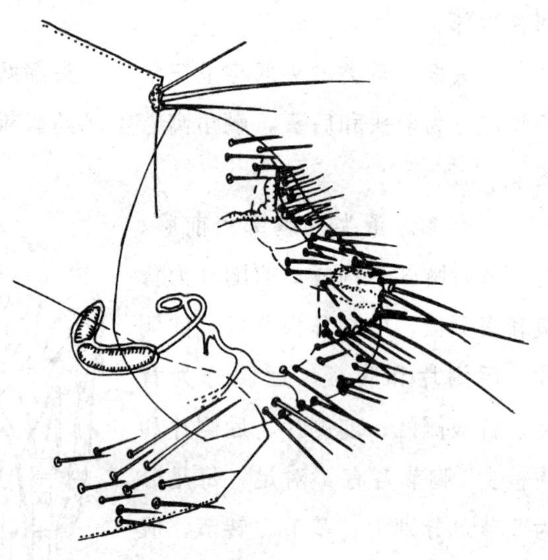

图 6—9 不等单蚤雌性变形节

（2）螨虫

1）形态识别。螨类属小型节肢动物，外形有圆形、卵圆形或长形等。虫体小则 0.1 mm 左右，大者可达 1 cm 以上。虫体的基本结构可分为颚体（gnathosoma）（又称假头）与躯体（idiosoma）两部分（见图 6—10）。

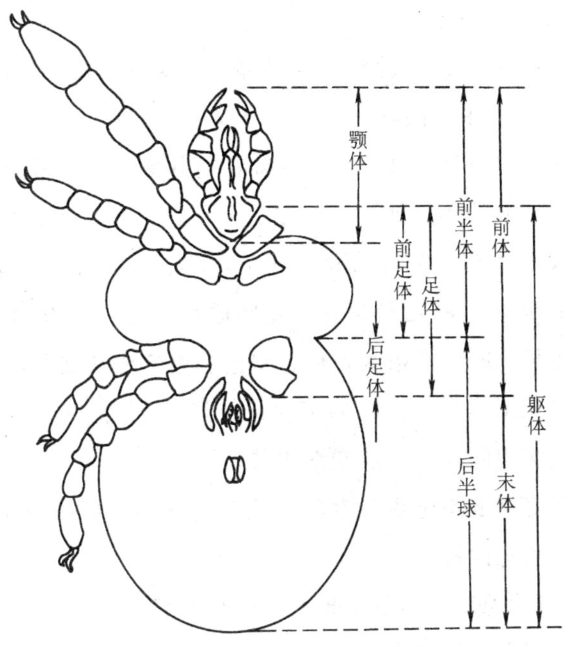

图 6—10　螨体段分划示意图

①颚体。位于躯体前端或前部腹面，由口下片、螯肢、须肢及颚基组成。

②躯体。呈袋状，表皮有的较柔软，有的形成不同程度骨化的背板。此外在表皮上还有各种条纹、刚毛等。有些种类有眼，多数位于躯体的背面。腹面有足 4 对，通常分为 6 节（包括基节、转节、股节、膝节、胫节和跗节），跗节末端有爪和爪间突。气门或有或无，位于第 4 对足基节的前或后外侧，生殖孔位于躯体前半部，肛门位于躯体后半部。

2）生活习性识别。尘螨普遍存在于人们的生活环境中微小生境相对湿度为 80%左右的场所。虫体及其细小，在 0.1～100 mm 之间，需借助放大镜或解剖镜才能辨别。

（3）蚂蚁

1）形态识别。蚂蚁与其他昆虫一样，分头、胸、腹，但在胸、腹部形成明显的特化。因此，通常蚂蚁的体态分为 4 个部分，即：头部、胸部和腹部第 1 节（并胸腹节）愈合而成的并腹胸、由腹部第 2、3 节极度缢缩和特化形成的腹柄节（结节）及后腹部（腹部其余各节）。

①小黄家蚁工蚁的形态识别。体长为 2.2～2.4 mm。颜色呈浅黄色至浅黄褐色，有时带红色；第 1 结节两侧和后缘及后腹部颜色较深；后

腹部上总可见一深色暗斑。

头部：头侧缘略凸，后头缘略凸或平；复眼小，为头宽的 0.81～0.21 倍；唇基前缘中央凹陷。

胸部：前、中胸背板凸，其末端陡，与并胸腹节背板间形成一沟。

②蚂蚁与白蚁的形态区别。蚂蚁属于比较高等、后起的昆虫，有翅成虫的前翅大于后翅，翅脉特化、简单，翅长几乎等于或略长于体长；白蚁的有翅成虫前后翅几乎相等，翅脉原始、复杂，有时呈网络结构，翅长远超过体长。蚂蚁多数为黄色、褐色、黑色或橘红色，触角为膝状，且胸腹间突然变细成腰；白蚁的工蚁、兵蚁多为乳白色或灰白色，触角为念珠状，且胸腹间没有突然变细成腰。

蚂蚁属于完全变态昆虫，有静止状态的蛹期；白蚁属于不完全变态昆虫，无静止状态的蛹期。

2）生活习性识别。蚂蚁不畏光（除少数种类外），一般都不修筑蚁道；白蚁的工蚁和兵蚁畏光，大多数种类眼已退化，活动和取食有蚁道或泥被掩护。

蚂蚁食性很广，肉食性或杂食性，并有储存食物的习性；从食性上区别，白蚁主要食木纤维的物质（除极少数种类外），一般不储存食物。

操作技能

1. 准备工作

（1）工具准备

双筒解剖镜、放大镜、显微镜、冷光源。

（2）标本准备

跳蚤、尘螨的玻片标本和蚂蚁的浸液标本。

2. 操作步骤

（1）跳蚤的形态观察的要点和步骤

1）观察要点

①认识跳蚤整体形态。躯体极度侧扁，由头部、胸部和腹部 3 部分构成。

②认识头部形态。头部略呈三角形，两侧有 1 对触角窝，触角窝将头部分为前头和后头，触角窝着生触角。

③认识胸部形态。胸部分前、中和后胸 3 节，前胸背板和腹侧板，

中胸背板、前侧片、后侧片和腹板，后胸背板、背板侧区、前侧片、后侧片和腹板，还有足的特征。

④认识腹部形态。腹部第 1～7 节背板和腹板，第 7 背板及后方的臀板，雄性和雌性的变形节或生殖节。

2）观察步骤

①将玻片标本置于显微镜镜台上（有夹片装置）。

②用推进器上下左右将标本调整到位，使所看物像置于视野正中。

③适度调节焦距（调节粗螺旋），以看清镜下整体标本为准。

④记录不同标本（虫种）各自的形态特征。

（2）螨的形态观察的要点和步骤

1）观察要点

①认识螨的整体形态。外形，虫体的基本结构：颚体与躯体。

②认识颚体的形态及组成：口下片、螯肢、须肢及颚基。

③认识躯体形态及组成：袋状，表皮上的条纹、刚毛，是否有眼及所处部位，腹面的足，有无气门及所处部位。

2）观察步骤。①～④项同观察跳蚤。

（3）蚂蚁形态观察的要点和步骤

1）观察要点。借助放大镜观察蚂蚁的颜色，头部、胸腹与腹部的特征，观察的要点为：

①体黄至红棕色，雌蚁长 3～4 mm，腹部较肥大，雄蚁长 2.5～3.5 mm，工蚁长 1.5～2.0 mm，腹末第 2、3 节背面黑色。

②头、胸部和腹柄结有细微皱纹和小颗粒，腹部光滑，被稀疏细毛；触角 12 节，柄节长超过头的后缘，端部鞭节棒由 3 节组成。

③前、中胸背面弧形，第 1 腹柄节楔形，顶部略圆，端部突出稍长；第 2 腹柄节球形，腹部呈长椭圆形。

2）观察步骤。左手持标本瓶，右手持放大镜，依次观察各部位的颜色及头、胸、腹部的形态特征。

注意事项

1. 放置标本玻片时应注意将有盖片的一面向上。

2. 尽量使所看物像在镜下呈正像姿态。

3. 转换显微镜物镜倍数时，需将所视标本移入视野正中。

4. 严格遵守实验操作规程，独立操作，注意多练、多看、多比较。

第2节　跳蚤、螨、蚂蚁侵害状况调查

学习单元1　跳蚤侵害状况调查

学习目标

◎ 掌握跳蚤侵害场所的调查方法和跳蚤密度调查表的填写方法。

◎ 能够确定跳蚤的侵害场所，熟悉跳蚤防制方法的选择及适用范围。

相关知识

1. 跳蚤标本的采集方法

(1) 从动物身上采集

利用鼠笼或鼠板在野外或室内捕获小型动物，如啮齿类、食虫类或小型食肉类等。捕获后须立即将动物放入布袋内，将袋口扎紧。带回实验室后，用棉花球蘸氯仿或乙醚少许，放入袋内，约10 min后，动物和蚤类等体外寄生虫已麻醉或熏死，即可倒入清洁的白色搪瓷盘内，进行检蚤，此时部分蚤类落入盘内，部分蚤类留在动物毛端，可一一取下，放入盛有75%酒精的小平皿内。部分蚤类仍藏在皮毛深处，可用小刷梳刷或用箅子抖落，使跳蚤落入盘内。还要注意将布袋翻转，检出附在袋壁的跳蚤。要注意，一个袋只装一只动物，以免混淆。大型的动物，如家畜等，不能装袋者，可用镊子直接检蚤。为了避免跳蚤逃走，可用棉球蘸酒精将它按住，再检获。在检获跳蚤的同时，对其他体外寄生虫，如蜱、螨、虱等都要一并检下。初步观察平皿内已检获的蚤等体外寄生虫后，应先计数，并一一登记在记录卡上。然后放入盛有 75%酒精的指形小玻璃瓶中，并放入写有编号、日期、宿主、地点等的标签。标签可用硬铅笔或绘图墨水写，但不可用蓝墨水或圆珠笔写，以免字迹溶化。小瓶口盖紧后，还要用胶布封牢。

（2）从动物窝巢内采集

动物的窝巢是蚤类繁殖的场所，所以可以采到大量的成虫、幼虫和蛹等各时期的标本。有些蚤类本身是巢居性的，在人居室或家禽家畜的居所或仓库内，容易找到其窝巢，但野外动物的窝巢则须留意寻找洞口，顺洞口挖掘。采集时，须将洞口、洞干以至窝巢的泥土和筑窝所用的草屑、羽毛等，全部收集，装袋。如窝巢中动物及其幼仔尚在，可捕捉一并带回，以便鉴定宿主之用。在大多情况下动物已不在，亦可据经验辨识是何类动物的窝巢。

带回动物窝巢和泥土后，分别放入盘中检查。可用蘸酒精的镊子拣出，同样放入盛有酒精的玻璃皿中。如有幼虫或蛹，可以检获固定以便观察其形态，亦可仍留在窝巢的碎屑中，待其发育。所以窝巢的泥土碎屑须继续保留，在适宜的温湿度下，经数日后再次检查 1～2 次。保存和记录方法同上。

2. 跳蚤侵害的调查方法

跳蚤侵害场所的调查方法主要为到现场勘查，查找跳蚤侵害的依据：如调查人员遭受到不明害虫叮咬的反应、叮咬后出现的皮疹，捕捉到跳蚤是证明跳蚤侵害的直接依据，现场有猫、犬等动物或近期发生过鼠害，也可作为跳蚤侵害的佐证。

3. 跳蚤密度调查表填写方法

逐项填写调查表设计的内容，主要内容有：发生的时间、地点，侵害部位、环境状况、原因以及跳蚤的密度状况等信息。表格填写要准确，不应有缺项（见表 6—1）。

表 6—1　　跳蚤侵害状况调查表

<table>
<tr><td colspan="2">检查日期：</td><td colspan="2">地址：</td><td colspan="2">温度（℃）：</td><td colspan="2">湿度（%）：</td></tr>
<tr><td colspan="2">侵害部位：</td><td colspan="2">侵害面积：</td><td colspan="2">密度测定方法：</td><td colspan="2">侵害原因：</td></tr>
<tr><td colspan="8">控制前期密度测定结果</td></tr>
<tr><td>测定点</td><td></td><td></td><td></td><td></td><td></td><td></td><td>合计</td></tr>
<tr><td>虫数（只）</td><td></td><td></td><td></td><td></td><td></td><td></td><td></td></tr>
</table>

续表

检查日期：		地址：		温度（℃）：		湿度（%）：	
侵害部位：		侵害面积：		密度测定方法：		侵害原因：	
控制后期密度测定结果							
测定点							合计
虫数（只）							
防制方法：							

4. 确定跳蚤侵害场所的方法

(1) 在现场发现有跳蚤活动或捕捉到跳蚤。

(2) 在同一场所的不同部位及相邻的场所勘查是否有跳蚤活动，确定侵害范围。

5. 跳蚤防制方法

(1) 环境防制

环境防制是根本性措施。要长期开展卫生运动，保持环境卫生，包括个人和居室卫生，家畜的窝巢要远离人的居室，畜体要经常灭蚤，保持清洁，勤换垫草，彻底消灭蚤类的孳生场所。

灭蚤工作必须与灭鼠工作相结合，在疫区应该注意在灭鼠的同时要灭蚤，否则鼠死后，蚤类另寻宿主，会增加人畜感染的危险。

(2) 化学防制

化学防制是紧急处理的手段，也是当前蚤类防制的重要措施之一。使用低毒高效速杀的拟除虫菊酯类，如溴氰菊酯和氯氰菊酯等；同时某些有机磷类药物，如敌敌畏，由于其杀虫效果好，仍然在某些外环境的处理中使用。昆虫生长调节剂也可用于蚤类防制。

6. 跳蚤防制方法的选择及适用范围

环境防制是控制所有有害生物的根本措施，蚤类防制也应以环境防制为主。但是一旦发生了跳蚤的侵害，则应采取化学防制措施，迅速降低跳蚤的密度，直至完全杀灭。

操作技能

1. 确定跳蚤的侵害场所

(1) 现场勘查准备

1) 工具准备。确定跳蚤侵害场所，需准备手电筒、放大镜、眼科镊子、培养皿；测定跳蚤侵害或密度需准备粘蟑纸或粘蝇纸，也可准备浅白瓷盆、蜡烛或吸尘器；还要准备好记录的笔纸等。

2）个人防护准备。工作人员应穿长裤和长袖衣服，穿长筒水靴，扎紧袖口、裤腿，并将裤腿放入水靴内，裸露部位要涂抹驱避剂。在离开工作现场时，要仔细检查，避免将跳蚤带离现场。

（2）现场勘查要点和步骤

1）接到有跳蚤侵害的报告，或根据报告人的描述初步判断为跳蚤侵害时，应携带现场勘查所需要的工具和防护设备，赶赴现场。

2）到达现场后，先询问遭到侵害的范围及产生跳蚤侵害的可能原因。然后穿戴好防护设备进入现场，用电筒仔细检查。检查人员应注意观察自己的裤腿、脚面以及地面，捕捉可疑昆虫，以鉴别确定是否为跳蚤，并确定实际侵害的部位、范围及原因。

3）必要时，测定跳蚤的密度，以确定危害程度，并作为控制效果评价的依据。

（3）勘查结果记录

勘查结束后应记录：勘查的时间、地点，侵害的生物种类，侵害的部位、范围、原因，防制方法的初步建议，提出清除侵害的原因的建议，如灭鼠，清洁环境、堵塞孔洞，宠物灭蚤等。

2. 填写跳蚤密度调查表

虫情勘测结果和密度测定结果填写在表 6—2 中。表格要逐项填写：时间、地点、温度、湿度、侵害部位、面积、原因、密度测定方法等。侵害部位应记录发生的具体方位，如厨房、仓库、办公室、车间等。密度测定至少分控制前期和控制后期两个阶段，至少应设 3 个测定点。并提出初步的防制方法和建议，建议的内容主要为如何清除蚤侵害的根源。

3. 确定跳蚤防制方法

杀灭跳蚤一般采用喷洒杀虫剂的措施，迅速降低跳蚤的密度。生产车间、仓库等可以暂时离人的场所可喷洒倍硫磷、甲基嘧啶磷等有机磷杀虫剂；在有人居住的环境，应喷洒三氟氯氰菊酯等拟除虫菊酯类杀虫剂。

注意事项

注意个人防护，防止被跳蚤叮咬，防止携带并扩散跳蚤。使用有农药生产登记证的卫生杀虫剂，按要求的浓度和剂量正确使用，既要保证有效，又要保证安全，防止杀虫剂中毒。

学习单元2　家居螨类侵害状况调查

学习目标

◎ 掌握螨虫侵害场所的调查方法和螨密度调查表的填写方法。

◎ 能够确定螨虫的侵害场所，熟悉螨虫防制方法的选择及适用范围。

相关知识

1. 螨虫标本的采集方法

屋尘螨和粉尘螨生于枕头、被褥及床垫中和卧室地面；粉尘螨除了生存于人的居室外，还生存于面粉厂、棉纺厂车间及粮库的地面。常见的粉螨种类有粗脚粉螨、腐酪食螨等，孳生在各种谷物、谷粉和干果中。

可用吸尘器在上述物品上或场所中吸尘，然后将灰尘倒入培养皿中，置于解剖镜下仔细查看。

2. 螨虫侵害的调查方法

尘螨与粉螨由于个体极小，一般不易被察觉。只有当数量极大时，才会被发现。螨虫侵害场所调查方法为在现场查找存在螨虫活动的依据，如用吸尘器吸尘，并在解剖镜下检查；或直接在物品上查到聚集的螨虫。

3. 螨虫密度调查表填写方法

逐项填写调查表设计的内容，如发生的时间、地点，侵害部位、环境状况以及螨虫的密度状况等信息。表格填写要准确，不应有缺项（见表6—2）。

表 6—2　　蛛虫侵害状况调查表

检查日期：		地址：		温度（℃）：		湿度（%）：	
侵害部位：		侵害面积：		密度测定方法：			
控制前期密度测定结果							
测定点							合计
虫数（只）							
控制后期密度测定结果							
测定点							合计
虫数（只）							
防制方法：							

4. 确定螨虫侵害场所的方法

（1）在现场查见螨虫活动。

（2）在现场不同部位及相邻场所检测是否存在螨虫，以确定侵害的范围。

5. 螨虫防制方法

（1）环境与物理防制

高温、冷冻方法杀螨。将耐热的衣物放入 70℃的环境中几小时，即可杀死螨虫；冬季置于室外 18℃，24 h 后可将螨虫全部杀死。室尘螨喜欢在摄氏 25℃到 35℃之间生长，所以如果把温度降到 15℃或升高到 45℃室尘螨就会死亡。实验结果发现，温度 15℃之下，只有 1.3%室尘螨的卵被孵出，并且随即死亡。如果温度更低，室尘螨繁殖的速度会更慢。在摄氏 16℃到 20℃之间，一代的寿命长到 120 天，但繁殖力较差。因此，也可以用低温（如干冰）来杀死地毯中的室尘螨。而利用高温清洗也是一种很好的方法，因为不仅可以杀死室尘螨，也可以除去它们的尸体，减低过敏原。通常情况，45℃时 1.5 h、50℃时7 min、60℃时 30 s 即可杀死室尘螨。在清洗时，若加些洗洁精，效果会更好，50℃中 5 min 就可达到效果。利用湿度也是一种可行的方法，室尘螨喜欢在 75%的湿度下生活，如果把湿度降到 50%以下就无法生存。另外，室尘螨也需要有食物及适当的营养才能生长，这些食物主要是人的皮屑、长霉菌的食品、猫狗口水与皮屑、蟑螂排泄物与尸体等有机物质。如果屋内食物多，则室尘螨繁殖快；反之则会饿死。

此外，在房屋建造时应注意通风、采光，保持室内干燥。经常清除室内尘埃，勤晒被褥床垫，勤洗衣被床单。

（2）化学方法

当前由于尚无十分理想的杀螨剂，推荐杀螨药物如尼帕净（Nipagin，对羟基苯甲酸甲脂）、林丹、苯甲酸苄脂、虫螨磷、氨基甲酸酯类、三氯氰、硝基氨甲苯、倍硫磷和杀螟松等，均有一定的杀螨作用。

6. 螨虫防制方法的选择及适用范围

螨虫的防制应以环境防制为主，保持室内清洁，干燥是防制螨虫的根本措施。在发生螨虫侵害后，首先应选择物理方法予以杀灭，在其他方法都不奏效时才采用化学防制方法。

操作技能

1. 确定螨虫的侵害场所

（1）现场勘查准备

需要准备的勘查工具有白瓷盘、培养皿、放大镜、解剖镜、标签、吸尘器以及记录的笔纸等。

（2）现场勘查要点和步骤

1）接到有螨虫侵害的报告，或根据报告人的描述初步判断为螨虫侵害时，应携带现场勘查所需要的工具赶赴现场。

2）到达现场后，先询问遭到侵害的范围，用吸尘器采集样品，置培养皿中，在解剖镜下检查，以确定是否为螨虫侵害及侵害的范围。

3）测定螨虫的密度，以确定危害程度，并作为控制效果评价的依据。

（3）勘查结果记录

勘查结束后应记录：勘查的时间、地点，侵害的生物种类，侵害的部位、范围、原因等。并提出初步的防制方法。

2. 填写螨虫密度调查表

螨虫害情勘测结果和密度测定结果填写在表6—2中。表格填写要包括：时间、地点、温度、湿度、侵害部位、面积、原因、密度测定方法等。应记录发生侵害部位的具体方位，如卧房、仓库、办公室、车间等。密度测定至少分为控制前期和控制后两个阶段，测定点至少应设3个。并提出初步的防制方法和建议。

3. 确定螨虫防制方法

螨虫防制宜采用清洁环境，开窗、通风，保持室内干燥以及物理控制等方法，必要时采取喷洒杀虫剂的方法予以控制。

学习单元3　蚂蚁侵害状况调查

学习目标

◎ 掌握蚂蚁侵害场所的调查方法和蚂蚁密度调查表的填写方法。

◎ 能够确定蚂蚁的侵害场所，熟悉蚂蚁防制方法的选择及适用范围。

相关知识

1. 蚂蚁标本的采集方法

在采集蚂蚁标本前，首先应准备好采集工具，在发现蚁巢后，应根据蚁巢营建点的不同而采取不同的措施。石块、木段下的蚁巢一经搬开，蚂蚁就会向蚁巢深处或四周逃逸。对于行动缓慢，蚁巢又较小的种类，可直接将蚂蚁放入装有70%酒精的小瓶中；而对行动快、蚁巢大的蚂蚁需快速用铁锹将蚁巢连土一起先放在地布上，再行仔细收集；也可放入布口袋中，扎牢袋口，再慢慢收集。

在土中营巢的蚂蚁一般与石块下的采集方法大致相同，但对有多巢口的蚁巢，则应首先在巢口中灌入少量氯仿，使蚂蚁行动迟缓或昏厥，然后再行捕捉。

树皮下或植物洞穴内的蚂蚁可以用吸虫管或毛笔直接装入酒精瓶中。在朽木、伐桩中的蚁巢可以直接用吸虫管收集，也可将蚂蚁连同木屑一并装入布袋中，然后处理。悬挂在树枝上的蚁巢采集最方便，可用布袋连同树枝和蚁巢一并装入，用水浸泡一定时间后即可全面采集到工蚁、雌蚁和幼蚁甚至雄蚁标本。

对于个体稀少和蚁巢难以发现的种类，人们常采用吸虫管和毛笔采集外出活动的工蚁个体，或将有蚁的枯枝落叶装入布袋中带回宿营地用史氏漏斗采集器（见图6—11）进行收集。史氏漏斗采集器可分成4个部分：漏斗、纱网圈、连接漏斗和小瓶的胶圈和装有酒精的小瓶。当纱网圈中盛满枯枝落叶并逐步干枯后，蚂蚁将穿越纱网向下爬行，并掉入酒精中。

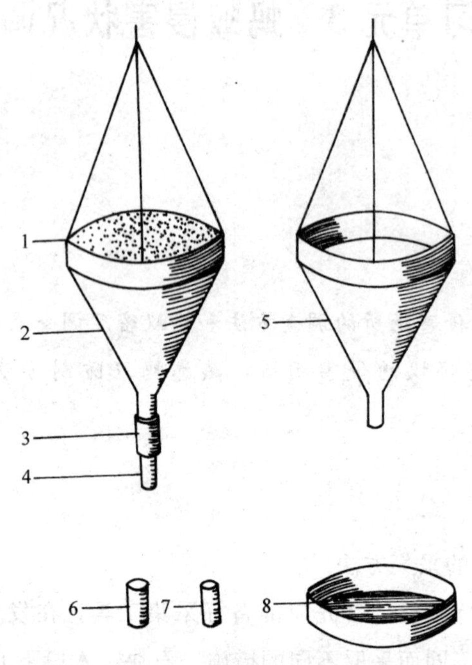

图 6—11　漏斗采集器

1，8—纱网圈　2，5—漏斗　3，6—胶圈　4，7—小瓶

一般来说，每巢或每种蚂蚁至少应采集 25 只工蚁及一些幼体。由于雌蚁生活在最隐蔽的场所，并且一遇情况即首先逃逸，往往不易每次都采到蚁后；而雄蚁则只能在繁殖期的分飞季节才能采到。

2. 蚂蚁侵害的调查方法

蚂蚁侵害的调查一般采用目测法，即直接寻找蚂蚁活动的证据，并沿蚂蚁取食路线寻找蚂蚁的侵入途径。

3. 蚂蚁密度调查表填写方法

逐项填写调查表设计的内容：发生的时间、地点，侵害部位、环境状况，以及蚂蚁的密度状况、侵害原因、蚁巢的部位与数量等信息。表格填写要准确，不应有缺项（见表 6—3）。

表6—3　　　　　　　　蚂蚁侵害状况调查表

<table>
<tr><td colspan="2">检查日期：</td><td colspan="2">地址：</td><td colspan="2">温度（℃）：</td><td colspan="2">湿度（%）：</td></tr>
<tr><td colspan="2">侵害部位：</td><td colspan="2">侵害面积：</td><td colspan="2">密度测定方法：</td><td colspan="2">侵害原因：</td></tr>
<tr><td colspan="7">控制前期密度测定结果</td><td rowspan="5">蚁巢的部位及数量</td></tr>
<tr><td>测定点</td><td></td><td></td><td></td><td></td><td></td><td>合计</td></tr>
<tr><td>虫数（只）</td><td></td><td></td><td></td><td></td><td></td><td></td></tr>
<tr><td colspan="7">控制后期密度测定结果</td></tr>
<tr><td>测定点</td><td></td><td></td><td></td><td></td><td></td><td>合计</td></tr>
<tr><td>虫数（只）</td><td></td><td></td><td></td><td></td><td></td><td></td><td></td></tr>
</table>

防制方法：

防制建议：

4. 确定蚂蚁侵害场所的方法

在检查中发现蚂蚁，并沿蚂蚁取食路线寻找蚂蚁的蚁巢位置和数量。判断为户外筑巢侵入室内的蚁群，还是室内筑巢、室内活动的蚁群，并判断蚁巢的位置及数量。

5. 蚂蚁防制方法

（1）环境防制

将甜、酸、油类食品和调料品等装入密闭容器，及时清除废弃物和食物残渣，用水泥、硅胶封堵所有的缝隙，防止蚂蚁在此环境中定居。

（2）物理防制

1）洗衣粉阻隔。由于洗衣粉表面张力小，蚂蚁一旦进入水中即被溺死。此法可用于在厨房四周设置保护区域，防止蚂蚁侵入。

2）水淹。如确定了蚁巢的位置后，可采用浇水的方法将蚁巢内的蚂蚁淹死。这种方法比较适合杀灭花盆中的蚁巢。

（3）化学防制

1）喷洒杀虫剂方法。在蚁巢巢口及四周直接喷洒化学杀虫剂，可直接触杀害蚁，并且见效迅速，但杀灭不彻底，不易根绝，且易造成环境污染和抗性。

2）毒饵诱杀法。毒饵即是由化学杀虫剂与蚂蚁喜食的食物诱饵混配而成。该方法是根据蚂蚁交哺行为防制蚂蚁。一旦一只蚂蚁取食了毒饵后，只要取食的工蚁不马上死亡，当其将获取的毒饵分享给同巢的伙伴时，很快会传给其他工蚁和幼蚁，其巢内其余个体会逐渐死亡，死亡时间一般在 7 天以内。因蚂蚁蛹不取食，则仍可能存活，因此，巢内蚂蚁不能除尽。

6. 蚂蚁防制方法的选择及适用范围

环境防制是防止蚂蚁筑巢的根本。对于室外、室内筑巢的蚁群，毒饵诱杀法是主要防制方法，其他方法可以作为补充。

操作技能

1. 确定蚂蚁的侵害场所

(1) 现场勘查准备

勘查蚂蚁侵害场所需准备：手电筒、小铁铲、眼科镊子、毛笔、手持放大镜、吸虫器以及调查表等。

(2) 现场勘查要点和步骤

1) 接到有蚂蚁侵害的报告后，应携带现场勘查所需要的工具赶赴现场。

2) 到达现场后，应先询问发生侵害的部位，检查蚂蚁的活动处，并沿蚂蚁取食路线寻找蚂蚁的蚁巢位置和数量。判断蚁群为户外筑巢侵入室内，还是室内筑巢室内活动的蚁群，并判断蚁巢的位置及数量。

3) 测定蚂蚁的密度或侵害面积，以确定危害程度，并作为控制效果评价的依据。

(3) 勘查结果记录

勘查结束后应记录：勘查的时间、地点，侵害的生物种类，侵害的部位、范围、原因，蚁巢的位置和数量，并提出初步的防制方法。

2. 填写蚂蚁密度调查表

蚁情勘测结果和密度测定结果填写在表 6—3 中。表格填写包括：时间、地点、温度、湿度、侵害部位、面积、原因、密度测定方法、侵害原因、蚁巢的位置和数量等。密度测定至少分控制前期和控制后期两个阶段，测定点至少应设 3 个。并提出初步的防制方法和建议。

3. 确定蚂蚁防制方法

根据侵害状况的勘查结果，在物理防制及毒饵与杀虫剂喷洒方法中选择一种作为主要灭蚁方法，并确定控制的部位。

第 3 节　跳蚤、螨、蚂蚁的防制

学习目标

◎ 掌握跳蚤、螨、蚂蚁的防制方法。

◎ 能够用常用方法杀灭跳蚤、螨、蚂蚁，掌握物理消毒方法、化学消毒剂及其使用方法。

相关知识

1. 跳蚤、螨、蚂蚁的防制方法

(1) 物理防制方法

物理器械防制方法就是利用人工、器械和热、光、电、声、波等物理能来防制有害生物。如用挖巢法直接毁灭蚁群，用灯光诱杀有翅蚂蚁和跳蚤，用高频和微波灭蚁，用通风干燥法杀灭螨虫等。

(2) 化学防制方法

化学防制方法是利用各种有毒的化学物质——药剂，通过一定的方法，直接接触有害生物，或者处理栖息、孳生场所和危害对象，使有害生物因接触或吞食药剂而中毒死亡，或者因此产生忌避作用而不能侵入危害。化学防制具有见效快、效率高的特点，但存在污染环境和使防制对象产生抗药性的缺点。

(3) 环境治理方法

环境防制主要是通过环境整治，以改变有害生物的生存环境，从根本上控制有害生物孳生与繁殖的方法。

2. 跳蚤、螨、蚂蚁的常用防制方法

(1) 跳蚤的常用防制方法

1) 常用物理防制方法

①烧燎灭蚤。此方法简单易行，适用于农村砖土地（土炕）等。先用干草均匀铺于地面（3～7 cm 厚），从一边开始点燃，可使蚤卵、幼虫、蛹及成虫全部烧死。使用此法绝对要注意防火，确保安全。

②粘捕法。用市售的粘蝇纸或粘蟑纸粘捕跳蚤，使用时将粘纸放在室内地面的四角和中心各一张，粘捕 2～3 天后，收集在一起用火烧毁。

2）常用化学防制方法。常用的化学灭蚤方法主要为使用滞留性喷洒化学杀虫剂，将杀虫剂均匀地喷洒在染蚤的地面及物体表面，并保留一段时间。

（2）螨虫的常用防制方法

1）常用物理防制方法。高温、冷冻方法杀螨。将耐热的衣物放入 70℃的环境中几小时，即可杀死螨；冬季置于室外 18℃以下，24 h 可将螨全部杀死。

2）常用化学防制方法。通风干燥是防制螨虫的主要措施，化学防制的效果不甚理想。常用的化学防制方法是喷洒化学药剂如尼帕净（Nipagin，对羟基苯甲酸甲脂）、林丹、苯甲酸苄脂、虫螨磷、氨基甲酸酯类、三氯氰、硝基氨甲苯、倍硫磷和杀螟松等。

（3）蚂蚁的常用防制方法

1）常用物理防制方法

①洗衣粉阻隔。由于洗衣粉表面张力小，蚂蚁一旦进入水中即被溺死。此法可用于在厨房四周设置保护区域，防止蚂蚁侵入。

②水淹。如确定了蚁巢的位置后，可采用浇水的方法将蚁巢内的蚂蚁淹死。这种方法比较适合杀灭花盆中的蚁巢。

2）常用化学防制方法

①喷洒杀虫剂方法。即在蚁巢巢口及四周直接喷洒化学杀虫剂，使杀虫剂直接接触并杀害蚁群。

②毒饵诱杀法。即在蚂蚁的取食路线上撒放毒饵，任蚂蚁拖食，达到杀灭整个巢内蚂蚁的目的。

3. 物理消毒方法

利用物理因子作用于病原微生物，将之杀灭或清除，叫做物理消毒法。包括热力消毒灭菌、辐射消毒、空气净化、超声波消毒和微波消毒等。

（1）热力消毒灭菌

高温能使微生物的蛋白质和酶变性或凝固（结构改变导致功能丧失），使之新陈代谢受到障碍而死亡，从而达到消毒与灭菌的目的。

在热力消毒中，可分为湿热与干热两大类。干热是指相对湿度在 20％以下的高热，由于干热消毒灭菌是由空气导热，因此传热效果较慢。一般繁殖体在干热 80～100℃中经 1 h 可以杀死，芽孢需 160～170℃经

2 h方可杀死。烧灼和焚烧的燃烧法、利用烤箱的热空气和利用微波炉消毒灭菌的干烤法均为干热消毒法。湿热消毒灭菌是由空气和水蒸气导热，传热快、穿透力强，湿热灭菌法比干热灭菌法所需温度低、时间短。如煮沸法、高压蒸汽灭菌法均为湿热消毒法。干热与湿热灭菌虽然都是利用热的作用杀菌，但由于本身的性质与传导介质不同，所以其灭菌的特点亦不一样（见表 6—4）。

表 6—4　　干热灭菌与湿热灭菌的比较

方式 项目	干热	湿热
加热介质	空气	水和蒸汽
对物品影响	烤焦	濡湿（皮革损坏）
适用对象	金属、玻璃与其他不畏焦化的物品	棉织品、水液等不畏湿热的物品
作用温度	高（160～400℃）	低（60～134℃）
作用时间	长（1～5 h）	短（4～60 min）
杀菌能力	较差	较强

湿热与干热各有特点，互相很难完全取代，但总的说来，湿热的消毒效果较干热好，所以使用也较为普遍。湿热较干热消毒效果好的原因有三方面：第一，蛋白质在含水多时易变性，含水量越多，越易凝固；第二，湿热穿透力强，传导快；第三，蒸汽具有潜热，当蒸汽与被灭菌的物品接触时，可凝结成水而放出潜热，使湿度迅速升高，可加强灭菌效果。

（2）辐射消毒灭菌

包括光照消毒和电离辐射。光消毒主要是利用紫外线照射，使菌体蛋白发生光解、变性，菌体内的氨基酸、核酸、酶遭到破坏而致细菌死亡。紫外线通过空气时，可使空气中的氧气电离产生臭氧，加强了杀菌作用。但紫外线穿透性差，不能透过玻璃、尘埃、纸张和固体物质，透过液体能力很弱。光照消毒对杆菌杀菌力强，对球菌较弱，对霉菌、酵母菌更弱。对生长期细菌敏感性强，对芽孢菌敏感性差。光照消毒因地区、季节、环境的影响，效果有所差异，当温度低于 4℃，湿度超过 50%时，杀菌能力减弱。因此，消毒时，必须提高温度，延长消毒时间，一般室温保持在 10～25℃为宜。减少空气中的尘埃，直接照射物品，可提高消毒的效果。

1）日光暴晒法。日光由于其热、干燥和紫外线作用，具有一定的杀菌力，将物品放在直射日光下，暴晒 6 h，定时翻动，使物体各面均受日光照射。此法多用于被褥、床垫、毛毯、书籍等物品的消毒。

2）紫外线灯管消毒法。紫外线因其光谱位于紫色可见光之外，故称紫外线。紫外线灯管是一种人工制造的低压汞石英灯管，管内注入压强0.4～0.6 kPa的氩气和水银数滴，灯管两端用钨丝作成螺旋状电极。通电后，氩气先电离，然后冲击水银电离，发放紫外线。空气经5～7 min紫外线照射后，才能使氧气产生臭氧。因此消毒时间应从灯亮5～7 min后开始计时，紫外线杀菌能力与其波长有密切关系，最佳杀菌波长为2 537 nm（为细菌对紫外线吸收最快的波长）。

常用的紫外线灯管有15 W、20 W、30 W、40 W四种，可采用悬吊式、移动式灯架照射，也可在紫外线消毒箱内照射。紫外线灯配用抛光铝板作反向罩，可增强消毒效果。

用于物品消毒时，如选用30 W紫外线灯管，有效照射距离为25～600 mm，时间为25～30 min（物品要摊开或挂起，扩大照射面）。

用空气消毒时，室内每10 m^2 安装30 W紫外线灯管1支，有效距离不得超过2 m。照射时间为30～60 min，照射前应先清扫尘埃，照射时应关闭门窗，停止人员走动。

在消毒过程中要注意以下几点：第一，注意眼睛、皮肤的保护，可戴墨镜或用纱布遮盖双眼，用被单遮盖肢体，以免引起眼炎或皮肤红斑；第二，紫外线灯管要保持清洁透亮，灯管要轻拿轻放，关灯后应间隔3～4 min后才能再次开启，开启后一次可连续使用4 h。

定期监测消毒效果。紫外线的杀菌力取决于紫外线输出量的大小，灯管的输出强度随使用时间的增加而减弱。故日常消毒多采用紫外线强度计或化学指示卡进行监测，新管（30 W）不低于100 $\mu W/cm^2$；使用中的旧管在50～70 $\mu W/cm^2$，则需延长消毒时间；低于50 $\mu W/cm^2$ 的灯管必须更换。定期进行空气细菌培养，以检查杀菌效果。

3）臭氧灭菌灯（电子灭菌灯）消毒法。灭菌灯内装有1～4支臭氧发生管，在电场作用下，将空气中的氧气转换成高纯臭氧。臭氧主要依靠其强大的氧化作用来杀菌。使用灭菌灯时，应关闭门窗，确保消毒效果。用于空气消毒时，所有人员须离开现场，消毒结束后20～30 min方可进入。

4）电离辐射灭菌法。应用放射性同位素r源或直线加速器发生的高能量电子束进行灭菌的常温灭菌方法，又称“冷灭菌”。此法适用于忌热物品，尤其对一次性应用的医疗器材、密封包装后需长期储存的器材、精密医疗器材和仪器，以及移植和埋植的组织和人工器官、节育用品等特别适用。

（3）空气净化消毒

空气本身缺乏细菌维持生活所需的营养物，再加上日光对细菌的影响，故空气中细菌很少。但如果室内光照和通风较差，同时微生物不断地从室内人群的呼吸道、皮肤排出，以及室内物品表面的浮游菌。使室内空气中细菌比室外多。利用通风或空气过滤器可使室内空气中的细菌、尘埃大大降低，达到净化目的。

定时开放门窗，以通风换气，这样可降低室内空气含菌的密度，短时间内使大气中的新鲜空气替换室内的污浊空气。通风是目前最简便而且行之有效的净化空气的方法。通风的时间可根据湿度和空气流通条件而定。夏季应经常开放门窗以通风换气；冬季可选择清晨和晚间开窗，每日通风换气两次，每次 20～30 min。

（4）超声波消毒法

是利用频率在 20～200 kHz 的声波作用，使细菌细胞机械破裂和原生质迅速游离，达到消毒目的。如超声洗手器，用于手的消毒；超声洗涤机，用于注射器的清洁和初步的消毒处理。

4. 化学消毒方法

化学消毒方法是利用化学药物渗透细菌的体内，使菌体蛋白凝固变性，干扰细菌酶的活性，抑制细菌代谢和生长或损害细胞膜的结构，改变其渗透性，破坏其生理功能，从而起到消毒灭菌作用。化学消毒方法所用的药物称化学消毒剂。有的药物杀灭微生物的能力较强，可以达到灭菌的效果，又称为灭菌剂。

（1）化学消毒剂从使用时的物理状态来分，分为：液体消毒剂、固体消毒剂与气体消毒剂 3 大类。气体消毒剂可分为强穿透性与弱穿透性两类，强穿透性如环氧乙烷、溴甲烷等，可用于包装物品的消毒；弱穿透性如甲醛、过氧乙酸与一些烟雾消毒剂，多用于房间的消毒处理。两者各有长短，在有些场合下是不能取代的。

（2）根据杀菌作用强弱，化学消毒剂可分为：

1）高效消毒剂。能杀灭各种细菌、真菌和病毒，包括细菌芽孢。其中可使物品达到灭菌要求的高效消毒剂又称灭菌剂。使用化学药物进行灭菌，一般多不需要加温，故与其他不需要加温处理的灭菌措施（如电离辐射）合称为冷灭菌。

2）中效消毒剂。能杀灭细菌繁殖体、结核杆菌、真菌和病毒，但不能杀灭芽孢。

3）低效消毒剂。只能杀灭部分细菌繁殖体、真菌和病毒，不能杀死结核杆菌、细菌芽孢和抗力较强的真菌和病毒。

（3）化学消毒剂还可从其化学成分来分类，主要分为含氯消毒剂、过氧化物消毒剂、醛类消毒剂、杂环类气体消毒剂、醇类消毒剂、季铵盐类消毒剂、酚类消毒剂和其他类别。

一个理想的消毒剂，应具备以下几个特点：杀菌谱广，有效浓度低，作用速度快，性能稳定，易溶于水，可在低温下使用，不易受各种物理、化学因素影响，对物品无腐蚀性，无臭、无味、无色，毒性低、消毒后无残留危害，不易燃烧，使用安全，价格低廉，便于大量运输和可大量生产供应。

操作技能

1. 跳蚤的杀灭方法

（1）准备工作

1）常用物理防制方法

①烧燎灭蚤。准备干草、火柴。

②粘捕法。准备粘蝇纸或粘蟑纸。

2）常用化学防制方法。滞留性喷洒法是灭蚤的主要方法。根据现场特点准备有机磷或拟除虫菊酯类杀虫剂，进行滞留性喷洒宜选择乳剂或可湿性粉剂等剂型的杀虫剂。同时准备储压式喷雾器、量筒、天平称等工具。常用灭蚤杀虫剂有2%马拉硫磷乳剂、0.25%二氯苯醚菊酯乳剂、0.05%～0.2%顺式氯氰菊酯悬乳剂、0.03%溴氰菊酯悬乳剂等。

表6—5　常用地面灭蚤杀虫剂

杀虫剂	商品名	类别	剂型	浓度（%）	用量
敌敌畏	敌敌畏	有机磷	乳油	0.1	100 mL/m²
敌百虫	敌百虫	有机磷	粉剂	2.5	40 g/m²
杀螟松	速灭松，灭蝇硫磷	有机磷	粉剂	2.0	15 g/m²
马拉硫磷	马拉松，4049	有机磷	粉剂	5.0	30 g/m²
			乳油	1.0	100 mL/m²
皮蝇硫磷	皮蝇硫磷	有机磷	乳油	1.0	200 mL/m²
残杀威	残杀威	氨基甲酸酯	粉剂	1.0	30 g/m²
氯菊酯	除虫精	拟除虫菊酯	粉剂	0.5	40 g/m²
溴氰菊酯	凯素灵	拟除虫菊酯	粉剂	0.005	25 g/m²

(2) 操作要点和步骤

1) 烧燎灭蚤

①操作要点。此法简单易行，适用于农村砖土地（土炕）等，使用此法时要绝对注意防火，确保安全。

②操作步骤。用干草均匀铺于地面（30～70 mm 厚），从一边开始点燃，可使蚤卵、幼虫、蛹及成虫全部烧死。

2) 粘捕法

①操作要点。此法不能完全杀灭跳蚤。

②操作步骤。用市售的粘蝇纸或粘蟑纸粘捕跳蚤，使用时将粘纸放在室内地面的四角和中心各一张，粘捕 2～3 天后，收集在一起用火烧毁。

3) 滞留性喷洒法

①操作要点。此法可快速、全面地杀灭跳蚤。控制时应仔细，不遗留空白，重点侵害部位应重点喷洒，喷洒后药剂应保留 24 h 以上，力争一次做到完全控制。

②操作步骤

a. 选择杀虫剂。倍硫磷、甲基嘧啶磷等乳剂，溴氰菊酯、氯氰菊酯、三氟氯氰菊酯等可湿性粉剂、悬浮剂。

b. 器械准备。储压式常量喷雾器，使用前先检查喷雾器所有的配件是否完整，装配是否正确，功能是否完好。

c. 稀释杀虫剂。按照稀释比例，量取或称取一定量的药剂，以水进行稀释。一般使用浓度为倍硫磷和甲基嘧啶磷均为 1%，溴氰菊酯、氯氰菊酯和三氟氯氰菊酯为 0.02%～0.05%。

d. 喷洒杀虫剂。室内喷洒，从房屋的最里面开始，边喷洒边往外退，喷洒要全面，不应留空白。喷洒以地面湿润为标准，一般喷洒量为 50 mL/m^2，重点侵害部位应重点喷洒。

2. 螨虫的杀灭方法

(1) 准备工作

准备储压式喷雾器、量筒、天平称等工具。

(2) 操作要点和步骤

1) 操作要点。通风干燥是防制螨虫的主要措施，而使用化学防制的效果不甚理想。常用的化学防制方法是喷洒化学药剂如尼帕净（Nipagin，对羟基苯甲酸甲脂）、林丹、苯甲酸苄脂、虫螨磷、倍硫磷和杀螟松等。

2）操作步骤。配制1%的尼帕净（Nipagin）、1%的林丹或1%的虫螨磷，用储压式喷雾器对现场勘查中发现的或疑有螨虫生长的物体表面进行喷洒，喷洒量为40～50 mL。

3. 蚂蚁的杀灭方法

（1）准备工作

手套、投放毒饵的小勺。

（2）操作要点和步骤

蚂蚁灭治的最有效方法是毒饵。因此，可追寻蚂蚁的取食，以发现蚁巢位置，并在其周围投放毒饵，反复数次投放毒饵，可有效控制蚂蚁。

1）操作要点。毒饵应投放在蚂蚁的蚁巢周围，若不能发现蚁巢，应将毒饵投放在蚂蚁取食路径上。不要将毒饵投放在潮湿处，以免潮解失效。

2）操作步骤。寻找蚁群的取食路线，追踪蚁巢位置，在蚁道上及蚁巢周围少量多点地投放毒饵，每个点的量投放0.5 g即可。投放点应选择在干燥处。

4. 消毒方法

（1）工具准备

搪瓷盆、量筒、天平秤、电炉、超低容量喷雾器。

（2）消毒要点和步骤

1）擦拭法

①操作要点。选用易溶于水、穿透性强的消毒剂擦拭物品表面，在标准浓度下，可在一定时间里达到消毒灭菌目的。漂白粉是常用消毒剂，主要成分为次氯酸钙，其杀菌作用决定于次氯酸钙中含的有效氯的量。由于漂白粉性质不稳定，使用时应进行测定，一般以有效氯含量＞25%为标准，＜25%则不能使用。漂白粉有乳剂、澄清液、粉剂3种剂型。

②操作步骤。澄清液通常用500 g粉剂加5 L水搅匀，静置过夜，即成10%澄清液，常用浓度为0.2%。用于浸泡、清洗、擦拭、喷洒墙面（每1 m^2 的地面、墙面用200～1 000 mL喷洒）。对结核杆菌和肝炎

病毒用 5%澄清液作用 1～2 h 即可达到消毒的目的。

2）熏蒸法

①操作要点。加热或加入氧化剂，使消毒剂呈气体，在标准的浓度和时间里达到消毒、灭菌的目的。适用于室内物品及空气消毒或精密贵重仪器和不能蒸、煮、浸泡的物品（血压计、听诊器以及传染病人用过的票证等）的消毒。

②操作步骤

a. 纯乳酸熏蒸。常用于手术室和病室空气消毒。按每 10 mL/m^3 量的乳酸加等量水，放入治疗碗内，密闭门窗，加热熏蒸。待蒸发完毕，移去热源，继续封闭房间 2 h，随后开窗通风换气。

b. 食醋熏蒸。5～10 mL/m^3 加热水 1～2 mL/m^3，闭门加热熏蒸到食醋蒸发完为止。因食醋含 5%醋酸，可改变细菌酸碱环境，因而有抑菌作用，对流感、流脑病室的空气可进行消毒。

c. 过氧乙酸熏蒸。过氧乙酸的用量为 1 g/m^3。熏蒸时，将过氧乙酸原液用水稀释成 5%左右的水溶液，置搪瓷盆中，放于垫有石棉网的电炉上，密闭门窗，接通电源。待过氧乙酸蒸发剩下数十毫升时，则切断电源，30～60 min 后再打开门窗。

3）喷雾法

①操作要点。借助普通喷雾器或气溶胶喷雾器，使消毒剂产生微粒气雾弥散在空间里，以进行空气和物品表面的消毒。如可用 1%漂白粉澄清液或 0.2%过氧乙酸溶液做空间喷雾。

②操作步骤。药物准备：准确配制 0.5%过氧乙酸溶液或 0.05%二氧化氯溶液。

喷洒：从室内最里端开始喷洒，手持超低容量喷雾器，边喷洒边往门口方向退。喷洒量为 20～30 mL/m^3，喷洒后应密闭 30 min 以上。喷洒时，无关人员应撤离现场，工作人员应做好个人防护。

注意事项

1. 在选择防制方法时，应以物理防制为主，化学防制为辅。

2. 在进行化学防治时，应购置具有农药登记证等相关许可证的卫生杀虫（鼠）剂，并应按照推荐的使用剂量正确地使用。在使用过程中应注意个人防护。

3. 在进行预防性消毒时，应注意选择消毒剂，避免消毒剂损坏被消毒的物品，如漂白粉不适宜对衣服、纺织品、金属品和家具进行消毒等。

第 4 节　效果评估

学习目标

◎ 掌握计算跳蚤、螨、蚂蚁防制效果的评估方法。

相关知识

1. 其他有害生物密度的正常波动

有害生物的种群密度受环境温度的变动影响而波动，各种有害生物对温度有其适应的幅度。一般有害生物在 0℃左右失去活动力，但不至于死亡；在－15℃左右大多数都结冰死亡；在 10℃以上才能发育生长，最适宜的温度约为 25～35℃；一般在 45℃时死亡。发育速度一般随温度的增高而加快，在适宜的温度条件下，发育速率最快，超过适宜温度发育速率反而下降，由此而形成有害生物密度的正常波动。主要影响因素除了温度外，湿度、光等因素也会影响有害生物密度的波动，同时，食物也是制约有害生物密度波动的因素，食物不足会使昆虫生殖力下降，死亡率增高和向外迁移。

2. 其他有害生物密度波动记录、密度下降率计算

记录有害生物控制前后的密度数值，按下式计算密度下降率。

$$\text{密度下降率（\%）}=\frac{\text{后密度}-\text{前密度}}{\text{前密度}}\times 100\%$$

正值表示密度上升，负值表示密度下降。

3. 杀灭跳蚤、螨、蚂蚁效果评估方法

（1）跳蚤灭效的评估方法

跳蚤防制的评估主要是观察和记录灭蚤前、后蚤密度的变化，计算蚤密度下降率。进行蚤密度测定需选择测定点，一般测定点数不应少于

3 个。测定方法可选择粘捕法、光诱法和吸尘采样等方法，测定方法、时间、地点应前后一致。

（2）螨虫灭效的评估方法

螨虫防制的评估方法主要是观察和记录灭螨前、后螨虫密度的变化，计算螨虫密度下降率。进行螨虫密度测定需选择测定点，一般测定点数不应少于 3 个。测定方法可选择吸尘采样等方法，测定方法、时间、地点应前后一致。

（3）蚂蚁灭效的评估方法

蚂蚁防制的评估方法主要是观察和记录灭蚂蚁前后蚂蚁密度的变化，计算蚂蚁密度下降率。进行蚂蚁密度测定需选择测定点，一般测定点数不应少于 3 个。测定方法可选择粘捕法等方法，测定方法、时间、地点应前后一致。

操作技能

1. 选点

蚤、螨虫、蚂蚁等有害生物的灭效以测定控制前及控制后 1 次至数次密度数值，计算密度下降率进行评价。因此，正确地选择测定点是准确评价灭效的关键。在进行密度测定时，应将测定点设置在有害生物的孳生地或栖息场所，测定点应相对隐蔽、不受人为或其他因素的干扰，使测定的数据具有可比性。

2. 调查

在进行控制前应先进行害虫密度测定和侵害范围与程度的调查，以确定虫情及侵害状况。密度测定应定方法、定地点、定时间：定方法就是进行害虫密度测定应确定方法，前、后密度测定应用同一种方法；定点就是测定点确定后，应进行标记，以后的数次测定应在同一地点进行；定时间就是前、后密度测定的时间及时间的长短应一致，如前密度测定时间为 14：00～16：00，后密度测定时间也应在 14：00～16：00 进行。

调查或测定虫密度后，应及时鉴定、计数和记录害虫数量，计算害虫密度和密度下降率。根据预先设定的控制标准，评价控制效果。

3. 灭效检查

（1）蚤类的灭效检查

蚤类的灭效应在控制后 24 h 进行检查，检查方法主要有：

1）检查者在现场多个部位直接观察检查者脚面、裤腿上是否仍有跳蚤，数量是否减少、范围是否缩小。

2）进行蚤密度测定，测定方法应与前密度测定相同，计算密度下降率。

3）询问客户是否仍能看到、感到跳蚤的活动，是否仍被叮咬。如果上述调查结果表明蚤未被完全控制，需进一步采取杀灭措施，并作效果检查。

（2）螨虫的灭效检查

螨虫的灭效是在控制后 48 h 进行检查。检查者应在现场用吸尘器吸尘，将灰尘导入密封袋内编号带回，在解剖镜下检查活螨数，计算下降率。有资料显示屋尘中含尘螨量已控制在 12 只/0.5 m^2 的水平，则对人无害。

如果调查结果表明，螨虫控制未达到预期要求，则需进一步采取杀灭措施，并作效果检查。

（3）蚂蚁的灭效检查

蚂蚁的灭效检查需在控制后两周内进行检查，检查方法主要有：

1）检查者在现场多个部位直接观察原先蚂蚁活动处是否仍有蚂蚁，数量及活动范围是否缩小。

2）进行蚂蚁密度测定，测定方法应前后相同，以计算密度下降率。

3）询问客户是否仍能看到蚂蚁的活动。如果上述调查结果表明蚂蚁未被完全控制，需进一步采取杀灭措施，并作效果检查。

注意事项

1. 工具统一，性能稳定

在借助工具进行灭效评估时，应采用统一的工具，且性能应稳定。如采用粘纸测定跳蚤或蚂蚁密度时，为保证前后具有可比性，应选用同规格的产品；为保证整个公司或同一地区的服务质量具有可比性，也应该选择同一规格的产品，且产品性能稳定，受季节温度变化影响较小。

2. 前后条件一致

在进行灭效评估时，应注意控制前、后评价时的条件是否一致，尤其是温度变化、降雨、气压等气象因素会直接影响有害生物的活动性。比如，冬春季节或秋冬季节忽然变温，有时前后相差 10℃以上，这时的测定结果可能就缺乏可比性。

3. 排除干扰因素

在评价前及评价过程中，应做好解释说明工作，并设立标志予以警示，告知客户不要随意变动测定点的环境，不要挪动测定工具。同时，还要防止猫狗等宠物的干扰。

4. 及时记录统计

测定结果要及时记录在专用的记录表上，并妥善保存，切勿遗失。

本章思考题

1. 跳蚤、螨、蚂蚁在分类学上各属于哪一目的昆虫，形态各有何特点？

2. 蚂蚁与白蚁形态的主要区别是什么？

3. 跳蚤、螨、蚂蚁的生活史分别分为哪几个阶段？

4. 跳蚤、螨、蚂蚁的孳生习性各有何特点？

5. 跳蚤、螨、蚂蚁的食性（吸血习性）各有何不同？

6. 跳蚤、螨、蚂蚁标本采集方法有哪些？

7. 跳蚤、螨、蚂蚁侵害的调查方法有哪些？

8. 根据调查结果，如何确定跳蚤、螨、蚂蚁的防制方法？

9. 跳蚤、螨、蚂蚁的常用防制方法有哪些？

10. 跳蚤、螨、蚂蚁最有效或最主要的防制方法是什么？

11. 常用的消毒方法有哪些，每种消毒方法的操作要点有哪些？

12. 跳蚤、螨、蚂蚁效果评估方法及操作要点是什么？

参考文献

1　陆宝鳞，吴厚永. 中国重要医学昆虫分类与鉴别. 郑州：河南科学技术出版社，2003

2　汪诚信. 有害生物治理. 北京：化学工业出版社，2005

3　蒋国民. 卫生杀虫药剂、器械及应用手册. 上海：百家出版社，1997

4　刘起勇. 环境有害生物防治. 北京：化学工业出版社，2004

5　全国爱国卫生运动委员会办公室. 除四害指南. 北京：科学出版社，1994

6　曹庆. 中国国境口岸医学动物与病媒昆虫图志. 沈阳：辽宁科学技术出版社，1988

7　医学动物防制杂志社编辑委员会. 医学昆虫及鼠类防制专辑. 石家庄：医学动物防制杂志社，1999

8　消毒杀虫灭鼠手册编写组. 消毒杀虫灭鼠手册编写. 北京：人民卫生出版社，1980

9　忻介六，杨庆爽，胡成业等. 昆虫形态分类学. 上海：复旦大学出版社，1985

10　刘源智等. 中国白蚁生物学及防治. 成都科技大学出版社，1998

11　蒋书楠. 城市昆虫学. 重庆出版社，1992

12　吴坚，王常禄等. 中国蚂蚁. 北京：中国林业出版社，1995

13　忻介六，杨庆爽，胡成业等. 昆虫形态分类学. 上海：复旦大学出版社，1985

14　蒋书楠. 城市昆虫学. 重庆出版社，1992

15　祝龙彪，冷培恩等. 有害生物防制员（中级）. 北京：中国劳动社会保障出版社，2006

16　祝龙彪，冷培恩等. 有害生物防制员（高级）. 北京：中国劳动社会保障出版社，2006

17　杨华明，易滨. 现代医院消毒学. 北京：人民军医出版社，2002

18　张文福. 医学消毒学. 北京：军事医学科学出版社，2002